ミネルヴァ教職専門シリーズ 6

広岡義之 / 林泰成 / 貝塚茂樹
監修

教育課程論・教育評価論

木村 裕 / 古田 薫
編著

ミネルヴァ書房

監修者のことば

　21世紀に入って，すでに20年が過ぎようとしています。すべての児童生徒にとって希望に満ちた新世紀を迎えることができたかと問われれば，おそらくほとんどの者が否と言わざるを得ないのが現状でしょう。顧みてエレン・ケイは，1900年に『児童の世紀』を著し，「次の世紀は児童の世紀になる」と宣言して，大人中心の教育から子ども中心の教育へ移行することの重要性を唱えました。それからすでに120年を経過して，はたして真の「児童の世紀」を迎えることができたと言えるでしょうか。

　そうした視点から学校教育を問い直し，いったい何が実現・改善され，何が不備なままか，あるいは何が劣化しているかが真摯に問われなければなりません。このようなときに，「ミネルヴァ教職専門シリーズ」と銘打って，全12巻の教職の学びのテキストを刊行いたします。教職を目指す学生のために，基本的な教育学理論はもとより，最新知見も網羅しつつ，新しい時代の教育のあるべき姿を懸命に模索するシリーズとなりました。

　執筆者は大学で教鞭をとる卓越した研究者と第一線で実践に取り組む教師で構成し，初学者向けの教科書・入門的概論書として，平易な文章で，コンパクトに，しかも教育的本質の核心を浮き彫りにするよう努めました。すべての巻の各章が①学びのポイント，②本文，③学習課題という3点セットで統一され，学習者が主体的に学びに取り組むことができるよう工夫されています。

　3人の監修者は，専門領域こそ違いますが，若き少壮の研究者時代から相互に尊敬し励まし合ってきた間柄です。その監修者の幹から枝分かれして，各分野のすばらしい執筆者が集うこととなりました。本シリーズがみなさんに的確な方向性を与えてくれる書となることを一同，心から願っています。

2020年8月

広岡義之／林　泰成／貝塚茂樹

は じ め に

　読者の皆さんは，本書のタイトルにある「教育課程」「教育評価」という用語から，どのようなキーワードや取り組みなどをイメージされるでしょうか。また，「教育課程」と「教育評価」との関係について，どのように考えられるでしょうか。教育とは，誰にでも何らかの形で関わりのあるものです。また，メディア等を通して，教育に関する様々な情報にふれる機会も多いでしょう。したがって，誰もが自身の体験や知識等に基づいて考えや想いを語りうるものであり，上述の「問い」に対しても，多様な考えやイメージが出てくることと思います。これは，多様な人々が多様な意見を持ち寄り，多様な可能性について議論する契機となりうるという点で重要なことだといえます。

　ただし，教育の「プロフェッショナル」である教師を目指す読者の皆さんには，過去や現在に存在している，教育をめぐる様々な立場や議論，ふまえるべき要件，学校や教師の工夫の余地，実際の取り組みおよびその成果や課題などを知り，それらをふまえて，今後のさらなる可能性を模索し，実践に移していくための力量を高めていただきたいと考えます。また，子どもたちや学校教育をめぐる状況が変化し続けることを考えれば，教師になった後も，そうした力量を高めるための努力を重ねることが必要です。

　本書で扱う教育課程とは，学校教育を通して子どもたちの成長・発達を促すために組織された教育計画であり，その編成に際しては，子どもたちの実態を丁寧に把握するとともに，学校を取り巻く様々な要因や教育課程編成の要件等をふまえることが求められます。また，この教育課程は，各学校において編成するものとされています。したがって，教育課程編成とは創造的な営みであり，教師の仕事の「おもしろさ」や「魅力」が詰まったものでもあるとともに，教師の力量が問われるものでもあります。

　一方，教育評価とは，教師の指導や子どもたちの学習を振り返り，その成果や課題を分析して，その後の改善に生かすための営みです。そのため，「教育

課程」と「教育評価」とを不可分のものとして捉え，一体的に充実させながら実践を展開することで，教育活動をより豊かなものへと改善し，創造し続けることが可能になると考えられます。

　本書ではまず，教育課程について概説（第1章）したうえで，学習指導要領の変遷（第2章）と最新の「2017（平成29）年・2018（平成30）年告示学習指導要領」の要点（第3章）を示しました。続いて，学校教育における今後の教育課程と教育評価について考える際に教科・領域を問わず意識すべき内容として，教育評価（第4章），カリキュラム・マネジメント（第5章），持続可能な開発のための教育（第6章）に関する議論や実践上の要点をまとめました。その後，教科教育（第7章），道徳教育（第8章），外国語活動・外国語科（第9章），総合的な学習／探究の時間（第10章），特別活動（第11章），特別支援教育（第12章）のそれぞれについて，教育課程編成や教育評価のあり方を示しました。さらに，日本の教育課程をめぐる動向を相対化し，さらなる可能性を検討するための参考として，6カ国の教育課程の概要や特徴的な取り組みを紹介しました（補章）。

　本書は，主として教師を目指す大学生を対象としています。そのため，学校教育をめぐる近年の政策動向や理論的・実践的な研究動向などを取り上げるとともに，専門用語をわかりやすく解説することや，具体例などを用いて取り組みの方向性をイメージしやすくすることを心がけました。また，本シリーズの特徴として，各章末には学習課題と参考文献も掲載しています。読者の皆さんには，これらを活用して教育課程や教育評価をめぐる豊かな知見にふれ，さらに学びを深めていただきたいと思います。ただし，編者の力量不足により，不十分な点や改善すべき点などもあることと思います。読者の皆さんからの率直なご批正を賜れますと幸いです。

　最後になりましたが，本書の刊行にあたりましては，ミネルヴァ書房編集部の平林優佳さんならびに深井大輔さんに，大変お世話になりました。お二人の細やかで丁寧なご尽力とあたたかいご支援に，心より感謝申し上げます。

2022年1月

編者を代表して　木村　裕

目　　次

監修者のことば

はじめに

第 1 章

学校・教師にとっての教育課程

　教育課程の編成と実施にあたっては，教育課程の構造と基礎的な編成原理，および基準となる学習指導要領の内容と法的性格について理解しておく必要がある。また，教育課程は PDCA に沿って常に改善することが求められており，そのためには児童生徒が何を学び何を身につけたのかを評価する必要がある。本章では，教育課程の理論的な枠組みを整理し，教育課程の実際と，2017（平成29）年改訂小・中学校学習指導要領の要点，現代的課題について基礎的理解を深めていこう。

1　教育課程を学習する意義

　『小・中学校学習指導要領（平成29年告示）解説　総則編』(1)（以下，『解説　総則編』）の「第 2 章　教育課程の基準」の冒頭には，教育課程は「各学校の教育活動の中核として最も重要な役割を担うものである」（文部科学省，2018a：11／2018b：11）と書かれている。教育課程は，学校で行う教育活動の見取り図であり，学校の教育活動が計画的・組織的に行われるために必要とされるものである。

　文部科学省が定めた**教職課程コアカリキュラム**によると，教職課程において教育課程について学ぶ際の目標は，以下のように規定されている（教職課程コアカリキュラムの在り方に関する検討会，2017：16）。

　①学校教育において教育課程が有する役割・機能・意義を理解する。

---

(1)　学習指導要領とは，教科や学年ごとにどのようなことを学ぶのかを示した教育課程の規準である。詳細については，本書第 2 章および第 3 章で学習する。また，幼稚園では教育要領という用語が用いられる。

②教育課程編成の基本原理及び学校の教育実践に則した教育課程編成の方法
を理解する。

③教科・領域・学年をまたいでカリキュラムを把握し，学校教育課程全体を
マネジメントすることの意義を理解する。

すなわち，教育課程は，授業等の教育実践の基盤であり，授業計画を作成す
る際の指針でもあり，教育課程の意義や編成の仕方，改善のためのカリキュラ
ム・マネジメントについて理解することは，教員にとって欠かすことのできな
いものである。

2　教育課程とは何か

（1）定義

「**教育課程**」は，法律・行政用語であり，後述するように，「カリキュラム」
とは異なる概念である。学校教育法第1条で定められた学校や専修学校，その
他法規上に規定がある教育機関において作成される組織化・体系化された教育
計画全体のことであり，法規上の基準に適合していることが求められるもので
ある。『解説　総則編』には「学校教育の目的や目標を達成するために，教育
の内容を児童（生徒）の心身の発達に応じ，授業時数との関連において総合的
に組織した各学校の教育計画である」（括弧内は中学校）（文部科学省，2018a：11
／2018b：11）と述べられている。

また，教育課程を編成するのは「各学校」であるが，これはすなわち，教育
課程は校長の監督・指導のもとに，全教員の協力により集団的に編成され，最
終責任は校長に属することを示している。

（2）法的位置づけ

法律に定められた学校においては，教育内容や授業時数など教育課程に関連
する様々な事項に関して法規による規制を強く受ける。このような規制を設け

---

(2)　学校教育法第1条で定められた学校と幼保連携型認定こども園を指す。

る必要があるのは，日本国憲法第26条および第14条第1項に明示された「国民の教育を受ける権利」と「教育の機会均等」を保障するためである。各学校は，法規を遵守しつつ，児童生徒や地域の実情に応じた教育課程の編成と実施を行わなければならない。具体的な法令上の規定については第3節で述べることとして，ここでは，教育課程の法的な構造をみてみよう。

前述のように，教育課程とは，「学校教育の目的や目標を達成

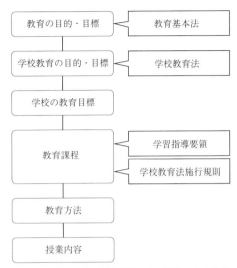

図1-1　教育課程の法的構造および根拠となる法規
出所：広岡（2016：91）をもとに筆者作成。

するために，教育の内容を児童（生徒）の心身の発達に応じ，授業時数との関連において総合的に組織した各学校の教育計画」である。これを具体的に図示すると図1-1のようになる。まず，国家的な教育の目的・目標があり，次に各学校段階の目的・目標がある。それらの目的・目標のもとで，各学校は児童生徒や学校，地域の実態をふまえて学校の教育目標を設定する。これらの目標を達成するために編成される各学校の教育計画が教育課程なのである。そして，教育課程に基づき，それをどのような方法で実施するのかを加味して授業内容が作成される。

3　教育課程編成の基本的要素

（1）学校の教育目標の設定

『解説　総則編』には，教育課程の基本的な要素として，①学校の教育目標の設定，②指導内容の組織，③授業時数の配当の3つが挙げられている（文部科学省，2018a：11／2018b：11）。本節では，それぞれの基本的要素をみてみよ

う。

　各学校では，法規で規定された教育・学校教育の目的・目標に則り，生徒や学校，地域の実態に即して育成を目指す資質・能力を明確にし，学校の教育目標を設定する。

　学校の教育目標には，学校によって呼称は異なるが，一般教育目標，目指す子ども像や教員像などが含まれる。たとえば，一般教育目標としては「お互いの良さを認め合いながら，夢に向かってたくましく生きる子どもの育成」などが挙げられる。また，目指す子ども像としては，「自ら進んで学び続ける子，自他を認め合って大切にする子，すこやかでたくましく伸びる子」などが挙げられる。

　こうした学校教育目標に従って学年目標や学級目標が設定され，これらの目標を効果的に達成していくための教育実践が行われるのである。

（2）指導内容の組織

　学校教育法においては，義務教育諸学校および高等学校の教育課程に関する事項は，文部科学大臣が定めると規定されている（第33・48・52条など）。「教育課程に関する事項」とは，指導領域，教育課程の規準，授業時数を意味しており，これらの内容が文部科学省令である**学校教育法施行規則**および文部科学省告示である学習指導要領によって定められている。教育課程編成においては，これらの法令を遵守することが求められる。

　また，教育内容の組織にあたっては，教科等横断的な視点，学年相互の関連，学校段階間の接続も考慮すべき重要な要素となる。

① 指導領域

　指導領域は学校教育法施行規則によって表1−1の通り定められている。義務教育学校，中等教育学校はそれぞれ対応する学校段階に準ずる。高等学校では特別の教科である道徳がないこと，特別支援学校では自立活動が含まれることに注意しよう。

② 教育課程の基準——学習指導要領

　学習指導要領は，各教科の目標や指導内容を学年段階に則して記述した教育

表1-1　学校段階ごとの指導領域

小学校
○各教科（国語，社会，算数，理科，生活，音楽，図画工作，家庭，体育，外国語） ○特別の教科である道徳 ○外国語活動 ○総合的な学習の時間 ○特別活動
中学校
○各教科（国語，社会，数学，理科，音楽，美術，保健体育，技術・家庭，外国語） ○特別の教科である道徳 ○総合的な学習の時間 ○特別活動
高等学校
○各教科（国語，地理歴史，公民，数学，理科，保健体育，芸術，外国語，家庭，情報）に属する科目 ○総合的な探究の時間 ○特別活動
特別支援学校
○各教科（国語，社会，算数，理科，生活，音楽，図画工作，家庭，体育，外国語） ○特別の教科である道徳（小・中学部のみ） ○外国語活動（小学部のみ） ○総合的な学習の時間（高等部については，総合的な探究の時間） ○特別活動 ○自立活動

注：特別支援学校の「各教科」については小学部・中学部・高等部それぞれで異なるため，
　　ここでは例として，小学部のものを示した。
出所：筆者作成。

課程の基準である。本書第2章で述べる通り，教科書はこの基準に基づいて編纂されており，授業計画を作成する際には，学習指導要領および解説を熟読して，その内容をふまえたうえで，個々の教師が工夫を行わなければならない。

（3）授業時数の配当

① 標準授業時数と「標準」の意味

『解説　総則編』では，「授業時数については，教育の内容との関連において定められるべきものであるが，学校における児童（生徒）の一定の生活時間を，

表1-2　標準授業時数（小学校）

区　　分		第1学年	第2学年	第3学年	第4学年	第5学年	第6学年
各教科の授業時数	国語	306	315	245	245	175	175
	社会			70	90	100	105
	算数	136	175	175	175	175	175
	理科			90	105	105	105
	生活	102	105				
	音楽	68	70	60	60	50	50
	図画工作	68	70	60	60	50	50
	家庭					70	70
	体育	102	105	105	105	90	90
	外国語					60	55
特別の教科である道徳の授業時数		34	35	35	35	35	35
外国語活動の授業時数				35	35		
総合的な学習の時間の授業時数				70	70	70	70
特別活動の授業時数		34	35	35	35	35	35
総授業時数		850	910	980	1015	1015	1015

出所：学校教育法施行規則別表第1。

教育の内容とどのように組み合わせて効果的に配当するかは，教育課程の編成上重要な要素になってくる。学校教育法施行規則に各教科等の**標準授業時数**を定めているので，各学校はそれを踏まえ授業時数を定めなければならない」（括弧内は中学校）（文部科学省，2018a：11／2018b：11）と説明されている。つまり，授業時数の配当を決めるのは各学校であるが，その際，学校教育法施行規則に定められている標準授業時数をふまえる必要があるということである。

　表1-2に小学校の標準授業時数を，表1-3に中学校の標準授業時数を示した。

　ところで，「標準」を「ふまえる」とは何を意味しているのだろうか。

　『解説　総則編』には，「①指導に必要な時間を実質的に確保するという考え方を踏まえ，各学校においては，児童（生徒）や地域の実態を十分に考慮して，児童（生徒）の負担過重にならない限度で別表第1（第2）に定めている授業

表 1 - 3　標準授業時数（中学校）

区　分		第 1 学年	第 2 学年	第 3 学年
各教科の授業時数	国語	140	140	105
	社会	105	105	140
	数学	140	105	140
	理科	105	140	140
	音楽	45	35	35
	美術	45	35	35
	保健体育	105	105	105
	技術・家庭	70	70	35
	外国語	140	140	140
特別の教科である道徳の授業時数		35	35	35
総合的な学習の時間の授業時数		50	70	70
特別活動の授業時数		35	35	35
総授業時数		1015	1015	1015

出所：学校教育法施行規則別表第 2 。

時数を上回って教育課程を編成し，実際に上回った授業時数で指導することが可能であること，②別表第 1 （第 2 ）に定めている授業時数を踏まえて教育課程を編成したものの災害や流行性疾患による学級閉鎖等の不測の事態により当該授業時数を下回った場合，その確保に努力することは当然であるが，下回ったことのみをもって学校教育法施行規則第51条（第73条）及び別表第 1 （第 2 ）に反するものとはしない」（括弧内は中学校）（文部科学省，2018a：60／2018b：61）とある。これは，下回ることがやむなしとされる特別な事情のある場合以外は，原則として，標準授業時数を下限として教育課程を編成しなければならないことを意味する。この「標準」を「努力目標」と解釈して授業時数が不足した事例もあるので，注意されたい。

②　授業週数，授業時程

　年間授業日数についての国の基準は定められていないが，**授業週数**は，小学校第 1 学年で34週，その他では35週とし，土曜・日曜および国民の祝日以外の休業日（授業を行わない日）や学期は，設置者が定めることとされている。ま

た，**授業時程**（授業時間・休憩時間の設定）や時間割は，各学校で定める。

③　特別活動，総合的な学習／探究の時間の授業時数の取扱い

　特別活動は，学級活動（高等学校はホームルーム活動），児童会活動（中学校，高等学校は生徒会活動），クラブ活動（小学校のみ），学校行事から成るが，特別活動の授業時数（35時間）は，学級活動にあてることとされている。児童会（生徒会）活動，クラブ活動，学校行事の授業時数は定められておらず，適切な授業時数をあてるものとされている。

　また，総合的な学習／探究の時間における学習活動を学校行事の実施の代替とすることができる。たとえば，小学校において総合的な学習の時間に行われる自然体験活動を，遠足・集団宿泊的行事としたり，中学校において総合的な学習の時間に行われるボランティア活動を，社会との関わりを考える学習活動，勤労生産・奉仕的行事としたりすることが可能である。

④　単位時間とモジュール学習

　標準授業時数は，小学校では45分，中・高等学校では50分を1**単位時間**としている。しかし，「教師が，単元や題材など内容や時間のまとまりを見通した中で，その指導内容の決定や指導の成果の把握と活用等を責任をもって行う体制が整備されているとき」（「2017（平成29）年告示小・中学校学習指導要領」「第1章　総則」「第2　教育課程の編成」の3（2）ウ（イ））は，10分，15分など1単位時間をさらに短く区切った時間（モジュール）に分けて行う学習形態（**モジュール学習**）も，その時間を当該教科等の年間授業時数に含めることができる。

　たとえば，小学校において，1モジュールを15分とすると3モジュールで1単位時間とすることができ，4モジュール60分の授業を行ったり，2モジュール30分の授業に1モジュール15分の反復練習を組み合わせたりするなど，柔軟な指導が考えられる。このように，モジュール学習により，教科や学習内容の特質に応じて，1単位時間の枠にとらわれない弾力的な学習時間の運用が可能となる。

　ただし，自由読書の時間など授業の内容とは直接関連しないものは，モジュール学習には含まれないことに注意が必要である。

4　教育課程の編成原理

（1）教育課程とカリキュラム

　これまで，「教育課程」について論じてきた。よく似た言葉として「カリキュラム」がある。カリキュラムと教育課程はどう違うのだろうか。また，教育課程を編成するうえで「カリキュラム」という視点の重要性は何だろうか。

　カリキュラムとは，教育目的を達成するために教育機関が計画し指導する一切の教育内容とそれに即して展開される児童生徒のすべての活動，または学習者の学習体験の総体を示す。すなわち，カリキュラムとは，学校レベル（計画レベル）で編成された教育計画である教育課程に，どのように教育実践が行われたかという教師レベル（実施レベル）の視点と，児童生徒が何を学んだのかという子どもレベル（結果レベル）の視点を加えた包括的な概念である。教師レベルの視点は，実際の指導，教室経営，教育資源の利用なども含めて教師が解釈して児童生徒に与える教科の内容を意味し，子どもレベルの視点は，児童生徒が獲得した概念，手法，態度を意味する。

　ここで注意が必要なのは，教育目標に沿って意図的・計画的・組織的に行われる明示的なカリキュラム（**顕在的カリキュラム**）だけでなく，教師の態度，人間関係，雰囲気，風土，伝統，会話等を通じて暗黙のうちに伝達される作法や態度など，教師の目標や意図とは関わりなく，非意図的・不可視的に子どもたちを方向づける作用（**潜在的カリキュラム**）によっても子どもたちは学んでいるということである。

　教育課程の編成・実施にあたっては，こうした広い視野から教育課程を捉えることが重要である。

（2）系統主義と経験主義

　教育課程をどのように編成するかについては，大きく分けて**系統主義**と**経験主義**の2大原理がある。本書第2章および第3章で述べるように，教育課程はこの2つの原理の間で揺れ動いてきた。しかし，教育課程の編成においては，

どちらがよいかの問題ではなく，学ぶ内容によって児童生徒にとってこの2つの原理をどのように組み合わせるかが重要である。

① 系統主義

系統主義は，科学の体系に対応する教科の系統を明確にした，科学的な概念や知識の系列を重視してカリキュラムを編成する立場のことである。この立場に立つと，系統立てて配置された学習内容を，順番に学習していくという学習方法がとられることとなる。

内容を体系化しやすく，そのため教えやすい，評価しやすいという利点がある。また，短時間で多くの情報を効率的に子どもに伝達できることも長所である。その反面，教師主体で授業が進められ，一方的・画一的な注入主義に陥りやすい。そのため，関心・意欲・態度が引き起こされにくく，主体的な学びとなりにくいという短所を持っている。また，内容が多くなり高度になりがちであることも短所の1つである。

② 経験主義

経験主義は，生活経験における興味や関心を出発点とする直接体験中心のカリキュラムを編成し，児童生徒の主体的・活動的な学習により，教育の個性化・共同化を図ろうとする立場のことである。子どもが直面する具体的な課題を追求する過程を支援し，問題解決に向けた活動によって諸能力を育成する問題解決学習などがその例である。

子どもの興味・関心を出発点としているため，学習意欲を喚起しやすく，子どもの主体的学習が行われ，創造的・実践的知識が身につきやすいことが長所である。短所としては，身近な体験を重視しすぎるため系統的知識が習得しにくく，基礎学力の不足が懸念されること，主体性を重んじるために教師の指導性が後退しやすく，授業規範の軽視につながるおそれがあることが挙げられる。

このような長所と短所をよく理解したうえで，児童生徒にとって最適な組み合わせを考える必要がある。

（3）教育課程の構造——スコープとシークエンス，単元

教育課程は，たとえば「数と計算」「量と測定」「図形」「数量関係」といっ

図1-2　スコープとシークエンス

出所：筆者作成。

た学習内容の領域や範囲を示す「**スコープ**」と，子どもの発達段階に即した内容の配列すなわち学習の順序・系統性を示す「**シークエンス**」から構成される（図1-2）。そして，スコープとシークエンスが交わったところに**単元**が位置する。単元は，教科書の目次に示されているような学習内容の主題である。

　学習指導要領も，このスコープとシークエンスの構造に基づいて記述されている。

5　教育課程の現代的課題

（1）カリキュラム・マネジメントと PDCA サイクル

　カリキュラム・マネジメントとは，教育課程に基づき，PDCA サイクルに沿って，組織的かつ計画的に，教育課程を管理・運営し，教育活動の質の向上を図っていくことである。カリキュラム・マネジメントの詳細については本書第5章で学ぶので，ここでは PDCA サイクルについて確認しておこう。

　PDCA サイクルとは，学校の教育活動を継続的に改善していくための循環

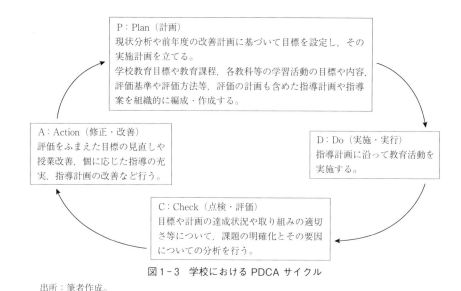

図1-3　学校における PDCA サイクル

出所：筆者作成。

的手法をいう。計画（Plan）―実施・実行（Do）―点検・評価（Check）―修
正・改善（Action）の４段階をつなげたもので，これを繰り返してサイクルを
向上させることによって継続的に業務を改善しようとする考え方である。それ
ぞれの段階における具体的な活動は図１－３に示した通りである。

　学校経営の視点から，この PDCA をしっかりと回していくことが，カリ
キュラム・マネジメントにつながっている。

（2）教育課程と ICT（情報通信技術），AI

　今日，情報技術は急激な進展を遂げ，コンピュータや情報通信ネットワーク
などの情報手段の理解と，これらを日常的・効果的に活用する能力が求められ
ている。そのため，2017（平成29）年改訂の小・中学校学習指導要領において
は，「情報活用能力の育成を図るため，各学校において，コンピュータや情報

<hr />

(3)　本書で「〜年改訂（の）学習指導要領」というときは，原則として学習指導要領の公示が行わ
　　れた年を示している（学習指導要領の改訂年については表２－１を参照）。

通信ネットワークなどの情報手段を活用するために必要な環境を整え，これら
を適切に活用した学習活動の充実を図ること」(「第1章　総則」「第3　教育課程
の実施と学習評価」の1(3))がうたわれ，小学校でもコンピュータの基本操作
やプログラミングについての学習を行うこととなった。

　これらの学習を可能にする学習環境を実現するため，文部科学省はGIGA
スクール構想を表明し，これに基づいて1人1台の端末の整備や通信ネット
ワークの整備が進められている。教員にも，教科指導にICTを活用する能力
が求められており，2022年度からは教職課程の「教育の方法及び技術（情報機
器及び教材の活用を含む)」から「情報機器及び教材の活用」部分を切り出し，
「情報通信技術を活用した教育の理論及び方法」が導入された。

　また，欧米では，子どもたち一人ひとりの個性に応じた学習のために最適な
内容や方法をAIが判断する教育方法の開発が進められている。近い将来，日
本でも同様の教育方法が推進される可能性は高いだろう。

学習課題　　① 教育課程編成の手順や具体的な取り組みの例を調べ，そこにみられる工夫や
　　　　　　　　改善点などを検討してみよう。
　　　　　　　② 潜在的カリキュラムによって児童生徒が学ぶことの例を考えてみよう。

引用・参考文献

安彦忠彦『教育課程編成論——学校は何を学ぶところか　改訂版』放送大学教育振興会，
　　2006年。
教職課程コアカリキュラムの在り方に関する検討会「教職課程コアカリキュラム」2017年。
　　https://www.mext.go.jp/component/b_menu/shingi/toushin/__icsFiles/afieldfile/2017/
　　11/27/1398442_1_3.pdf（2021年12月2日閲覧)
田中耕治編『よくわかる教育課程　第2版』ミネルヴァ書房，2018年。
広岡義之編著『はじめて学ぶ教育課程』ミネルヴァ書房，2016年。
文部科学省『小学校学習指導要領（平成29年告示）解説　総則編』東洋館出版社，2018年a。
文部科学省『中学校学習指導要領（平成29年告示）解説　総則編』東山書房，2018年b。

学習指導要領と教育課程（1）
——戦後から2008年までの変遷——

　教育課程の基準である学習指導要領は，社会の変化に対応して約10年ごとに改訂されている。本章では，学習指導要領の教育的意義，法的位置づけを確認するとともに，学習指導要領の変遷を，改訂に影響を与えた政治経済的背景，教育的背景，それぞれの改訂の基本理念，具体的改訂内容の4つの視点から概観していこう。

1　学習指導要領

（1）学習指導要領とは何か

　本書第1章で学習した通り，**学習指導要領**は，文部科学大臣が告示として公示する全国的な教育課程の大綱的基準，教科や領域ごとの指導計画の指針であり，学校ですべての児童生徒に指導しなければならない最低限の国家基準（ミニマム・スタンダード，ナショナル・ミニマム）を示している。学校・教員は，学習指導要領に則って教育計画を組織し，個々の教員は教育計画に基づいてそれぞれの工夫を凝らした教育実践を行う。授業で使用される教科書も，学習指導要領に基づいて作成される。

　社会の変化により，学校教育に求められること，子どもが身につけるべき資質・能力も変わるため，学習指導要領に示される内容もこうした変化に応じて約10年ごとに改訂されている。表2-1に改訂の歴史を，表2-2には改訂による教育課程の構造の変遷をまとめた。本文を読みながら，適宜参照されたい。

表 2 - 1　小学校・中学校・高等学校学習指導要領改訂の歴史

改訂年	学習指導要領名	学校段階	告示	施行（実施）	基本方針
1947年	学習指導要領一般編（試案）	小・中	1947年3月発行	1947年4月	児童中心主義，経験主義生活単元学習
1951年	学習指導要領一般編改訂版	小・中・高	1951年7月発行	1951年7月	1947年版の改訂→踏襲
1955年	高等学校学習指導要領一般編改訂版	高	1955年12月発行	1956年4月	1951年版の高等学校の部分のみを改訂
1958年	高等学校学習指導要領一般編改訂版	高	1958年4月	1958年4月	1951年版の高等学校の部分のみを再改訂
1958年	小学校学習指導要領	小	1958年10月	1958年10月	基礎学力の充実と科学技術教育の向上系統学習への転換（教育の系統化）
	中学校学習指導要領	中	1959年10月	1959年10月	
1960年	高等学校学習指導要領	高	1960年10月	1960年10月	
1968年	小学校学習指導要領	小	1968年7月	1971年4月	科学的な概念と能力の育成指導内容の高度化教育の科学化（現代化）
1969年	中学校学習指導要領	中	1969年4月	1972年4月	
1970年	高等学校学習指導要領	高	1970年10月	1973年4月	
1977年	小学校学習指導要領	小	1977年7月	1980年4月	ゆとりある充実した学校生活の実現人間性の重視教育内容の精選
	中学校学習指導要領	中	1977年7月	1981年4月	
1978年	高等学校学習指導要領	高	1978年8月	1982年4月	
1989年	小学校学習指導要領	小	1989年3月	1992年4月	社会の変化に対応できる人間の育成新しい学力観による個性の重視
	中学校学習指導要領	中	1989年3月	1993年4月	
	高等学校学習指導要領	高	1989年3月	1994年4月	
1998年	小学校学習指導要領	小	1998年12月	2002年4月	「生きる力」の育成特色ある教育活動の推進教育内容の厳選
	中学校学習指導要領	中	1998年12月	2002年4月	
1999年	高等学校学習指導要領	高	1999年2月	2003年4月	
2003年	学習指導要領一部改正	小・中・高	2003年12月	2003年12月	基準性の明確化はどめ規定の廃止
2008年	小学校学習指導要領	小	2008年3月	2011年4月	「生きる力」の育成学力の3要素の重視適正な授業時数の確保
	中学校学習指導要領	中	2008年3月	2012年4月	
2009年	高等学校学習指導要領	高	2009年2月	2013年4月	
2015年	学習指導要領一部改正	小・中	2015年3月	小2018年4月中2019年4月	道徳教育の改善と充実「道徳」の特別教科化
2017年	小学校学習指導要領	小	2017年12月	2020年4月	社会に開かれた教育課程カリキュラム・マネジメント主体的・対話的で深い学び
	中学校学習指導要領	中	2017年12月	2021年4月	
2018年	高等学校学習指導要領	高	2018年3月	2022年4月	

出所：筆者作成。

表2-2　小学校の教育課程の構造の変遷

改訂年	教育課程の構造	領域	各領域の内容
1947年	2領域8教科	教科	国語, **社会**, 算数, 理科, 音楽, 図画工作, 家庭, 体育
		自由研究	自由学習, クラブ活動, 学級の活動
1950年 1951年	2領域8教科	教科[4つの経験領域]	[国語, 算数], [社会, 理科], [音楽, 図画工作, 家庭], [体育]
		教科以外の活動	学校全体の児童活動, 学級の活動, クラブ活動
1958年	4領域8教科	教科	国語, 社会, 算数, 理科, 音楽, 図画工作, 家庭, 体育
		道徳	道徳の内容32項目
		特別教育活動	児童会活動, 学級会活動, クラブ活動
		学校行事等	儀式, 学芸の行事, 保健体育の行事, 遠足, 学校給食
1968年	3領域8教科	教科	国語, 社会, 算数, 理科, 音楽, 図画工作, 家庭, 体育
		道徳	道徳の内容32項目
		特別活動	児童活動, 学校行事（儀式的行事ほか）, 学級指導
1977年	3領域8教科	教科	国語, 社会, 算数, 理科, 音楽, 図画工作, 家庭, 体育
		道徳	道徳の内容28項目
		特別活動	児童活動, 学校行事（儀式的行事ほか）, 学級指導
1989年	3領域9教科	教科	国語, 社会, 算数, 理科, **生活**, 音楽, 図画工作, 家庭, 体育
		道徳	道徳の内容22項目
		特別活動	学級活動, 児童会活動, クラブ活動, 学校行事（儀式的行事ほか）
1998年	4領域9教科	教科	国語, 社会, 算数, 理科, **生活**, 音楽, 図画工作, 家庭, 体育
		道徳	道徳の内容22項目
		総合的な学習の時間	－
		特別活動	学級活動, 児童会活動, クラブ活動, 学校行事（儀式的行事ほか）
2008年	5領域9教科	教科	国語, 社会, 算数, 理科, 生活, 音楽, 図画工作, 家庭, 体育
		道徳	道徳の内容22項目
		外国語活動	－
		総合的な学習の時間	－
		特別活動	学級活動, 児童会活動, クラブ活動, 学校行事（儀式的行事ほか）
2015年	5領域9教科	教科	国語, 社会, 算数, 理科, 生活, 音楽, 図画工作, 家庭, 体育
		特別の教科　道徳	道徳の内容22項目
		外国語活動	－
		総合的な学習の時間	－
		特別活動	学級活動, 児童会活動, クラブ活動, 学校行事（儀式的行事ほか）
2017年	5領域10教科	教科	国語, 社会, 算数, 理科, 生活, 音楽, 図画工作, 家庭, 体育, **外国語**
		特別の教科　道徳	道徳の内容22項目
		外国語活動	－
		総合的な学習の時間	－
		特別活動	学級活動, 児童会活動, クラブ活動, 学校行事（儀式的行事ほか）

注：太字は新設されたもの。
出所：東京学芸大学教育実践研究支援センター（2016）をもとに筆者作成。

（2）学習指導要領の教育的意義と法的位置づけ

　国が全国的な教育課程の基準を定めるのは，地域や学校，教員によって教育の内容や質に格差が生じるのを防ぎ，すべての子どもに生きていくのに必要な最低限の資質・能力を身につけさせるためである。**日本国憲法**に明示された教育を受ける権利をすべての子どもに平等に保障し，公教育の水準を維持するのが国の責務であり，学習指導要領はそのための仕組みの1つと位置づけられる。

　学習指導要領は，法形式的には，法令等の内容を補充して定める「法規としての性質をもつ告示」であるとされている。すなわち，学習指導要領は一定の**法的拘束力**を有しており，学習指導要領の内容や理念から大きく逸脱した指導は法規違反となる。なぜこのような扱いがなされるのかは，学習指導要領の教育的意義と国の責務から理解される。

　かつては指導内容に関して，「……は扱わないものとする」といった表現で，取り扱う内容の範囲や程度を限定するいわゆる**「はどめ規定」**が設けられていた。しかし，ゆとり教育が推進され教育内容が厳選されるなか，国民のゆとり教育に対する不安を背景に，2003年に「基準」の意味が見直され，学習指導要領に示されていない内容を加えて指導することも可能であることが確認された（「はどめ規定」の廃止）。つまり，学習指導要領はナショナル・ミニマム（国の最低基準）であり，地方の特色や課題に応じた内容を追加したり，必要に応じて発展的な内容を扱ったりすることも可能である。さらに，どのように指導するかは個々の教員の裁量に任されており，法的拘束力が及ぶ範囲は限定的であるといえる。

　学習指導要領は，教育を受ける権利を保障しつつ，子どもの個性や地域の実情に応じた教育を可能にする余地も含んでいるのである。

---

(1)　たとえば，東京都品川区では，「道徳」「特別活動」「総合的な学習の時間」を"人間形成"を軸として再構成し，「市民科」という特別教科を創設した。品川区が独自に編纂したオリジナルの教科書を用いて，日常の生活のなかで役立つ具体的な行動を身につけさせる実学的な内容を学習する。また，学校単位での教育課程の工夫の例として，青森県三戸町の小中一貫三戸学園三戸小学校・三戸中学校の取り組みが挙げられる。三戸学園では道徳・特別活動・総合的な学習の時間を融合した「立志科」の創設や，小学校1年生からの「英語科」の導入など，9年間の一貫教育を生かした独自の教育課程を編成・実施している。

（3）改訂の流れ──諮問から施行まで

　学習指導要領の改訂は，文部科学大臣の**中央教育審議会**（**中教審**）への諮問から始まる。中教審は，学習指導要領等の基本的な考え方や教科科目のあり方など諮問を受けた内容について，データの分析，関係者からの意見聴取といった調査や審議を行い，審議の結果を公表して，国民からの意見を募集する（パブリックコメント）。そしてこれらの意見も考慮して答申を取りまとめ，文部科学大臣に提出する。この答申に基づいて学習指導要領改訂案が作成・公表され，再度のパブリックコメントを経て最終的な修正・調整が行われた後，文部科学大臣告示として公示される。

　公示された新しい学習指導要領は，改訂された内容への理解を深めるための周知・徹底期間，対応した教科書を作成したり体制を整えたりするための移行期間を経て，公示から3～4年後に全面実施（施行）される。移行期間中には，一部の内容を全面実施に先駆けて実施するなど，円滑な全面実施実現のための移行措置が行われる。

2　GHQ 占領期の教育改革と学習指導要領の策定

（1）学習指導要領の策定

　1945年8月，我が国はポツダム宣言を受諾して無条件降伏し，太平洋戦争に終止符が打たれた。これにより我が国は連合国軍の占領下におかれ，国政はすべて日本の民主化・非軍事化を目指す **GHQ**（連合国軍最高司令官総司令部）の占領政策に従って行われることとなった。教育においても占領政策の一部として改革が実施され，戦前の国家主義的教育から民主主義教育への転換が図られた。

　教育改革の大きな柱は，教育基本法制定と教育勅語廃止，学校制度改革，**教育委員会**設置の3つであったが，さらに新しい教育制度のもとでどのような教育を行うか，その内容と指導原理の刷新も重視された。そこで，学校教育は指導の指針である「学習指導要領」に基づいて行うこととし，アメリカの「コース・オブ・スタディ」を参考にしながら学習指導要領が作成され，1947年3

月に一般編が公表された。さらに同年内に算数科，家庭科，社会科，図画工作科，理科，音楽科，国語科の各編が刊行され，1949年には体育科編が刊行された。

　戦前にも学科課程の基準である教授細目や教授要目が存在し，教授目標，教授要旨，教授内容の概要，各学科目別の毎週教授時数などが定められていたが，これらに代わって，トップダウンの画一的教育を改め「下の方からみんなの力で教育を作り上げていく」ことを目指し，教師自身が研究しながら教科課程を生かして教育指導を行うための手引きとして作られたのが学習指導要領である。また，一部の実践家の意見によって「試み」として作られたものであることが明記され，表紙には「(試案)」の文字が付され，法的拘束力も持たなかった。

　「1947（昭和22）年発行学習指導要領（試案）」の特徴として，児童中心主義・**経験主義**に基づく教育観が基盤となっていること，位置づけは手引書であり教師の自由度が大きかったことが挙げられる。具体的な内容としては，修身・公民・地理・歴史が廃止され「**社会科**」が新設されたこと，小学校で家事科に代わって男女共修の「**家庭科**」が設けられたこと，また，小学校では「自由研究の時間」（現在学校で夏休みの宿題としてよく出される「自由研究」とは異なる），中学校では「必修科目」と「選択科目」が設けられたことが挙げられる。

（2）1951（昭和26）年改訂——経験主義のいっそうの推進

　1947（昭和22）年発行の学習指導要領は，急いでまとめられたものであったため，不完全であり省略された内容もあった。そのため，1947（昭和22）年版の不十分な点を補完し，その後の研究や調査によって得られた新たな知見に基づく事項を加えた第1次改訂版が1951（昭和26）年に発行され，同年実施された。

　根本的な考え方や方針は1947（昭和22）年版を踏襲しており，経験主義に基づく生活単元学習・問題解決学習が中心を成す。そのため，1951（昭和26）年の改訂を「教育の生活化」と呼ぶこともある。改訂のポイントは，経験主義をさらに推進するため，教科が再編されたことである。具体的には，小学校で各教科を4つの経験領域（主として学習の技能を発達させるに必要な教科〔国語・算

数〕，主として社会や自然についての問題解決の経験を発展させる教科〔社会科・理科〕，主として創造的表現活動を発達させる教科〔音楽・図画工作・家庭〕，主として健康の保持増進を助ける教科〔体育科〕）に分け，それぞれの領域の授業時数を全体の時間に対する比率（％）で示して授業時数の柔軟な配分を可能にしたこと，自由研究を発展的に廃止して，教科の学習と関係なく教育的に価値があり，子どもの社会的・情緒的・知的・身体的発達に寄与する教育活動を行うための「教科以外の活動」の時間を新たに設けたこと，中学校で教科以外の活動を行う「特別教育活動」を設けたこと，高等学校で「日本史」を新設したことである。

　また，1951（昭和26）年版から，1947（昭和22）年発行学習指導要領の「教科課程」に代えて「教育課程」という用語が用いられるようになった。

3　独立期・経済成長期の学習指導要領

（1）1958（昭和33）年改訂──中央集権化と科学技術の重視

　1952年にサンフランシスコ講和条約が締結され連合国軍による占領が終結すると，GHQによる占領政策の是正が課題となった。

　政治的には，1955年に自由党と民主党が統合して自由民主党（自民党）が結成され，また右派と左派に分裂していた社会党では再統一が実現した。これにより，自民党を与党，社会党を野党第一党とする55年体制が確立した。GHQが地方分権による統治体制を目指したのに対し，自民党政権は中央集権化・保守化を推進した。

　教育においても占領時代の教育政策の見直しと中央集権化が進行した。1956年に，地方自治を旨とする**教育委員会制度**の基盤であった教育委員会法が廃止され，「地方教育行政の組織及び運営に関する法律」が制定されたことにより，文部省（当時）を頂点とする中央集権体制が確立し，文部省の権能が強化されると同時に学校現場の自由度は縮小されていった。

　こうした動きに連動して，1956（昭和31）年に改訂された高等学校学習指導要領一般編から「（試案）」の文字が消え，教育課程の国家基準としての性格が明確化された。

　1958 年 8 月には学校教育法施行規則の改正が行われ，学習指導要領は教育課程の基準として文部大臣が公示するものとされ，同年に行われた第 2 次改訂（同年施行）から「**告示**」として法的拘束力が付与された。

　一方，1956 年に実施された学力テストの結果から基礎学力の不足が明らかになり，これまでの学習指導要領の中心的理念であった経験主義に対する批判が強まっていった。そのため，1958（昭和 33）年 10 月の改訂では方針を大きく変更し，基礎学力の充実と科学技術教育の向上を目指して，**系統主義**への転換が図られた（教育の系統化）。

　改訂の具体的内容は，算数・数学をはじめとしてすべての教科で系統性が重視され，国語・算数の授業時数が増加したこと，また，修身が廃止されて以来，学校の教育活動全体を通じて行うことを基本として行われてきた道徳教育が必ずしも期待されるような効果をあげているとはいえなかったため，小学校・中学校の教育課程の 1 領域として週 1 単位時間の「道徳」の時間が特設されたことなどである。その結果，教育課程は，小学校では教科，道徳，特別教育活動，学校行事等の 4 領域，中学校では必修教科，選択教科，道徳，特別教育活動，学校行事等の 5 領域で編成されることとなった。教科，道徳については，年間最低授業時数が明示された。

　なお，1958（昭和 33）年の改訂では小・中・高等学校共通の一般編が廃止され，学校種ごとの学習指導要領として作成されるようになった。

（2）1968（昭和 43）年改訂——高度経済成長を支える学習指導要領

　1955 年から始まった高度経済成長は日本の産業構造を激変させ，この産業構造の変化と急激に進展する科学技術に対応して，さらなる経済成長を達成するための人材の養成と労働力の質的向上が求められるようになった。高等学校では工業高校の，大学では理系学部・学科の創設が急ピッチで進められ，初等・中等教育の教育内容もこれらの要請に応じたものに編成し直す必要が生まれた。そのため，理数系教科の重視と内容の高度化が進められていったのである。

　また，1957 年のスプートニク・ショックによる危機感を背景としたアメリカにおける国防教育法制定による科学教育の振興，その影響による世界的な

「**教育内容の現代化運動**」も理数系教科の重視に拍車をかけることとなった。

　その結果，1968（昭和43）年の改訂では，系統化をさらに推し進め，科学的な概念と能力の育成を目指した教育の科学化（現代化）を基本方針として，指導内容の高度化と授業時数の増加が行われた。

　主な改訂内容としては，特別教育活動と学校行事等を統合して「特別活動」を新設し，教育課程が小学校では教科，道徳，特別活動の3領域，中学校では必修教科，選択教科，道徳，特別活動の4領域となったこと，小学校の算数で集合の概念が導入されるなど「数学的な考え方」がいっそう強調されるようになったことが挙げられる。教科および道徳の授業時数については，最低時数から標準時数に改められた。

4　ポスト高度経済成長期の学習指導要領

（1）1977（昭和52）年改訂――人間性の育成とゆとりの重視

　1968（昭和43）年改訂の学習指導要領のもとでは，学習内容の難易度が高くなり，また増大した学習内容をこなすために速いスピードで授業を進める「**詰め込み教育**」が行われた。そのため，学習内容を十分に理解できない児童生徒が増加し，1970年代初頭からいわゆる「**落ちこぼれ**」が社会問題となっていった。

　経済面では，学習指導要領施行の直後に起こった第1次オイルショックにより日本の高度経済成長が終焉を迎え，インフレと不況の時代に突入していった。社会全体の閉塞感が学校教育にも蔓延し始め，これまでの学歴や教育に対する信頼感が揺らぐ一方で，よりよい生活と社会的地位を確保するための学歴獲得競争が激化することとなった。

　高度経済成長期に上昇を続けた高校進学率は1974年に90％を超え，増大した進学需要に対応するため，普通科の増設や職業学科の普通科への転換が行われていった。

　内容の高度化と進学の量的拡大がもたらした弊害に対応してこれまでの教育路線を見直したのが1977（昭和52）年の改訂である。基本方針として，児童生徒の知・徳・体の調和のとれた発達を図ること，「ゆとり」のある充実した学

校生活の実現，国民として必要とされる基礎的・基本的な内容と児童生徒の個性や能力に応じた教育の重視，が据えられた（**教育の人間化**）。

　改訂では，教育内容を精選して授業時間を削減し[(2)]，削減された授業時数を利用して学校裁量で教育活動を行う「**ゆとりの時間**」が新設された。こうして生まれた「ゆとりの時間」は，学習指導の充実や特別活動の充実，休み時間や給食時間の延長などに活用され，児童生徒の生活に「ゆとり」をもたらすことが期待されたのである。

　また，評価に「**観点別学習状況**」が加えられ，各教科に共通する観点として「関心・態度」も置かれることとなった。

（2）1989（平成元）年改訂——新しい学力観と個性の重視

　1977（昭和52）年の改訂で導入された「ゆとりの時間」によっても学校問題解決への大きな成果は得られなかった。「ゆとりの時間」にどのような活動を行うかは学校の裁量に任せられていたが，この時間を有効に活用するために必要な教員の企画力・計画力が十分でなかったこと，そのため教科指導の補充にあてられることが多く，本来の目的が形骸化したことなどがその大きな原因である。さらに，授業時数の削減は，それを補うために学習塾通いが増えるという皮肉な現象を生み出した。改訂後も能力主義に基づく受験競争は激化し，偏差値による学校の序列化が進んでいった。学校では校内暴力，いじめ，不登校などの問題が深刻化して学校の機能不全が顕在化し，学校に対する不信感が強まっていった。

　一方，科学技術（特にコンピュータ，医療）の進歩と経済の発展は，社会に情報化・国際化・高齢化といった大きな変化をもたらし，こうした変化に対応する教育が求められるようになった。

　1984年，中曽根康弘内閣総理大臣（当時）は，政府全体の責任で長期的展望に立って教育改革に取り組むため，総理大臣直属の諮問機関である**臨時教育審**

---

(2)　小学校第4学年で週2時間，小学校第5・6学年，中学校第1・2学年で週4時間，中学校第3学年で週3時間が削減された。

議会（臨教審）を設置した。同審議会は，教育改革の３つの視点として，「個性重視の原則」「生涯学習体系への移行」「変化（国際化・情報化）への対応」を示した。そして，これらの視点が1989（平成元）年の改訂に大きな影響を与えることとなった。

　1989（平成元）年の改訂は，ゆとり路線を継承しつつ，社会の変化に自ら対応できる心豊かな人間の育成を目指し，**「新しい学力観」**による個性の重視を基本方針として行われた（**教育の個性化**）。

　「新しい学力観」とは，思考力・判断力・表現力等の育成を目指し，従来の学力観では副次的な位置に置かれてきた「関心・意欲・態度」などを学力の中核に位置づけた学力観であり，これに基づいて評価のあり方も見直された。知識や技能の習得だけでなく，関心や意欲のあり方や授業態度の可否などの学習状況を分析的に捉える「観点別学習状況」の評価が，総括的に捉える評定よりも重視され，なかでも「関心・意欲・態度」に大きな比重が置かれた。

　具体的改善内容としては，小学校では低学年の「社会科」「理科」を統合して「生活科」を新設し，高等学校では社会科を「地理歴史」と「公民科」に再編した。また，中学校では技術・家庭科に「情報基礎」を導入し，選択科目を拡充した。

（３）1998（平成10）年改訂──生きる力とゆとり教育

　1990年の株価大暴落を端緒としてバブル経済が崩壊し，日本は「失われた10年」と呼ばれる長い経済停滞期に入った。多数の企業の倒産や，従業員の解雇・雇用抑制により失業率が増加し，就職してもいつリストラされるかわからない，大学で学んだことが就職で生かせない，大学を卒業しても就職できない，といった状況が従来の学歴信仰にかげりをもたらし，多くの児童生徒が「学ぶ」ことに意義を見出せずに「学び」を拒絶する，あるいは「学び」から逃走する事態が生じた。学校での学びよりも，ゲーム・アニメなどの「オタク

---

(3)　1990年代の大学卒業者の就職困難は「就職氷河期」と呼ばれ，この言葉は1994年の新語・流行語大賞で，審査員特選造語賞を受賞した。

文化」に代表されるサブカルチャーや消費社会に魅力を感じ，そこで自分の存在感や生きている意味を見出すようになったのである。

　また，科学技術の進歩と国際化の進展はますます著しくなり，学校で学んだ知識の陳腐化の速度が増し，生涯を通じて学び続ける必要が大きくなったことから，知識よりも学び方の習得を重視する考え方が広まっていった。

　一方，子どもたちが学校外で生活体験・社会体験・自然体験など様々な活動を経験できるよう**学校週5日制**の導入が決定され，2002年度からの完全実施を目指して，1992年9月から月1回，1995年4月からは月2回の週5日制が段階的に実施された。休業日の増加は学習の過密化をもたらし，その解消が課題となった。

　この頃政府では，バブルの崩壊による財政難を背景として「新自由主義的分権」が進められ，文部省の行政スタイルも，中央集権から，学校現場の自発性を重視する分権スタイルに転換した。

　このような背景のもと生まれたのが「**生きる力**」という理念である。「生きる力」とは，変化の激しいこれからの社会を生きる子どもたちが身につけるべき資質・能力であり，基礎的な知識・技能を習得しそれらを活用して問題解決する力である「**確かな学力**」，自らを律しつつ，他人とともに強調し，他人を思いやる心や感動する心などの「**豊かな人間性**」，たくましく生きるための「**健康・体力**」の3つの要素から成る。

　1998（平成10）年の改訂はこの「生きる力」の育成を目標として掲げ，学校・家庭・地域が相互に連携しつつ，「ゆとり」のなかで，地域や学校，児童生徒の実態に応じて創意工夫を生かした特色ある教育活動が展開されることを

（4）　学校週5日制は，もともと，「教職員の勤務時間のゆとりによって，教育活動での子どもたちのゆとりを実現することにつながる」とする，1970年から始まった日本教職員組合（日教組）の「教職員の労働時間短縮」運動に端を発する。当時は自民党文教部会の反対により実現をみなかったものの，臨教審が課題として取り上げたことから実現に向けて動き始めた。これを受けて教育課程審議会は，1987年12月の答申「幼稚園，小学校，中学校及び高等学校の教育課程の基準の改善について」において，学校週5日制を漸進的に導入する方向で検討する方針を示した。この答申では，学校週5日制の意義として，「学校教育や子どもの生活の社会情勢，特に週休2日制を含む国民生活との調和」を挙げているが，このなかに教員の労働時間短縮への対応も含めている。

目指した。これがいわゆる「**ゆとり教育**」である。「ゆとり教育」自体は，本節第1項で述べたように1977（昭和52）年の改訂にルーツを持つが，一般に「ゆとり教育」という時には，1998（平成10）年の改訂を指す。

　この改訂では，教育内容の厳選が行われた。学校週5日制に伴う授業時数の縮減と学習内容の3割削減により，教育内容を基礎・基本に絞り，一人ひとりが確実に身につけられるようにした。そして教育内容の厳選によって生じる「ゆとり」を生かし，ティーム・ティーチング，グループ学習，個別学習など多様な指導方法を活用しつつ，個に応じた指導を充実させることが求められた。

　また，「生きる力」育成のための横断的・総合的な学習が推進され，各学校の判断により，その創意工夫を生かして展開される「**総合的な学習の時間**」が新設された。これにより，小学校の教育課程は，教科，道徳，総合的な学習の時間，特別活動の4領域で編成されることとなった。中学校の教育課程は必修教科，選択教科，道徳，特別活動，総合的な学習の時間の5領域となり，選択教科の授業時数の増加が行われた。

　評価については，これまで学級または学年における位置づけを評定に反映（相対評価）してきたが，一人ひとりの到達度・進歩を評価の対象とする「目標に準拠した評価（いわゆる**絶対評価**）」に基づいて行われることとなった。

5　テクノロジーとイノベーションの学習指導要領

（1）2003（平成15）年一部改正——学力低下論争と方向転換

　1998（平成10）年の改訂は，「ゆとり教育」の是非をめぐって大きな教育論争を呼び起こすこととなった。

　発端は大学生の数学の学力低下を問題にしたゆとり教育批判であった。学力低下の原因を1977（昭和52）年改訂以来のゆとり教育に求め，公示されたばかりの学習指導要領の実施がさらなる学力低下を招くという主張であった。文部省（2001年1月より文部科学省〔以下，文科省〕に再編）は，ゆとり教育によって子どもたちに新しい学力である「生きる力」を育成することの意義を説明しようと試みたが，学力低下に対する不安は国民全体に広まっていった。1998（平

成10）年改訂の学習指導要領施行前の2002年1月，文科省は「学びのすすめ」を公表して「確かな学力」向上のための方策を示し理解を訴えたが，学力調査の結果が前回調査よりも下がっていたことなどが拍車をかけ，2003年12月には学習指導要領の一部改正に追い込まれた。

　改正の内容は，学習指導要領はすべての児童生徒に対して指導する内容の範囲や程度等を示したものであり，学習指導要領に示していない内容をふまえて指導することも可能であるという基準性の確認（はどめ規定の廃止），総合的な学習の時間の充実，習熟度別の指導や補充的あるいは発展的学習など個に応じた指導の充実，教育課程を適切に実施するために必要な指導時間の確保などである。

　こうして文科省の政策は，ゆとり教育から学力重視へと転換を始めた。

（2）2008（平成20）年改訂——知識基盤社会と学力の3要素

　2003年に実施された国際的な学力調査（経済協力開発機構〔OECD〕のPISA調査，国際教育到達度評価学会〔IEA〕のTIMSS調査）の結果が2004年に公表されると，日本中に「PISAショック」と呼ばれる衝撃が走った。2000年に実施されたPISA調査で参加32カ国中読解力8位，数学的リテラシー1位，科学的リテラシー2位であった学力順位が，2003年の調査では41カ国・地域中読解力14位，数学的リテラシー6位，科学的リテラシー2位へと低下しただけでなく，成績中位層が減り上位層と下位層に二極化していること，また学習意欲や課題に取り組む態度自体に個人差が広がっているなどの課題が明らかになったのである。2007年に公表された2006年実施のPISAの結果では，順位がさらに下落し，57カ国・地域中読解力15位，数学的リテラシー10位，科学的リテラシー6位であった。その結果，ゆとり教育批判はますます激しくなっていった。

　21世紀は「知識基盤社会」（knowledge-based society）の時代であるといわれ，社会のあらゆる領域での活動の基盤として新しい知識・情報・技術が非常に重要となる時代となった。OECDは，1997年から2003年にかけて「知識基盤社会」で求められる資質・能力を「キー・コンピテンシー」として定義し，

PISA 調査もこのキー・コンピテンシーの枠組みに基づいて行われている。中教審は，「生きる力」こそこのキー・コンピテンシーであると捉え，「生きる力」の育成をさらに推進することとした。また学校教育法の 2007 年 6 月改正により学校教育において育成を重視する資質・能力が規定されたことに基づき，①基礎的・基本的な知識・技能の習得，②知識・技能を活用して課題を解決するために必要な思考力・判断力・表現力等，③学習意欲，を重要な学力の 3 要素として明示した。

　こうして，2008（平成 20）年の改訂は，2006 年 12 月に全面改正された教育基本法，現代社会で求められる力，国際的な学力調査から明らかになった日本の児童生徒の課題などをふまえて行われた。

　2008（平成 20）年の改訂では，2003（平成 15）年の一部改正における学力重視の方針を継続し，①「生きる力」という理念の共有，②基礎的・基本的な知識・技能の習得，③思考力・判断力・表現力等の育成，④確かな学力を確立するために必要な授業時数の確保，⑤学習意欲の向上や学習習慣の確立，⑥豊かな心や健やかな体の育成のための指導の充実を図った。

　改訂の主な内容は，はどめ規定の廃止，障害に応じた指導の工夫，小学校・中学校における 10％程度の授業時数の増加（総合的な学習の時間は縮減）などである。またグローバル化への対応のために小学校高学年で週 1 単位時間の「**外国語活動**」を新設し，中学校では外国語の授業時数を週 1 単位時間増加した。これにより，小学校の教育課程は，教科，道徳，外国語活動，総合的な学習の時間，特別活動の 5 領域となった。中学校では選択教科が廃止され（標準授業時数の枠外で開設可），教科，道徳，総合的な学習の時間，特別活動の 4 領域となり，また保健体育科で**武道**が必修化された。

6　教育課程改革の振り子

　学習指導要領の改訂の歴史から戦後の教育課程編成の基本方針の変遷を振り返ってみると，児童生徒の意欲や学習態度を重視し児童生徒を「自ら学ぶ主体」とみる子ども中心の経験主義・児童中心主義と，学問の体系と知識の伝

達・獲得を重視する大人中心の系統主義・注入主義の間を，振り子のように揺れ動いてきたことがわかる。そして，2008年以降の学習指導要領は，両者のバランスをとろうとしている。[5]

　ニューヨーク市立大学のデビッドソン（Cathy Davidson）は，2011年8月，ニューヨークタイムズ紙のインタビューで，「2011年度にアメリカの小学校に入学した子どもたちの65％は，大学卒業時に今は存在していない職業に就くだろう」と述べた。また，オックスフォード大学のオズボーン（Michael A. Osborne）らと野村総合研究所の共同研究によれば，2015年の時点で，10〜20年後には「日本の労働人口の約49％が，技術的には人工知能もしくはロボット等により代替できるようになる可能性が高い」（野村総合研究所，2015：1）といわれる。このような世界を生きる子どもたちにどのような教育が必要なのかを考えながら，教育課程は今後も変わり続けていくことが予測される。

学習課題
　① 学習指導要領の変遷から，社会の状況と教育課程の関係を説明してみよう。
　② 経験主義の教育課程と系統主義の教育課程の長所・短所をまとめ，どのような教育課程が理想的か，自分の考えを述べてみよう。

引用・参考文献

秋池宏美「教育課程行政における学習指導要領の『基準性』の意義」『駿河台大学論叢』47，2013年，143〜167頁。

国立教育政策研究所「教育研究情報データベース」より「学習指導要領の一覧」。https://erid.nier.go.jp/guideline.html（2021年12月2日閲覧）

志水宏吉「11 カリキュラムと学力——学力低下論からカリキュラムづくりへ」苅谷剛彦・志水宏吉『学校臨床社会学——「教育問題」をどう考えるか』放送大学教育振興会，2003年。

---

(5)　文科省は，2008（平成20）年の改訂について，「幼稚園教育要領，小・中学校学習指導要領等の改訂のポイント」のなかで，「知識・技能の習得と思考力・判断力・表現力等の育成のバランスを重視」していること，保護者向けパンフレットでも「『ゆとり』か『詰め込み』かではなく，基礎的・基本的な知識・技能の習得と思考力・判断力・表現力等の育成との両方が必要」（文部科学省，2010：9）であることを強調している。2017（平成29）年改訂の学習指導要領では，この方針をさらに進め，「主体的・対話的で深い学び」というキーワードで，知識の量を削減せず，学習過程の質的改善を目指すことを明らかにしている。

東京学芸大学教育実践研究支援センター「教育課程の構造の歴史 小学校1886〜2017年」
　　2016年。http://www.u-gakugei.ac.jp/~omori/katei_rekishi.pdf（2019年9月28日閲覧）
野崎剛毅「学習指導要領の歴史と教育意識」『國學院短期大学紀要』23，2006年，151〜171
　　頁。
野村総合研究所「News Release　日本の労働人口の49％が人工知能やロボット等で代替可
　　能に——601種の職業ごとに，コンピューター技術による代替確率を試算」2015年。
　　https://www.nri.com/-/media/Corporate/jp/Files/PDF/news/newsrelease/cc/2015/
　　151202_1.pdf（2021年12月2日閲覧）
文部省「学制120年史」1992年。http://www.mext.go.jp/b_menu/hakusho/html/others/
　　detail/1318221.htm（2019年9月28日閲覧）
文部科学省「学習指導要領『生きる力』保護者用パンフレット（平成22年作成）（詳細版）」
　　2010年。https://www.mext.go.jp/a_menu/shotou/new-cs/pamphlet/__icsFiles/afield
　　file/2011/07/26/1234786_1.pdf（2021年12月2日閲覧）

第3章

学習指導要領と教育課程（２）
──2017（平成29）年改訂学習指導要領の要点──

　本章では，2017（平成29）年改訂小・中学校学習指導要領（高等学校は 2018〔平成30〕年改訂）を，「社会に開かれた教育課程」「主体的・対話的で 深い学び」「カリキュラム・マネジメント」の３つのキーワードから読み解く。 また，いじめ問題への対応をきっかけとした，2015年の道徳の特別教科化に ついても概観する。改訂の背景を，社会的・経済的状況と教育的要請とも関連 づけながら理解し，新しい時代の教育課程の基本的な考え方を身につけること を目標として学んでいこう。

1　2015（平成27）年一部改正──いじめに向き合う

　2011年10月，滋賀県大津市内の中学校２年生男子生徒がいじめを苦に自殺 する「大津いじめ事件」が起こった。男子生徒は加害生徒３名による「暴力」 「金銭要求」「暴言・嫌がらせ」などのいじめを受け担任に相談していたが，適 切な対応がなされないまま自宅マンションから飛び降り自殺したという事件で ある。いじめといじめについての調査をめぐる学校，教育委員会，警察の対応 がマスコミで批判され社会的にも大きな注目を集めるなか，市長が設置した第 三者調査委員会が自殺といじめの因果関係を認定するに至った（本書第8章も 参照）。

　この事件はさらに，2013年1月の安倍内閣による「**教育再生実行会議**」設 置の端緒ともなり，同会議は2013年2月，第1次提言「いじめの問題等への 対応について」を公表した。提言は，児童生徒の人間性を育成するための道徳 の教科化やいじめに対峙するための法律の制定に言及し，これにより2013年

6月に，いじめ防止に関する基本方針・基本的施策，いじめの防止等に関する措置，重大事態への対処等を定めた「いじめ防止対策推進法」が制定され，同年9月に施行された。また2015（平成27）年には道徳を特別の教科とする学習指導要領の一部改正が行われ，いじめ問題への対応の観点からの内容の改善と指導方法の工夫による「考え，議論する道徳」への転換が図られた。道徳教育充実の方針は，次の2017（平成29）年の改訂にも引き継がれていく。

2　2017（平成29）年改訂──人工知能が変える教育

（1）改訂の背景とキー概念

2010年代になり顕著となったのは，社会の加速度的な変化である。「IoT」「サイバー物理システム」「AI」をキーワードとする「第4次産業革命」が進行し，情報技術の飛躍的な進化はさらなるグローバル化と国家を越えた相互依存性の高まりを進展させた。こうした急速な社会の変化は，産業構造や就業形態にも変化をもたらし，「知識基盤社会」は複雑で予測困難なものとなってきている。

また，人々の価値観が多様化・細分化し，国家や価値観の違いを超えて人間関係を構築し協働することのできる態度や行動規範が求められるようになった。一方で，貧困や差別，環境問題といった問題を，教育を通じて解決することも期待され，必要とされる能力，教育の役割は大きく変化しつつある（持続可能な開発のための教育については本書第6章を参照）。

こうした背景をふまえて，OECDの「キー・コンピテンシー」やATC21S[(1)]の「21世紀型スキル」など，新しい世界で必要とされる学力を定義し，その育成のための教育制度，教育方法の枠組みを構築しようとする国際的な試みがなされている。それらに共通するのは，単なる教養としての知識ではなく，動員し活用することのできる実践的・現実的な知識と，それらを更新しながら現

---

(1)　ATC21S（Assessment and Teaching of 21st Century Skills）とは，Cisco Systems Inc., Intel Corporation, Microsoft Corp. の資金協力のもと，メルボルン大学を中心として世界各国の研究者や政府，国際機関が連携することにより行われているプログラムである。

実世界のなかで他人や社会と相互作用・連携協力して問題解決にあたることのできる力，そしてこうした力を発揮するための方法やツールの習得を重視する点である。

日本国内では，バブルの崩壊以降20年にわたって低迷していた日本経済が2012年に始動したアベノミクスにより成長路線に復帰したものの，2018年の調査では全世帯の57.7%が生活が苦しいと回答するなど，豊かさを実感できない状況が続いている。2015年の子どもの貧困率は13.9%であり，7人に1人の子どもが経済的困窮状態にある。家庭の経済状況と学力が相関することも多くの研究から明らかにされており，教育の機会均等は実質的に崩壊しつつある。

さらに，特別支援教育の対象となる児童生徒は増加傾向にあり，2017年には義務教育段階の全児童生徒の4.2%が何らかの形で特別支援教育を受けている。

学校教育が，このような家庭の経済状況や個々の児童生徒の教育的ニーズの違いを乗り越えて，子どもたちに必要とされる力を育んでいくためには，教員だけでなくカウンセラーやソーシャルワーカーなどの教員以外の専門スタッフが，それぞれの専門性を生かし1つのチームとして連携・協働すること，さらには，保護者や地域住民との連携を強化することが必要である。

2017（平成29）年の改訂は以上のような背景をふまえて行われた。この改訂は，よりよい社会を社会とともに教育を通じて実現するための「社会に開かれた教育課程」，何をどう学ぶかを重視した「主体的・対話的で深い学び」，PDCAサイクルに沿って継続的に教育の質の向上を図る「カリキュラム・マネジメント」の3つをキー概念とし，「生きる力」の育成を図ることを目指すものである（図3-1）。

---

(2)　子どもの貧困率とは，17歳以下の子ども全体に占める，等価可処分所得の中央値の半分の額に満たない子どもの割合をいう。

(3)　全児童生徒のうち，特別支援学校在籍者が0.7%，小・中学校等特別支援学級在籍者が2.4%，通級による指導を受けている児童生徒が1.1%（新しい時代の特別支援教育の在り方に関する有識者会議資料「日本の特別支援教育の状況について」2019年9月25日）。教員の判断により（医学的診断ではなく）発達障害の可能性があると考えられる児童生徒の在籍率は6.5%である。

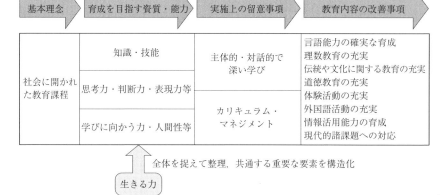

図3-1 2017（平成29）年改訂学習指導要領のポイント

出所：筆者作成。

（2）基本理念——社会に開かれた教育課程

「社会に開かれた教育課程」は、「よりよい学校教育を通してよりよい社会を創るという目標を学校と社会とが共有し、それぞれの学校において、必要な教育内容をどのように学び、どのような資質・能力を身に付けられるようにするのかを明確にしながら、社会との連携・協働によりその実現を図っていく」ものであり、2017（平成29）年改訂の基本理念となるものである。図3-2に「社会に開かれた教育課程」を基本理念とする学習指導要領の方向性を示した。

　「社会に開かれた教育課程」の基盤となる考え方には、教育は学校教育だけで完結するものではないこと、そのなかで学校教育は、現代を生きる子どもたちにとって必要な力を身につける、未来の社会に向けた準備段階としての役割があること、そして必要な力を育成するためには社会とつながり社会と関わることが重要であること、がある。変化の激しい社会において、学校教育は、教育の普遍的な役割を果たしながら、社会の変化に柔軟に対応していく必要があり、そのために必要となるのが「社会に開かれた教育課程」なのである。

　「社会に開かれた教育課程」の要点は以下の3つである。

① 理念の共有

　社会や世界の状況を幅広く視野に入れ、よりよい学校教育を通じてよりよい

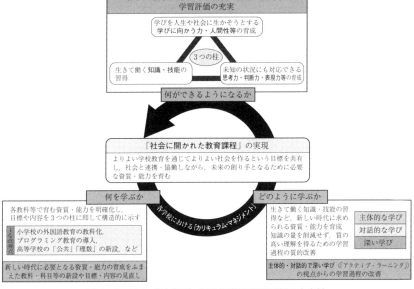

図 3 - 2　2017（平成 29）年改訂学習指導要領の方向性

出所：文部科学省「学習指導要領改訂の考え方」をもとに筆者作成。

社会を創るという目標を持ち，教育課程を介してその目標を社会と共有していくこと。

② 　どのように学び，どのような資質・能力を身につけるかの明確化

　これからの社会を創り出していく子どもたちが，社会や世界に向き合い，関わり，自らの人生を切り拓いていくために求められる資質・能力とは何かを，教育課程において明確化し育んでいくこと。

③ 　社会との連携・協働による学校教育の目標の実現

　教育課程の実施にあたって，地域の人的・物的資源を活用したり，放課後や土曜日等を活用した社会教育との連携を図ったりし，学校教育を学校内に閉じずに，その目指すところを社会と共有・連携しながら実現させること。

　「社会に開かれた教育課程」の実現のためには，各学校が教育課程を編成する際に，地域の課題や現在および未来の社会の状況とそこで必要とされる資質・能力をふまえて学校の役割を明確にすることにより，学校で育成する資

質・能力が社会とどのようにつながっているのかを意識する必要がある。

（3）何ができるようになるか——生きる力と資質・能力の3つの柱

　1998（平成10）年の改訂以来，教育課程の中心に据えられてきたのが，変化
の激しい社会を生きるために必要な力である「**生きる力**」の育成である。2017
（平成29）年の改訂では，「生きる力」を，現在とこれからの社会の文脈のなか
であらためて捉え直し，資質・能力として具体化したことがポイントである。

　学校教育法第30条第2項に示された学力の3要素をふまえ，「生きる力」全
体を捉えて整理し，共通する重要な要素を構造化したものが「育成を目指す資
質・能力の3つの柱」である（図3-3）。2017（平成29）年改訂学習指導要領の
なかでは，「第1章　総則」において3つの柱が明示され，各教科の目標およ
び各学年の目標が3つの柱に沿って示されている。また，学習指導要領を「学
びの地図」として位置づけ，各教科の内容もこの3つの柱に沿って整理し，学
校の教育活動を通じて「何ができるようになるのか」を明確化している。[4]

　3つの柱は，①**知識・技能**，②**思考力・判断力・表現力等**，③**学びに向かう
力・人間性等**から成る。それぞれの概要は，次の通りである。

①　知識・技能（何を理解しているか，何ができるか）

　個別の事実的な知識を「知っている」「覚えている」のみでなく，習得した
個別の知識を既存の知識と関連づけて深く理解し，社会のなかで生きて働く知
識となるものも含む。

②　思考力・判断力・表現力等（理解していること・できることをどう使うか）

　「知識・技能」を他の学習や生活の場面で活用し，未知の状況にも対応でき
る力。

③　学びに向かう力・人間性等（どのように社会・世界と関わり，よりよい人生を
送るか）

---

(4)　なお，2017（平成29）年改訂幼稚園教育要領においても，「幼児期の終わりまでに育ってほし
い姿」を，「健康な心と体」「自立心」「協同性」「道徳性・規範意識の芽生え」「社会生活との関
わり」「思考力の芽生え」「自然との関わり・生命尊重」「数量や図形，標識や文字などへの関
心・感覚」「言葉による伝え合い」「豊かな感性と表現」の10項目に整理し明確化した。

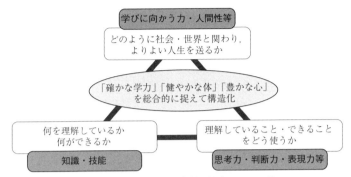

図3-3　育成を目指す資質・能力の3つの柱

出所：文部科学省「育成すべき資質・能力の三つの柱」をもとに筆者作成。

学んだことを社会や人生に生かそうとする心情や態度である。社会的・情意的スキル，メタ認知など，多様な資質・能力を幅広く含む。

　ただし，知識・技能の習得と思考力・判断力・表現力等の育成のバランスを重視する2008（平成20）年改訂学習指導要領の枠組みや教育内容は維持される。3つの柱は，そのうえで，知識の理解の質をさらに高め，確かな学力の育成を目指すものであり，各教科の目標や指導内容もこの3つの柱に即して整理されている。

　各学校においては，児童生徒や学校，地域の実態をふまえ，3つの柱を意識して必要な教育の内容を組み立て，育成を目指す資質・能力を計画的・体系的に育んでいくことができるようにする必要がある。

（4）どのように学ぶか——主体的・対話的で深い学び

　2017（平成29）年の改訂では，「何を学ぶか」だけでなく，「何ができるようになるか」が資質・能力の3つの柱で示されたことは前項で学んだ通りである。さらに，授業の改善という観点から，「どのように学ぶか」が重視されていることが，今回の改訂の大きな特徴となっている。知識の理解の質を高め資質・能力を育む方法が「どのように学ぶか」であり，アクティブ・ラーニングの視点から授業を改善し，質の高い学びを実現するのが**「主体的・対話的で深い学び」**である。それぞれの学びは具体的には以下のようなことである。

表3-1 主体的・対話的で深い学びを目指した授業のポイント

●生徒が各教科等の特質に応じた見方・考え方を働かせながら，知識を相互に関連付けてより深く理解したり，情報を精査して考えを形成したり，問題を見いだして解決策を考えたり，思いや考えを基に創造したりすることに向かう過程を重視した学習の充実を図る。
●国語科を要としつつ各教科等の特質に応じて，生徒の言語活動を充実する。
●コンピュータや情報通信ネットワークなどの情報手段を活用するために必要な環境を整え，これらを適切に活用した学習活動の充実を図る。
●生徒が学習の見通しを立てたり学習したことを振り返ったりする活動を，計画的に取り入れる。
●各教科等の特質に応じた体験活動を重視し，家庭や地域社会と連携しつつ体系的・継続的に実施できるよう工夫する。
●自ら学習課題や学習活動を選択する機会を設けるなど，生徒の興味・関心を生かした自主的・自発的な学習が促されるようにする。
●学校図書館を計画的に利用し，生徒の自主的・自発的な学習活動や読書活動を充実する。
●地域の図書館や博物館，美術館，劇場，音楽堂等の施設の活用を積極的に図り，資料を活用した情報の収集や鑑賞等の学習活動を充実する。

出所：「2017（平成29）年告示中学校学習指導要領」「第1章 総則」「第3 教育課程の実施と学習評価」の1をもとに筆者作成。

① 主体的な学び

児童生徒が学ぶことに興味や関心を持ち，自己のキャリア形成の方向性と関連づけながら，見通しをもって粘り強く取り組み，自己の学習活動を振り返って次につなげること。

② 対話的な学び

児童生徒同士の考えの交流，教職員や地域の人との対話，先哲の考え方を手がかりに考えること等を通じ，自己の考えを広げ深めること。

③ 深い学び

習得・活用・探究という学びの過程のなかで，各教科等の特質に応じた「見方・考え方」を働かせながら，知識を相互に関連づけてより深く理解したり，情報を精査して考えを形成したり，問題を見出して解決策を考えたり，思いや考えをもとに創造したりすること。

主体的・対話的で深い学びを目指した授業のポイントを表3-1に示した。

「主体的・対話的で深い学び」は，特定の指導方法のことでもなければ，指

導方法を一定の型にはめるような授業の方法や技術の改善を指すものでもない。教員が，自らの授業を見直し改善するための視点であり，あるいは育成すべき資質・能力を総合的に育むための取り組みであり，学習過程の質的改善であることに注意しよう。

（5）評　価

　これまで，学習評価は学期末や学年末などの事後評価に終始してしまうことが多く，ややもすると児童生徒のランクづけと受け止められてしまう傾向がみられた。学習評価の本来の意義は，児童生徒の学習状況を評価することにより学習指導のあり方を見直して改善し，一人ひとりの進捗に応じて学習内容の確実な定着や高度化など個に応じた指導の充実を図ることにある。

　そこで，2017（平成29）年の改訂では，学習評価を授業改善・組織運営の改善に向けた学校教育全体のカリキュラム・マネジメントのサイクルに位置づけ，教育課程や学習・指導の改善に発展・展開させていくことの重要性が強調された。さらに児童生徒自身が自らの学びを振り返って次の学びに向かうことができるような学習評価のあり方が求められることとなった。

　1977（昭和52）年の学習指導要領改訂以後，各教科の学習状況については，分析的に捉える「観点別学習状況の評価」と総括的に捉える「評定」で評価が実施されてきた（評価の変遷については表 3 - 2 を参照）。1998（平成10）年の改訂からは，いずれも学習指導要領に定める目標に照らして，その実現状況を評価する「目標に準拠した評価」として実施されており，観点別評価については，「関心・意欲・態度」「思考・判断・表現」「技能」「知識・理解」の 4 つの観点が設定され，国立教育政策研究所が各教科の評価規準の例を示してきた。

　2017（平成29）年の改訂においては育成を目指す資質・能力の 3 つの柱が明示されたことに基づき，評価の観点を「知識・技能」「思考・判断・表現」「主体的に学習に取り組む態度」の 3 観点に整理し，「目標に準拠した評価」の実質化が目指されることとなった。

　また，各教科等の目標に準拠して学習状況を把握し，教育課程や学習・指導の改善に資する観点から，単元や題材などの内容や時間のまとまりを見通した

表 3-2 学習指導要領の改訂と評価のあり方の変遷

学習指導要領の基本方針	指導要録における各教科の学習の記録（小学校・中学校）			評価規準
1968 年改訂 ○教育内容の現代化 ○時代の進展に対応した教育内容の導入	**評定** ●学習指導要領に定める目標に照らして，学級または学年における位置づけを評価 ●「絶対評価を加味した相対評価」 ●各段階ごとに一定の比率を定めて機械的に割り振ることのないように留意	**所見** ●学習において認められた特徴を，他の児童生徒との比較ではなく，その児童生徒自身について記録 ●観点について，各教科の指導の結果に基づいて評価	**備考** ●特記すべき事項がある場合に記入	
1977 年改訂 ○学習負担の適正化 ○ゆとりある充実した学校生活の実現 ○教育内容の精選	**評定** ●学習指導要領に定める目標に照らして，学級または学年における位置づけを評価 ●各段階ごとに一定の比率を定めて機械的に割り振ることのないように留意	**観点別学習状況** ●学習指導要領に定める目標の達成状況を観点ごとに評価 ●各教科に共通する観点として「関心・態度」が追加	**所見** ●教科の学習について総合的にみた場合の児童生徒の特徴や指導上留意すべき事項を記入	
1989 年改訂 ○社会の変化に対応できる人間の育成 ○新しい学力観による個性の重視	**観点別学習状況** ●学習指導要領に定める目標に照らして，その実現状況を観点ごとに評価 ●観点の順序の入れ替え（「関心・意欲・態度」を最初に） →「関心・意欲・態度」「思考・判断」「技能・表現（又は技能）」「知識・理解」	**評定** ●学習指導要領に定める目標に照らして，学級または学年における位置づけを評価 ●各段階ごとに一定の比率を定めて機械的に割り振ることのないように留意	**所見** ●教科の学習について総合的にみた場合の児童生徒の特徴および指導上留意すべき事項を記入。その際，児童生徒の長所を取り上げることが基本となるよう留意	
1998 年改訂 ○基礎・基本を確実に身に付けさせ，自ら学び自ら考える力などの「生きる力」の育成 ○特色ある教育活動の推進 ○教育内容の厳選	**観点別学習状況** ●学習指導要領に定める目標に照らして，その実現状況を観点ごとに評価 →「関心・意欲・態度」「思考・判断・表現」「技能」「知識・理解」	**評定** ●学習指導要領に定める目標に照らして，その実現状況を総合的に評価（目標に準拠した評価，いわゆる絶対評価）	**総合所見および指導上参考となる諸事項** ●児童生徒の状況を総合的にとらえる（個人内評価）。その際，児童生徒の優れている点や長所を取り上げることが基本となるよう留意 ●学級・学年など集団の中での相対的な位置づけに関する情報も必要に応じ記入	●国立教育政策研究所による評価規準の例示
2008 年改訂 ○「生きる力」の育成 ○基礎的・基本的な知識・技能の習得と思考力・判断力・表現力等の育成のバランス ○適正な授業時数の確保	**観点別学習状況** ●学習指導要領に定める目標に照らして，その実現状況を観点ごとに評価	**評定** ●学習指導要領に定める目標に照らして，その実現状況を総括的に評価（目標に準拠した評価）	**総合所見および指導上参考となる諸事項** ●児童生徒の状況を総合的にとらえる。その際，児童生徒の優れている点や長所を取り上げることが基本となるよう留意 ●学級・学年など集団の中での相対的な位置づけに関する情報も必要に応じ記入	●国立教育政策研究所による評価規準の例示
2017 年改訂 ○「生きる力」の育成 ○社会に開かれた教育課程 ○カリキュラム・マネジメント ○主体的・対話的で深い学び	**観点別学習状況** ●学習指導要領等の目標に照らして設定した観点ごとに学習状況を評価 ●「目標に準拠した評価」として実施 ●「知識・技能」「思考・判断・表現」「主体的に学習に取り組む態度」の3観点に整理	**評定** ●学習指導要領に定める目標に照らして，その実現状況を総括的に評価（目標に準拠した評価）	**特別の教科　道徳** **外国語活動の記録** **総合的な学習の時間の記録** **特別活動の記録** **総合所見および指導上参考となる諸事項**	●国立教育政策研究所による評価規準の例示

出所：教育課程部会（2018）をもとに筆者作成。

適時的な評価，評価の場面や方法の工夫による多面的・多角的な評価が求められている。

　児童生徒の学習意欲の向上という観点からは，一人ひとりのよい点や可能性，進歩の状況について評価する個人内評価を積極的に行うことや，公平性・信頼性の確保が鍵となる。

（6）教育の不断の改善——カリキュラム・マネジメント

　カリキュラム・マネジメントとは，教育課程を軸として，PDCAサイクルに沿って，組織的かつ計画的に教育課程を管理運営し，学校全体で教育活動の質の向上を図っていくことであり，そのための条件づくり・環境整備も含むものである（カリキュラム・マネジメントについては本書第5章も参照）。

　「マネジメント」は経営や管理を意味する言葉であるが，「カリキュラム・マネジメント」は，管理職だけで行うものではない。全教職員がその必要性を理解し，個々の教育活動や授業について，教育課程全体のなかでの位置づけや関連性を意識しながら責任をもって取り組む必要がある。また，「社会に開かれた教育課程」の観点からは，学校の教職員だけではなく，保護者や地域の住民等と連携した「カリキュラム・マネジメント」を確立していくことも重要である。

（7）教育課程の具体的な改善内容

　2017（平成29）年の改訂（高等学校は2018〔平成30〕年改訂）では，初等中等教育の一貫した学びの充実，学校間の円滑な接続や，高等学校卒業以降の教育や職業との円滑な接続が重視されている。また，高等学校において，高大接続改革や高等学校教育の質的改善への要請をふまえて，教科・科目が再編されたことも，2017（平成29）年・2018（平成30）年の改訂の特徴の1つである。

　教育課程の具体的な改善内容の主要なポイントは，①言語能力の確実な育成，②理数教育の充実，③伝統や文化に関する教育の充実，④道徳教育の充実，⑤体験活動の充実，⑥外国語教育の充実，⑦情報活用能力の育成，の7点である。①〜⑥までは，2008（平成20）年改訂と同様であるが，何を学ぶか，何ができ

るようになるかを明確化し，主体的・対話的で深い学びが目指されている点に違いがある。以下で，それぞれの内容についてみてみよう。

① 言語能力の確実な育成

　国語科において，語彙の確実な習得，意見と根拠，情報を正確に理解し適切に表現する力の育成を図るのに加え，各教科において，実験レポートの作成，立場や根拠を明確にした議論などの言語活動を充実する。

② 理数教育の充実

　算数・数学においては，日常生活等から問題を見出す活動や，必要なデータを収集・分析し，その傾向をふまえて課題を解決する力を育成する統計教育を，理科においては，見通しをもった観察・実験や自然災害に関する内容などを充実させることにより，内容を削減せず授業時数を維持したうえで，さらなる学習の質の向上を図る。なお，高等学校においては，理数科を新設し，新たな探究的科目として「理数探究基礎」「理数探究」を置くこととした。

③ 伝統や文化に関する教育の充実

　国語，社会，音楽，保健体育，家庭（小学校），技術・家庭（中学校）などの各教科における国や地域の伝統や文化に関する指導を充実する。高等学校においては，我が国の言語文化に対する理解を深める学習の充実を図るため，国語科の科目を再編し，「言語文化」「文学国語」「古典探究」などを新設した。

④ 道徳教育の充実

　2015（平成27）年の学習指導要領一部改正で行われた道徳の特別教科化をふまえて道徳教育の充実をさらに推進し，道徳的価値を自分のこととして理解し，多面的・多角的に深く考えたり，議論したりする「考え，議論する道徳」に向けて，指導方法の工夫を図る（道徳教育については，第8章も参照）。

⑤ 体験活動の充実

　小・中学校において，生命の有限性や自然の大切さ，挑戦や他者との協働の重要性を実感するための体験活動を充実する。

⑥ 外国語教育の充実

　小・中・高等学校における一貫した学びを重視し，特に目的や場面，状況などに応じて外国語でコミュニケーションを図る力の向上を目指す。小学校では，

小学校高学年で行われてきた「外国語活動」を「外国語科」として教科化し，さらに，中学年において「外国語活動」を導入した。また，高等学校では，「聞くこと」「読むこと」「話すこと」「書くこと」の4技能をバランスよく育成するため外国語科を再編し，発信力の強化に特化した科目「**論理・表現Ⅰ，Ⅱ，Ⅲ**」を新設した。

⑦　情報活用能力（プログラミング教育を含む）の育成

　各教科等においてコンピュータ等を活用した学習活動を充実（各教科等）させるにとどまらず，プログラミング的思考の育成までをも目指して情報活用能力の向上を図る。高等学校では，情報科の科目を再編し，「**情報Ⅰ**」を新設，必修化した。

　この他に，国や地方公共団体の役割やそれを支える財政や租税の仕組みの理解，主権者としての主体的政治参加と公正な世論の形成についての考察等を，社会科や特別活動などを通じて推進する主権者教育，消費者教育の充実や，自然災害や防災対策，安全な生活の確保に関する防災・安全教育の充実が図られていることも重要なポイントである。特に高等学校において，現代の諸課題を追究したり解決したりする活動を通じて公民としての資質・能力を育成することを目指し，公民科に科目「**公共**」が新設されたことも注目に値する。

　さらに，高等学校では，総合的な学習の時間の名称が，探究の見方・考え方を働かせる学習を重視して，「総合的な探究の時間」に改められたことにも注意したい。

3　社会を変革し，未来を創る教育課程

　OECD が2018年に発表したポジション・ペーパー（声明書）「The Future of Education and Skills：Education 2030」では，学校教育の役割について，「不安定さ・不確実さ・複雑性・曖昧さがますます進展する世界」において，子どもたちが「これまでなかったような職業についたり，まだ発明されていない技術を使ったり，現時点では予測できない課題を解決したり」するために，子どもたちを準備しておくことであると述べている。それはとりもなおさず，対立

やジレンマ，経済的格差，環境といった課題を解決しながら社会を変革し，「包摂的で持続可能な未来を創り上げていくことに貢献し，またそこから恩恵を受けることができるような知識やスキル，態度，価値を育成していく」ことに他ならない。

　2017（平成29）年改訂学習指導要領における3つのキーワードは，まさにそうした教育へと日本の学校教育を方向づけるものであるといえるのである。

学習課題　①　1989（平成元）年改訂学習指導要領の「新しい学力観」から2017（平成29）年改訂学習指導要領の「育成を目指す資質・能力の3つの柱」までの学力観の変遷を整理し，2017（平成29）年改訂学習指導要領の学力観の特徴をまとめよう。
　　　　　　② 「主体的・対話的で深い学び」の授業の学習指導案例を示し，どのような資質・能力の育成が意図され，そのためにどのような学習活動の工夫がなされているか，説明しよう。

引用・参考文献

教育課程部会「学習評価に関する資料」（第107回教育課程部会　配布資料1-3）2018年。https://www.mext.go.jp/b_menu/shingi/chukyo/chukyo3/004/siryo/__icsFiles/afieldfile/2018/10/10/1409925_3.pdf（2021年12月2日閲覧）

中央教育審議会「幼稚園，小学校，中学校，高等学校及び特別支援学校の学習指導要領等の改善及び必要な方策等について（答申）」2016年。https://www.mext.go.jp/b_menu/shingi/chukyo/chukyo0/toushin/__icsFiles/afieldfile/2017/01/10/1380902_0.pdf（2021年12月2日閲覧）

古田薫「プラットフォームとしての教育行政とエデュケーション3.0——行政の役割変化に注目して」『兵庫大学論集』22，2017年，237〜252頁。

文部科学省「新しい学習指導要領の考え方——中央教育審議会における議論から改訂そして実施へ」より「育成すべき資質・能力の三つの柱」。https://www.mext.go.jp/a_menu/shotou/new-cs/__icsFiles/afieldfile/2017/09/28/1396716_1.pdf（2021年12月2日閲覧）

文部科学省「学習指導要領改訂の考え方」。https://www.mext.go.jp/content/1421692_6.pdf（2021年12月2日閲覧）

文部科学省「高等学校学習指導要領の改訂のポイント」。https://www.mext.go.jp/content/1421692_2.pdf（2019年12月8日閲覧）

文部科学省「幼稚園教育要領，小・中学校学習指導要領等の改訂のポイント」。https://

www.mext.go.jp/content/1421692_1.pdf（2019年12月8日閲覧）

OECD "The Future of Education and Skills : Education 2030," 2018. http://www.oecd.org/education/2030/OECD%20Education%202030%20Position%20Paper.pdf（2019年12月15日閲覧）

教育評価

　本章では，「教育」評価について学ぶ。評価というと，テストや順位づけなどあまりよくない印象を思い浮かべる人も少なくないかもしれない。しかしながら本来，評価とは学習者がよりよく学ぶために指導や学習の改善に生かされるべきものである。もし，評価が学習者を傷つけ，学びから遠ざけるように働いているとすれば本末転倒である。教育的な評価（教育評価）を実施するために必要となる評価についての考え方や具体的な取り組みを学ぶことで，自分自身が持っている評価の捉え方を見直してみよう。

1　教育評価とは何か

（1）教育評価の定義と機能

　2017（平成29）年改訂小・中学校学習指導要領に合わせて，今後求められる評価の方向性を示す「小学校，中学校，高等学校及び特別支援学校等における児童生徒の学習評価及び指導要録の改善等について（通知）」（2019年3月29日）が文部科学省から出された。そこで示されている学習評価を改善する基本的な方向性は，①児童生徒の学習改善につながるものにしていくこと，②教師の指導改善につながるものにしていくこと，③これまで慣行として行われてきたことでも，必要性・妥当性が認められないものは見直していくことである。従来から重視されてきた教師の指導改善に加え，児童生徒の学習改善につなげることを強調した点に1つのポイントがある。本章では，「教育評価」の定義や立場，具体的な評価方法などを取り上げることで，教師の指導改善および児童生徒の学習改善につなげるための評価のあり方を示したい。

　「**教育評価**」という言葉は，「エバリュエーション」（evaluation）の日本語訳

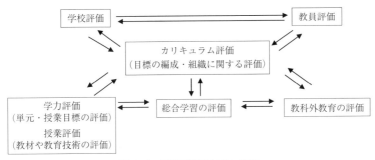

図 4 - 1　教育評価の対象と構造

出所：田中（2008：85）。

として登場してきた言葉である（田中，2008：15）。「エバリュエーション」とは，アメリカの教育学者である**タイラー**（Ralph Winfred Tyler）が提唱した概念であり，「教育評価」は，従来から使われてきた「試験」「考査」「測定」といった言葉とは区別するために用いられ始めた。タイラーによって，この言葉は，評価とは生徒を選別したり序列づけたりするために行うのではなく，カリキュラムや授業の改善を行うために行われるものであることが明確にされた。本章で「評価」ではなく「教育評価」という言葉を使うのは，学校教育の場で行われる評価は，タイラーの「エバリュエーション」という意味での「教育評価」であるべきであるという考え方に立つためである。なお，教育評価とは，図 4 - 1 のようにカリキュラム評価を基本軸にして，それと関係・輻輳する様々な評価からなる幅広い概念である。ただし，本章では，図 4 - 1 における学力評価および授業評価の内容に焦点をあてて論じることとする。

　教育評価の考え方に立つと，評価をいつ，どのように行うのかは重要である。もとより，児童生徒を選別したり序列づけたりするための評価であれば，教育活動が終わってから，学んだことを判定するために評価を実施すればよい。しかしながら，カリキュラムや授業の改善を行ったり，学習に有効な情報を児童生徒に与えたりするために教育評価を行うのであれば，教育活動が終わってからでは遅すぎることになる。そこで，アメリカの教育学者である**ブルーム**（Benjamin Samuel Bloom）は評価の機能を「**診断的評価**」「**形成的評価**」「**総括的評価**」の 3 つに分けて考えることを主張した（田中，2008：121～125）。ブ

ルームは，すべての子どもに確かな学力を保障する**完全習得学習**（マスタリー・ラーニング）を提唱したことで知られている。すべての児童生徒の学力保障を行おうとすると，教育評価のあり方が重要となる。

「診断的評価」とは，入学当初，学年当初，授業開始時といった教育活動の最初の場面において，学習の前提となる学力や生活経験の実態や有無を把握するために行われる。児童生徒の学習に関わる実態を教育活動の最初の場面で把握することで，必要があればこれまでの学習の復習といった回復学習を行ったり，児童生徒が「つまずき」そうな点を想定して授業における発問や課題を工夫したりすることが可能となる。

「形成的評価」とは，教育活動の過程においてねらい通りに児童生徒の学習が進展しているかどうかを把握するために行われる。診断的評価と同様に，こうした情報が得られることで，必要があれば児童生徒への回復学習を行ったり，授業計画を修正したりすることが可能となる。単元等の途中で評価を行うというとしばしば小テストがイメージされるが，これを形成的評価として実施するのであれば，その結果は最終的な成績づけには入れるべきではない。また，小テスト以外にも，発問への応答や机間指導，学習ノートの確認など様々な方法が考えられる。形成的評価は，児童生徒のつまずきやすいところで実施される。重要なポイントは，形成的評価はあくまで児童生徒の豊かな学びを保障しうるカリキュラムや授業の改善のために行われるものであるということであり，最終的な成績づけには使われない。

「総括的評価」とは，単元終了時，学期末，学年末といった教育活動の終わりに，教育目標と照らして児童生徒がどの程度学習を達成したのかを評価するものである。教師にとっては実践上の反省を行うため，児童生徒にとってはどれだけ学習のめあてを実現できたかを確認するためにフィードバックが行われる。総括的評価の情報に基づいて，「評定」（成績）がつけられることになる。[1]

---

(1) なお，「評定」という言葉はしばしば評価と似たような意味であると捉えられることがあるが，「評定」は「100点満点の点数」「5段階や10段階の数字」「優・良・可・不可」などの単に数値や標語で示すものであり，本章で述べている「教育評価」という言葉とは意味がまったく異なるものである。

　以上に述べてきたような教育評価をカリキュラムや授業の改善に生かすという考え方は，今では目新しいものではなくなっている。教師が行う指導と評価を相互往還的なものと捉えるという意味で「指導と評価の一体化」と呼ばれ，日本の教育評価実践において今では広く受け入れられている。

（2）児童生徒の自己評価と学習改善

　教育評価の世界では，これまで述べてきたような教師がカリキュラムや授業を改善することはもちろん，児童生徒が自己評価を行ったり自分で学習を改善していったりすることの重要性も指摘されている。**自己評価**とは，児童生徒自身が自分の人となりや学習の状態を評価し，それによって得た情報によって自分を確認し，今後の学習や行動を調整することである（田中，2008：125〜130）。この自己評価を行う自己評価力の育成が，情報社会の進展や生涯学習社会の到来のなかで，以前にも増して求められるようになっている。それは，学校を卒業してからも生涯にわたって児童生徒が自分で学習を進めていけることが重要となっていることによる。自己評価はあくまで子どもたちの「所有権」やオーナーシップとしての自己決定権を尊重するという立場から実施されるべきである。

　このことと関わって，前項で述べた，教師の指導改善という視点から語られてきた形成的評価に関して，それを学習者の学習改善という視点で組み直そうとする動きもみられる（二宮，2013）。従来の形成的評価論では，教師の指導が改善されるならば，学習も同時に改善されるとの予定調和的な見方が内包されていたと考えられるのに対し，学習の主体である児童生徒自身が自分の学習実態を理解してその後の学習の改善につなげていけるようになることが重要であろうという指摘である。そして，このような形で児童生徒が学習改善を行うためには，やはり児童生徒が評価活動へ参加し，自己評価や相互評価を行うことが必要となってくる。

　このように，教育評価は学習者がよりよく学ぶために生かされるべきものである。しかしながら，このような形で教師や児童生徒にとっての教育評価の意味が重視されるようになるまでには長い歴史がある。次節では，歴史を振り返

りながら，教育評価の4つの立場を整理していこう（表4-1）。

2 評価の4つの立場

（1）絶対評価

「絶対評価」とは，何か絶対的な基準を設定してそれと照らし合わせながら評価を行う立場である。歴史的には，「戦前の絶対評価／認定評価」「個人内評価」「目標に準拠した評価」などの異なる立場のものが，この「絶対評価」に含まれるものとして提起されてきた。しかしながら，「考査」に代表される，教師という「絶対者」が規準となる「戦前の絶対評価」は，後に説明する「個人内評価」や「目標に準拠した評価」とはまったく異なるものである。本節では，「戦前の絶対評価」について説明を行う。

「考査」とは，1900年から開始された，教師が日常的な教育活動のなかで観察や（小）テストなどによって「平素ノ成績」を総合的に評価しようとするものである（山根，2002）。それまでは，年数回の「試験」で子どもたちが排他的な競争に追い込まれる，試験で問われるような暗記中心の学習を強いられるといった事態が生じていた。「考査」はその反省に立ち，実施されたものである。ただし，それは単に「試験」による教育上の弊害を防ぐためというより，当時，教育勅語のもとで臣民に協同一致精神を植えつけるためには，試験と競争の背後にある個人主義的な教育観が不都合であったことが関係している。

実際に「考査」が実施されてみると，多くの場合，教師の主観的な判断による評価となってしまったとされる。特に1941年の「**学籍簿**」（児童生徒の家庭や身体の状況，学業成績等を記録する公的な帳簿）は「絶対評価」の典型とされる。この時，「操行」（道徳的品性，行為，習慣，態度など）を評価する欄が廃止され，各教科で「操行」を含めた「綜合評定」を行うこととなった。これにより，各教科の評定に，客観的に評価しがたい学習態度等を教師がどうみるかという主観的な判断が入りうることになる。それは，皇国思想のもとで国家の権威に裏打ちされた「絶対者」である教師による管理のための評価でもあった。

表 4 - 1　教育評価の歴史的展開（概略）

学籍簿	「絶対評価」	1900年 「試験」制度の廃止と全国統一書式の「学籍簿」の制定	大正期 アメリカの教育測定運動の日本への紹介
指導要録	「相対評価」 ＋ 「個人内評価」	1948年（1949年に「学籍簿」は「指導要録」に名称変更） 指導機能の重視 1955年〜 指導機能＋証明機能の重視へ，5段階相対評価に基づく総合評定 1980年〜 「観点別学習状況欄」に「絶対評価」	1970年代 「到達度評価」の登場
	「目標に準拠した評価」 ＋ 「個人内評価」	2001年〜 「相対評価」の事実上の放棄と「目標に準拠した評価」の採用	2000年頃〜 「真正の評価」論の日本への紹介

出所：田中（2008／2010）をもとに筆者作成。

（2）相対評価

「相対評価」とは，戦前の評価が教師の主観的な判断による「絶対評価」であったという反省から，その主観性や恣意性を克服することを期待して戦後導入された評価である。もともとアメリカの教育測定運動に淵源を持つ考え方である。図 4 - 2 のような**正規分布曲線**（ガウス曲線）を用いてある集団における相対的な位置づけを示すことで，児童生徒の成績を算出する評価のあり方である。このことから，「集団に準拠した評価」とも呼ばれる。具体的には，「5段階相対評価」のもとでは，図 4 - 2 の配分に従って，上位 7 ％の児童生徒は「5」，次の24％の児童生徒は「4」，その次の38％の児童生徒は「3」，次の24％の児童生徒は「2」，下位 7 ％の児童生徒は「1」といったルールで成績がつけられる。つまり，これが35人学級に適応されれば，成績の内訳は「5」が約 2 人，「4」は約 8 人，「3」が最も多く約13人，「2」が約 8 人，「1」が約 2 人という配分になる。このような形で成績を算出すれば，教師の主観が入ることはなく，客観性や信頼性が約束された評価となるようにみえる。

しかし，評価結果を「相対評価」で算出することに対しては，問題点として主に次の 4 点が指摘されている（田中，2008：47〜48）。1 点目は，必ずできな

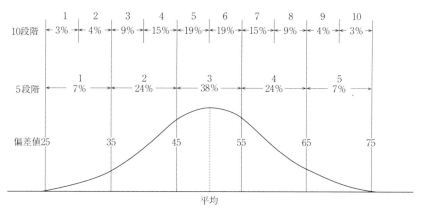

図 4-2　正規分布曲線

出所：編著者（古田）作成。

い子がいるということを前提とする非教育的な評価論であることである。本来，すべての児童生徒の学力を育むことが目指されるべきにも関わらず，「相対評価」では，いかに指導しようとも必ずできない児童生徒がいるということが前提となっている。2点目は，排他的な競争を常態化させて「勉強とは勝ち負け」とする学習観を生み出すことである。「相対評価」では，たとえば自分が「5」の成績をとるためには，必ず誰かを蹴落とさなくてはならない。3点目は，学力の実態を映し出す評価ではないことである。「相対評価」で「5」をとった場合，単にその集団のなかで相対的に上位の位置だったということはわかっても，その子が何を学んだのかや，教育目標に達していたのかについては何もわからない。4点目は，評価結果を指導の改善に生かすことができないことである。「相対評価」が児童生徒を集団のなかで序列化することを目的とする限り，問題とされるのは児童生徒の努力（不足）や能力（不足）のみであり，教師の教育活動が問い直されることはない。

（3）個人内評価

「個人内評価」とは，児童生徒個人を規準として，その子を継続的・全体的に評価しようとする評価の立場である。ここで継続的というのは，過去のその子の学力状況を規準として，その後どれだけ伸びたのかという進歩の状況を評

価することを指す。これを縦断的個人内評価という。全体的というのは，「この子は算数は苦手だけれど，国語は得意である」といったようにその子の長所や短所，得意や不得意を評価することを指す。これを横断的個人内評価という。

　この「個人内評価」も戦後実施されるようになった評価であり，その子ならではのよさや成長，可能性を把握できる評価のあり方である。しかしながら，「個人内評価」は，戦後長い間「相対評価」と結びついて実施されてきたという歴史がある（田中，2008：41〜45）。先述したように「相対評価」には数多くの問題性が指摘されてきた。このことと関わって，たとえ「相対評価」のもとで努力しても成績が向上しない児童生徒に対して，その努力度を「個人内評価」の「所見」欄で「救済」する（1955〜1971年版指導要録でいえば，各観点に○印を多くつける）という関係が成り立ってしまったのである。こうなると，「個人内評価」が持つ可能性は封殺されてしまう。「個人内評価」は次に述べる「目標に準拠した評価」と結びついてこそ，その意義を発揮することができると考えられている。

（4）目標に準拠した評価

　「**目標に準拠した評価**」とは，教育目標を規準に児童生徒の学力を評価しようとする評価の立場である。この考え方の背景には，1970年代半ばに登場した「**到達度評価**」論がある。「到達度評価」とは人権保障の観点からすべての子どもに確かな学力を保障することを目指して，到達目標を規準に子どもの学力を評価しようとする評価の立場である。「目標に準拠した評価」がその意義を発揮するためには，「到達度評価」の学力保障・学習権保障の考え方をしっかり受け継ぐことが重要である。

　それにより，「目標に準拠した評価」は，次の4点で「相対評価」の問題性を克服すると考えられる。1点目は，繰り返しになるが，必ずできない子がいるということを前提とする非教育的な「相対評価」に対し，すべての児童生徒を目標に到達させることを目指す学力保障の考え方を有する点である。2点目は，排他的な競争を煽る「相対評価」に対して，「目標に準拠した評価」では，すべての児童生徒がともに目標に到達することが目指されるため，互いに高め

合う協働を生み出すことが可能になることである。「相対評価」の時のように，自分が「5」をとることで他の誰かの成績が落ちることはなく，ともに目標に向けて学び合う条件が生まれるようになる。3点目は，「相対評価」がその集団における児童生徒の位置しか示さないのに対し，「目標に準拠した評価」においては，児童生徒にどのような学力が形成されたのかが示されることである。このため，児童生徒自身がその後の学習に評価の結果を生かすことができるようになるとともに，教師も，指導の改善に評価の結果を生かすことができるようになる。4点目は，3点目と関わるが，「目標に準拠した評価」においては，児童生徒の学力実態を評価し，目標が達成できていなければ，それを教師が教育実践自体を省みる機会とできることである。「相対評価」のもとでのように，児童生徒が悪い成績をとった原因が，児童生徒の努力（不足）や能力（不足）のみに帰せられるのではなく，教師が児童生徒や同僚たちと，ともに学力を保障するための方法を模索できるようになる。

　ここで述べてきたような「目標に準拠した評価」のよさを生かすためには，先述したように，「到達度評価」から引き継ぐ，すべての児童生徒に確かな学力を保障するための評価という考え方が重要である。これをふまえなければ，「目標に準拠した評価」であっても，単に目標への到達度を点検するだけと化し，「相対評価」と変わらないものになってしまうだろう。

3　指導要録と通知表

　学校での児童生徒の学習状況は「**指導要録**」と呼ばれる原簿に記録され，一定期間学校に保管される。指導要録とは，学校教育法施行規則でその作成と保存が義務づけられている公的な表簿であり，文部科学省の「小学校，中学校，高等学校及び特別支援学校等における児童生徒の学習評価及び指導要録の改善等について（通知）」（2010年5月11日）によれば「児童生徒の学籍並びに指導の過程及び結果の要約を記録し，その後の指導及び外部に対する証明等に役立たせるための原簿」（文部科学省，2010）である。指導要録には，指導機能と証明機能がある。指導機能とは，その後の指導に役立てられる機能である。学年が

変わった時に参照されたり，児童生徒の進学または転校の際に指導要録の抄本
や写しが進学先または転校先に送られて参考にされたりする。証明機能とは，
在学中もしくは卒業後に，成績証明書や卒業証明書といった証明書を発行する
ための原簿としての機能である。進学や就職の際に提出される調査書（内申書）
の原簿ともなる。

　指導要録では，戦前の「絶対評価」への反省から，戦後になると「相対評
価」が導入され，長い間採用され続けた（表 4 - 1 参照）。1948 年の指導要録
（当時は学籍簿。翌年から指導要録に名称変更）では，指導機能を重視して分析的
な評価が行われていたが，1955 年からは証明機能が重視されて教科別の「評
定」欄が登場した。この時から，「評定」欄で教科別の 5 段階相対評価，「所
見」欄は観点に〇印をつける形で「個人内評価」で行うこととなった。しかし
ながら，第 2 節第 2 項で述べたように，「相対評価」には多くの問題性が指摘
されるようになった。そうした批判を背景に，1980 年からは，「観点別学習状
況欄」で目標の達成状況の評価（「絶対評価」）が行われるようになった。しか
しながら，「評定」欄は「相対評価」のままであった。「評定」欄の「目標に準
拠した評価」が認められるようになったのは 2001 年のことであった。以来，
「目標に準拠した評価」が採用され続けている。

　通知表（様々な名称があるが，本章では「通知表」と表記）は多くの場合，指導
要録に準拠して作成される。ただし，通知表は本来学校と家庭の（往復）連絡
文書の 1 つであり，法的な根拠はない。そのため，指導要録で「相対評価」が
採用されていた頃から，「相対評価」の問題性を自覚し，学校の教師たちの願
いに基づいて通知表を児童生徒の学習状況がわかるような形へと改革した学校
もなかには存在した（東井，1967）。

4 「真正の評価」論に基づく教育評価

（1）「目標に準拠した評価」の課題と「真正の評価」論

　「目標に準拠した評価」は，その意義が認められてきた一方で，その考え方
にはいくつかの疑問や批判も指摘されている（田中，2008：68〜70）。それは次

の4つに整理できる。1つ目は，評価規準として教育目標を設定すると，教育目標からはみ出したり，それを乗り越えていく児童生徒の姿が軽視されたり無視されたりするのではないかというものである。2つ目は，常に教師がねらいとして設定した教育目標に基づいて評価されることになると，児童生徒にとっては教師の規準にどう自分を合わせるのかを考えることが習い性となってしまうのではないかというものである。3つ目は，児童生徒が教育目標に到達したかどうかを問題にするあまりに，目標に至る（または至らない）プロセスが見過ごされてしまうのではないかというものである。4つ目は，単に記憶しているといったわかりやすい低次の教育目標のみが強調される傾向となり，学んだことを分析したり総合したりするといった質的に高次な教育目標がおろそかにされるのではないかというものである。こうした提起を受けて，「目標に準拠した評価」におけるすべての児童生徒に確かな学力を保障するという考え方を大切にしつつ課題を克服しうるものとして，「真正の評価」論の考え方が注目されるようになった。

「真正の評価」論は，もともと1980年代後半のアメリカで登場した評価の考え方である（田中，2008：71〜78）。当時のアメリカでは，学区や学校に対して説明責任の要請が強まるなか，とりわけ州政府による上からの「標準テスト」が多用され始めていた。「標準テスト」とは，テストの問題内容，検査時間や解答法の指示などの実施方法，採点方法などが厳密に規定されており，またテスト結果が集団に準拠して示されるテストのことである。そのようなテストで本当に児童生徒の学力を評価できるのか，また「標準テスト」でよい成績を収めたとしても，それは学校のなかでしか通用しない特殊な能力を評価したにすぎないのではないかといった疑問や批判が出されていた。こうした「標準テスト」批判を背景に登場してきたのが，「真正の評価」論である。

実は，「真正の評価」論の「真正の」（authentic）とは，「本物の」という意味である。「真正の評価」論に基づく評価には，大人が直面するようなリアルな文脈（現実世界の状況）が組み込まれており，児童生徒は様々な知識や技能を総合して使うことを求められる（Wiggins, 1998：22〜24）。そのため，「標準テスト」で評価されがちである単純な知識等の再生だけでは取り組むことはできな

い。そこでは教科「する」こと，すなわち教科において学問的な探究を行うことなどが求められる。また，テスト問題を秘密にするのとは異なり，児童生徒がフィードバックを得ながら学習を改善し，よりよい成果を出していけるようにすることが大切にされている。このような形で評価が行われることで，狭い目標に児童生徒を追い込むのではなく，高次の教育目標を設定してそこへ向けて児童生徒を育むことが可能になるだろう。「真正の評価」論の代表的な評価方法としては，ポートフォリオ評価法やパフォーマンス評価が知られている。

（2）ポートフォリオ評価法

　ポートフォリオ評価法とは，ポートフォリオづくりを通して，子ども・青年が自らの学習のあり方について自己評価することを促すとともに，教師も子ども・青年の学習活動と自らの教育活動を評価するアプローチである（西岡，2016：182）。**ポートフォリオ**とは，もともと画家や建築家，新聞記者といった職業の人々が雇用主に自らを売り込む時に用いる「紙ばさみ」やファイルなどを指す。教育の分野では，子ども・青年の作品（work）や自己評価の記録，教師の指導と評価の記録などをファイルや箱などに系統的に蓄積していくものである。ポートフォリオ評価法は，1998（平成10）年改訂学習指導要領で「総合的な学習の時間」が導入されたことをきっかけに日本に紹介されたことから，総合学習の評価方法と捉えられがちであるが，教科教育においても有効な評価方法である。ポートフォリオを用いることで長期的に学習に関わる記録が蓄積され，その子ならではのよさや学習プロセスを通じた成長を把握することが可能になる。

　ポートフォリオ評価法を実施するにあたっては，次の3点がポイントとして挙げられる（西岡，2003：59～63／2016：185～186）。第1に学習者と教師の間で見通しを共有することである。学習の主体はあくまで児童生徒自身であるため，何のためにどういう資料を残していくかなどについては，児童生徒と教師が見通しを共有し，児童生徒が主体的に取り組めるようにする必要がある。第2に，具体的な作品を蓄積するとともに，振り返ってポートフォリオを編集する場を設けることである。具体的な作品としては，完成した作品だけでなく，完成品

を作り出す過程で生み出された，今までは見過ごされていたような下書きやメモ，資料などの価値も考慮して蓄積することが求められる。そして，それらを見返して学びを振り返り，並び替えたり取捨選択したりして整理することが大切である。第3に，定期的にポートフォリオ検討会を行うことである。ポートフォリオ検討会とは，学習者と教師やその他の関係者がポートフォリオを用いて，学習の状況について話し合う場のことを指す。教師と学習者とが1対1で行う場合もあれば，一斉授業の形で行われることもある。また，保護者や地域住民が参加する場合もある。教師と児童生徒が対話形式で行う場合には，それまでの学習を振り返って到達点や課題を確認するとともに，その後の目標設定を児童生徒とともに行い，見通しを持つことも可能になる。また，児童生徒が評価に参加することで，児童生徒の自己評価力を育む場ともなる。

（3）パフォーマンス評価

「真正の評価」論の代表的な評価方法としては，パフォーマンス評価も挙げられる。**パフォーマンス評価**とは，知識やスキルを使いこなす（活用・応用・総合する）ことを求めるような評価方法の総称である（西岡，2016：85）。様々な知識やスキルを総合して使いこなすことを求めるような複雑な課題はパフォーマンス課題という。具体的には，論説文などの完成作品を求めるものや，プレゼンテーションなどの実演を求めるものがある。このなかでも特にリアルな文脈において力の発揮を求めるものを真正のパフォーマンス課題という。

例として，ここでは小学校6年生・算数科・単元「速さ」の事例を取り上げる（長谷川ほか，2017）。パフォーマンス課題は，「あなたはこれから修学旅行と同じ京都方面へ旅行の計画を立てます。どのような交通手段を使って行くか考えます。地図帳を使って，主に移動時間，滞在時間について，その根拠となった計算も示しつつ，楽しい旅行を計画し，その内容を説明してください」であった。これは，「速さ」の単元末で行われたパフォーマンス課題であるが，子どもたちはその前の単元で学んだ「縮図」の知識も用いて課題に取り組んでいた。計画を立てるためには，地図帳から実際の距離を求め，その区間でどの交通手段を使うかを選び（たとえば路線バスなら速さの目安として時速30キロメー

トル），移動にかかる時間を求め，行った先での滞在時間なども考えなくては
ならない。この授業では，子どもたちが実際に自分なりの計画を立てた後，友
人と旅行計画を紹介し合い，自分の計画を修正する時間が設けられた。これに
より，子どもたちは具体的な旅行をイメージして，よりよい旅行計画を作るこ
とができた。旅行計画を作るというリアルな文脈のなかで，探究的に知識や技
能を総合して学習に取り組み，友人からフィードバックを得ながら学習を改善
し，よりよい旅行計画を生み出していった事例であるといえる。[(2)]

　パフォーマンス課題で生み出された作品を評価する際には，しばしばルーブ
リックが用いられる（西岡，2016：100〜104）。ルーブリックとは，3・2・1
などの成功の度合いを示す数レベル程度の尺度と，それぞれのレベルに対応す
るパフォーマンスの特徴を記した記述語からなる評価基準表である。ルーブ
リックは，実際に授業が終わった後で，児童生徒の姿や作品に基づいて，再度
検討し直されることが重要とされている。それにより，時に目標それ自体を問
い直し，改善するきっかけとすることができるだろう。

5　指導と学習の改善のための評価

　本章では，教育評価はカリキュラムや授業の改善を行うために，さらには児
童生徒自身も学習を改善していけるようになるために行われるものであること
を示してきた。指導と学習の改善に生かすためには，すべての子どもに確かな
学力を保障するという考え方をふまえて「目標に準拠した評価」を実施するこ
とが重要であった。これは，「真正の評価」論でも同様であった。こうした考
え方を抜きにして単に「ポートフォリオ評価法」や「パフォーマンス評価」の
形式だけを真似すると，途端に「真正の評価」論はその意味を失い，これまで

---

(2)　この事例は，「逆向き設計」論というカリキュラム設計論に基づいて設計された。「逆向き設
　　計」論とは，授業が始まる前に①求められている結果である教育目標，②目標が達成されたかを
　　確かめるための評価方法，③学習経験や指導の計画の3つを対応させて設計する考え方である。
　　パフォーマンス課題を「目標に準拠した評価」として実施するために，この「逆向き設計」論は
　　参考になる（ウィギンズ・マクタイ，2012）。

以上に厳格に子どもを管理する道具になりかねない。教育評価の本来の意味を見誤ることなく，自身の教育実践を見直す考え方として「真正の評価」論を捉えてほしい。

学習課題　① 「評価イコール成績づけである」というイメージを持っている人に対して，教育評価の意義を説明してみよう。
　　　　　　② 「目標に準拠した評価」に提起された疑問や批判は「真正の評価」論によってどのように克服しうるかを考えてみよう。

引用・参考文献

ウィギンズ，G.／マクタイ，J.『理解をもたらすカリキュラム設計——「逆向き設計」の理論と方法』西岡加名恵訳，日本標準，2012年（原著は2005年）。

田中耕治『教育評価』岩波書店，2008年。

田中耕治編『よくわかる教育評価　第2版』ミネルヴァ書房，2010年。

東井義雄・八鹿小学校『「通信簿」の改造——教育正常化の実践的展開』明治図書出版，1967年。

西岡加名恵『教科と総合に活かすポートフォリオ評価法——新たな評価基準の創出に向けて』図書文化社，2003年。

西岡加名恵『教科と総合学習のカリキュラム設計——パフォーマンス評価をどう活かすか』図書文化社，2016年。

二宮衆一「イギリスの ARG による『学習のための評価』論の考察」『教育方法学研究』38，2013年，97〜107頁。

長谷川剛・船津昌秀・玉元陽大ほか（授業づくり研究班）「協働的な学びを育む授業づくりのあり方」姫路市総合教育センター『紀要』2017年。

文部科学省「小学校，中学校，高等学校及び特別支援学校等における児童生徒の学習評価及び指導要録の改善等について（通知）」2010年。https://warp.ndl.go.jp/info:ndljp/pid/11373293/www.mext.go.jp/b_menu/hakusho/nc/1292898.htm（2021年8月29日閲覧）

文部科学省「小学校，中学校，高等学校及び特別支援学校等における児童生徒の学習評価及び指導要録の改善等について（通知）」2019年。https://www.mext.go.jp/b_menu/hakusho/nc/1415169.htm（2022年1月3日閲覧）

山根俊喜「通知表・指導要録の課題——教育評価制度の歴史と現状をふまえて」田中耕治編『新しい教育評価の理論と方法　第1巻　理論編』日本標準，2002年，101〜164頁。

Wiggins, G., *Educative Assessment: Designing Assessments to Inform and Improve Student Performance*, California: Jossey-Bass, 1998.

第 5 章

カリキュラム・マネジメント

　本章では，カリキュラム・マネジメントについて学ぶ。カリキュラム・マネジメントというと，管理職など一部の人々によって担われるものというような印象を持つ人も多いかもしれない。しかしながら，カリキュラム・マネジメントには本来管理職だけでなく一人ひとりの教師が参画していくことが重要である。本章では，カリキュラム・マネジメントの定義や背景，具体的な手法や，実施のあり方等を取り上げる。自分なりの参画の仕方を考えてみよう。

1　カリキュラム・マネジメントとは

（1）教育課程経営論と2017（平成29）年改訂小・中学校学習指導要領におけるカリキュラム・マネジメント

　2017（平成29）年改訂学習指導要領において，カリキュラム・マネジメント[1]という言葉が用いられた。学習指導要領では，これまで「カリキュラム」という言葉ではなく「教育課程」という言葉が使われてきた。そのため，この転換は画期的なことであるといわれる。ここでは，2017（平成29）年改訂学習指導要領において，カリキュラム・マネジメントという言葉がどのような意味で使われているのかについて最初に確認する。

　2017（平成29）年改訂学習指導要領では，カリキュラム・マネジメントについて「各学校においては，児童（生徒）や学校，地域の実態を適切に把握し，教育の目的や目標の実現に必要な教育の内容等を教科等横断的な視点で組み立

---

(1)　「カリキュラム・マネジメント」については「・」を入れないで表記する場合もあるが，本章ではすべて「カリキュラム・マネジメント」で統一する。

ていくこと，教育課程の実施状況を評価してその改善を図っていくこと，教育課程の実施に必要な人的又は物的な体制を確保するとともにその改善を図っていくことなどを通して，教育課程に基づき組織的かつ計画的に各学校の教育活動の質の向上を図っていくこと」（「第1章　総則」「第1　小（中）学校教育の基本と教育課程の役割」の4）（括弧内は中学校）と記されている。

　ここでのポイントは大きく3つある。1つ目は，教育の目的や目標の実現のために必要な内容等を「教科等横断的な」視点で組み立てることである。そもそも学校全体で掲げるような教育目的や教育目標には，「豊かな心」「健康／体力」「自ら学ぶ力」などの幅広い意味を持つ言葉が含まれることが多い。こうした教育目標を個別の授業のなかだけで実現しようとするのは難しく，教科等を超えた視点も持ってカリキュラムを作っていくことが必要とされている。

　2つ目は，教育課程の実施状況を評価してその改善を図っていくことである。そのために，計画（Plan）—実施（Do）—評価（Check）—改善（Action/Act）の略であるPDCAサイクルの活用が想定される。子どもの学習権や学力を保障するためには，編成した教育課程をやりっぱなしにするのではなく，その実施状況を評価し，課題解決に向けて改善を行うという一連の過程が求められる。こうした過程を大切にすることで，よりよいカリキュラムが生まれ，子どもたちの学習を豊かにしていくことができる。

　3つ目は，教育課程の実施に必要な人的または物的な資源等を活用するとともにその改善を図っていくことである。なお，1つ目と2つ目のポイントが教育活動と捉えられるのに対し，このポイントは経営活動と捉えられる。人的または物的資源等の活用を考える際には，学校内の校務分掌などの条件整備はもちろん，学校外の家庭や地域社会との連携・協働や，教育委員会など教育課程行政による支援に基づく条件整備も重要となる。

　2017（平成29）年改訂学習指導要領では，以上のようなカリキュラム・マネジメントに，管理職など一部の人々だけでなく学校教育を担う教職員一人ひとりが参画することで，組織的かつ計画的に教育活動の質を向上させていくことが求められているといえる。

　こうしたカリキュラム・マネジメントは，「教育課程経営」という概念から

発展したものと捉えることができる。教育課程経営とは，主に1970年代後半から1980年代にかけて，日本の学校経営研究等においてその内実が形成され，定着してきた概念である。ここでは，代表的な定義として高野桂一の定義を取り上げる。高野によれば，教育課程経営とは広義には，単に教育課程の内容をどうするか（教育課程内容論）ということだけでなく，教育課程内容の計画＝編成（Plan）→その実施＝展開（Do）→評価（See）を進めていく過程でなされる，さまざまな組織・運営上の条件づくり（条件整備）を意味するものである（高野，1989：6～8）。それ以前は，教育課程内容論だけが偏重されていた向きもあったが，条件づくり活動にアクセントを置いている点に教育課程経営の特徴がある。ここから，狭義の教育課程経営は，条件整備活動と捉えられている。高野は，この狭義の条件づくりにアクセントを置きつつ，広義の定義を支持している。ここには，学校の教育課程をめぐる諸活動や運営は，「法」や「行政」や「管理」が，学校の上や外から起動力を与えてから動き出すものという観念から抜け出し，学校自体が日常的に事実として行っている教育（課程）活動を真に自らのものとして自主的・創造的に行う方向への徹底的な転換を目指すという発想がある。その際，教師は自分の授業の経営者として授業経営を行うことはもちろん，こうした学校全体レベルの教育課程経営の過程に専門職たるカリキュラム・メーカーとして参画することが大切にされている。

　教育課程経営とカリキュラム・マネジメントは，いずれも教育課程の内容と条件整備の区別と関連の視点を含むこと，システム論をふまえて評価し改善を図るサイクルを重視することなどに共通性がみられる。一方，近年のカリキュラム・マネジメントをめぐる政策的動向に先行して立論されてきた，中留武昭や田村知子のカリキュラム・マネジメント論については，教育課程経営論との間に次のような相違点があることも指摘されている（大野，2019）。1つ目は，

（2）　小泉は，カリキュラム・マネジメントと教育課程経営の定義がほぼ同義であるにもかかわらず，カリキュラム・マネジメントでは，カリキュラムやマネジメントという多様な意味を持つ語が使われることで，概念の混乱がみられることを指摘している（小泉，2019）。

（3）　詳しくは，中留武昭編著『カリキュラムマネジメントの定着過程──教育課程行政の裁量とかかわって』（教育開発研究所，2005年）や田村ほか（2016）などを参照し，学びを深めるとよい。

カリキュラム・マネジメント論では，学校レベルでの教育課程経営の実態への問題意識から，①条件整備活動の精緻化（学校文化・リーダーシップ等の要素の追加），②教育活動系列・条件整備活動系列の基軸（連関性・協働性）確立の規範命題化，③以上に基づく全体構図のモデル化（要素の追加と構図の単純化）（図5-1参照）が提案されたことである。このうち，①において，当初中留のカリキュラム・マネジメント論では「行政的要因」が重要な構成要素として位置づけられていたのに対し，それがその後（教育課程基準の裁量性を除き）相対的に弱められたことが指摘されている。これにより，カリキュラム・マネジメント論が単位学校レベルでの技術モデルの性質を強めることになったと考えられており，その是非が議論されている。

　2つ目は，教育課程経営論では，教育課程経営は「学校経営の中核」と位置づけられており，あくまでも学校経営の一環であったのに対し，カリキュラム・マネジメント論では，中留の「学校改善の中軸」を経て，田村の単純化された「理念型」モデルを随伴する「学校経営としてのカリキュラム・マネジメント」へと推移したと解されることである。田村のモデルは，教育目標達成に向けたカリキュラムづくり，カリキュラムづくりに向けた組織づくりという発想に可能性を持つ一方で，状況文脈の複雑性や教職員の多様性を持つ学校の経営が常にこの枠組みに収斂できるとは限らないという限界もあるとされる。カリキュラム・マネジメントを考える際には，教育課程経営論を背景とした基本となる考え方およびカリキュラム・マネジメント論固有の可能性や限界に留意しておくことが必要であろう。

（2）カリキュラム・マネジメントの歴史的背景

　カリキュラム・マネジメントが教育研究の分野で注目されるようになったのは，概ね1990年代の終わり頃である。中央教育審議会答申「今後の地方教育

---

(4)　田村は，2021年時点では，「CM理論の特徴は，カリキュラムに能動性や課題解決性を見出し，その開発とマネジメントを学校の経営戦略の中核に位置づける点にある」（CM＝カリキュラム・マネジメント）（田村知子「カリキュラム・マネジメント」西岡加名恵・石井英真編著『教育評価重要用語事典』明治図書出版，2021年，145〜146頁）と述べている。

行政の在り方について」(1998 年 9 月 21 日) 以降，「特色ある学校づくり」が叫
ばれたことや，1998（平成 10）年改訂学習指導要領で「総合的な学習の時間」
が導入され，学校独自のカリキュラム開発が求められるようになったことなど
が背景にある。しかしながら，各学校や教師たちによるカリキュラムの開発や，
先に挙げた教育課程経営論のようにカリキュラム・マネジメントと同様の提起
はそれよりもずっと以前からなされてきた。そこで，本項では，学習指導要領
の変遷に沿って，各学校や教師たちによるカリキュラム開発やカリキュラム・
マネジメントに関わる歴史的な背景を，第 2 次世界大戦後に焦点をあてて示す
こととする。

　戦後，最初に学習指導要領が出されたのは 1947 年のことである。1947（昭和
22）年と 1951（昭和 26）年改訂の学習指導要領は**経験主義**を編成原理としてお
り，「試案」とされていた。1947（昭和 22）年の学習指導要領には「新しく児
童の要求と社会の要求とに応じて生まれた教科課程をどんなふうにして生かし
て行くかを教師自身が自分で研究して行く手びき」(「序論」「1．なぜこの書はつ
くられたか」) であると明記されており，その性質は 1951 年改訂にも引き継が
れた。そのため，当時は，本郷プラン，桜田プラン，明石プランなどの地域や
学校名を冠したコア・カリキュラムづくりが各地で行われた。**コア・カリキュ
ラム**とは，ある 1 つの学習領域を中心課程（コア）として，それと周辺課程を
関連づけることでカリキュラム全体を統合しようとする考え方であり，当時は
社会科がコアとなることが多かった。このように独自のカリキュラムが考案さ
れるようになったのと相まって，1951（昭和 26）年改訂学習指導要領では，教
育課程の評価の必要性や，学校長・指導主事・教育長などの参加のもと教師た
ちが教育課程の評価を行うべきこと，その際の評価の着眼点が示されている。

　しかしながら，そうした時期はそれほど長くは続かなかった。経験主義に対
して基礎学力の低下や学問的体系に基づく系統性の欠如等の批判が掲げられた
こと等を背景として，1958（昭和 33）年改訂以来，学習指導要領が法的拘束力
を持つと主張されるようになったためである。この時から，**系統主義**が編成原
理とされるようになる。1968（昭和 43）年改訂学習指導要領では，「教育内容
の現代化」が進められたことで，学問中心の教育課程を標榜した改革がいっそ

う推進された。こうした流れのなかで地域や学校ごとのカリキュラム開発は下火となる。一方で，1950年代は，数学教育協議会（1951年）や科学教育研究協議会（1954年），学校体育研究同志会（1955年），新英語教育研究会（1959年）など民間教育研究団体が数多く発足した時代でもある。これは，学習指導要領が国家基準とみなされるようになる一方で，その後もそれにとらわれずに各教科の内容・指導体系を明らかにしようと自主的に研究や実践に取り組んだ教師たちがいたことを意味する。

　1970年代に入ると，激しい受験戦争に加えて，1968（昭和43）年改訂学習指導要領で教育内容が高度化・過密化したこと等を背景に「落ちこぼれ，落ちこぼし」問題や「病める学力」問題が社会問題化してきた。1977（昭和52）年改訂の学習指導要領は「ゆとり」や「人間性」といったキーワードを掲げており，学校裁量の時間も導入された。そうしたなかで，当時，学習指導要領という「上からの」開発以外に，「下からの」開発の試みが始まっている。1974年に文部省とOECD（経済協力開発機構）の内部機関であるCERI（教育研究革新センター）との協力によって開かれた国際セミナーにおいて，スキルベック（Malcolm Skilbeck）を通じて「学校を基礎としたカリキュラム開発」の考え方が紹介された（文部省，1975）。それは学校をカリキュラム開発の場と考え，そこでの日常的な活動を通して開発を進めていこうとする考え方である。その後1976年には学習指導要領等の国の基準によらずに教育課程の編成・実施を行うことのできる研究開発学校制度が開始されている。先述した，「教育課程経営」という概念が教育経営研究等において形成されてきたのはまさにこの時期のことである。また，各学校レベルのものではないが，教師たちによる自主的な教育課程編成という視点でいえば，『教育課程改革試案』という「総合学習」を教科の1つとして位置づけたカリキュラムが，民間から提案されたのも同じ頃であった（日本教職員組合，1976）。

　その後，中曽根康弘首相（当時）のもとで開かれた臨時教育審議会で「教育の自由化」に関する議論等がなされた。結果的に当時は大きく規制緩和に踏み切ることはなく，1989（平成元）年改訂学習指導要領では，個性尊重が推進された。また，生活科の新設が行われた。実際に学校の裁量が大きくなるのは，

1998（平成10）年改訂学習指導要領のもとにおいてである。当時，「総合的な学習の時間」が導入され，それを中心に「特色ある学校づくり」を行うことが強調された。こうして学校は，学習指導要領に書かれていることを実施するというこれまでの状況から，自分の学校に即したカリキュラム開発を行うことが求められるようになった。その後，2003年に学習指導要領が「最低基準」とされ，発展的な学習が認められるようになったこともいっそう学校の自主裁量権を大きくすることに寄与した。カリキュラム・マネジメントの用語が出現し，着目され始めるのはこの頃からである。それは，教育課程経営論をベースとしつつ，「総合的な学習の時間」創設などを背景に発展してきたものであった。

2　カリキュラム・マネジメントのための手法や考え方

（1）カリキュラム・マネジメントの手法

　ここでは，代表的なカリキュラム・マネジメントの手法として，田村知子によって開発されたカリキュラム・マネジメントのモデルを取り上げ（田村ほか，2016：36〜51），図5-1の構造について簡単に説明する。まず，図の上半分が教育活動，下半分が経営活動である。先述したような，教育課程の目標・内容・方法系列（図5-1中「ア」「イ」）と条件整備系列（図5-1中「ウ」「エ」「オ」「カ」「キ」）の区別と関連の視点が図のなかに位置づいていることがわかる。

　次に，その中身をみてみると，図の一番上にはカリキュラム・マネジメントの最も重要な過程である「ア．教育目標の具現化」が掲げられている。そして，その下に目標を具現化するための具体的な手段（教育の内容・方法）として，「イ．カリキュラムのPDCA」が対応的に位置づけられている。これらを支えるものとして「ウ．組織構造」（人〔人材育成を含む〕，物〔時間や情報を含む〕，財，組織と運営），「エ．学校文化」（その学校の教職員が共有している「組織文化」，児童生徒が共有している「生徒文化」，学校に定着した「校風文化」の集合），「カ．家庭・地域社会等」，「キ．教育課程行政」（文部科学省や教育委員会）は図の下半分に位置づけられている。そして，すべての要素を見渡し働きかけるという意味をこめて，これらの中央に「オ．リーダー」が位置づけられている。リーダーに

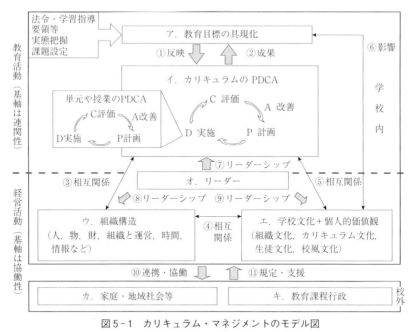

図5-1　カリキュラム・マネジメントのモデル図

出所：田村ほか（2016）。ぎょうせいオンライン（https://shop.gyosei.jp/products/detail/9096）より閲覧可能（2021年5月10日閲覧）。

は，管理職だけでなく，ある局面では，すべての教員がなりうる。

　このようなモデルに学校の様子を書き込んでいくことでその実態を分析することができる。図5-1における要素間には「関係性」があり，これがシステムを成り立たせている。そのため，分析の際にはそれぞれの要素だけでなく，要素間の相互関係を捉えることが重要である。また，こうしたモデルを用いて分析を行う際には，判断の偏りを減じるために複数の関係者で協働的に実施することが推奨されている。

　本項では，田村の手法を紹介したが，このような手法を用いる場合には，その手法の特性をふまえて利用していくことが重要である。たとえば，田村のカリキュラム・マネジメントのモデルは，全体像を俯瞰したり，要素間の関連を把握したりする点で長所が認められるものの，モデル自体を一定程度理解できるよう促進したり，記入時間を確保したりするような支援が必要であるとされ

ている（田村ほか，2017）。また，こうした手法については，カリキュラム・マネジメントを実施するにあたって，必ず用いなくてはならないわけではない。カリキュラム・マネジメントの全体像を教職員で共有したい時には田村のモデルを用いてワークショップを行うが，総合的な学習の時間の独自のカリキュラムなど，特定の側面に特化して見直しを行う際には別の手法を用いるなど，あくまでも学校の実情に応じて，使い分けていくことが重要であろう。

（2）「逆向き設計」論を生かしたカリキュラムの改善

　カリキュラム・マネジメントを実践するにあたっては，学校全体で共通理解して進めることはもちろん，教師たち一人ひとりによるカリキュラムの見直し・改善も重要となる。ここでは，教師がカリキュラムを改善していくための考え方の 1 つとして「逆向き設計」論を取り上げる。「逆向き設計」論とは，カリキュラム設計にあたって，教育目標，評価方法，学習経験と指導を三位一体のものとして設計することを提案するものである（西岡，2016：21～24）。「逆向き」と呼ばれる理由は，単元末・学年末といった，教育によって最終的にもたらされる成果（「結果」）からさかのぼって教育を設計する点，また時に指導が行われた後で考えられがちであった評価方法を先に構想する点にある。このように，元来「逆向き設計」論は，カリキュラム設計論であり，カリキュラム・マネジメントのための理論ではない。

　しかしながら，「逆向き設計」論では，単元設計（「ミクロな設計」）とより長期的な指導計画（「マクロな設計」）とを往還させながら，カリキュラム全体の改善を図るという発想がとられている（西岡，2016：146～158）。ここで，中学校の英語の例を取り上げる。ある単元で課題「My Opinion の発表」を実施したところ（「ミクロな設計」），生徒が筆記テストでは回答できる英語の表現を発表原稿では必ずしも使えなかったり（「自分の言葉で伝える」），自分自身について語ることに慣れていなかったり（「自分のことを伝える」）するという課題が明らかとなった。そこで，その後の単元では，この 2 点を意識して長期的な指導計画が立てられた（「マクロな設計」）。さらに，「論理的に伝える」ことについても指導をした後，再度この 2 点を組み込んだ単元が実施されている（「ミクロな

設計」)。「逆向き設計」論で提案されているような単元設計とより長期的な指導計画とを往還させながら，カリキュラム全体の改善を図るという考え方は，カリキュラム・マネジメントにおける教育活動の改善に重要な役割を果たすと考えられる。この営みを基盤とし，学校全体でのカリキュラム・マネジメントにつなげていくことで，教師一人ひとりの参画につながっていくだろう。

3　カリキュラム・マネジメントの実際

（1）目標の具体化・共有化

　本節では，京都市立葵小学校（以下，葵小学校）の事例を取り上げる。[5] 葵小学校のカリキュラム・マネジメントの特徴としては，①目標の具体化・共有化，②目標実現のための「対話の時間」を核としたカリキュラムづくり，③保護者・地域住民との連携，④「見取り→見直し→実践し→共有する」というサイクルの定着という主に4つを挙げることができる。

　葵小学校の2019年度の目標は「共に学び友に学ぶ葵校」である。この目標を上意下達で教職員に周知するのではなく，教職員が対話しながら共有するために，葵小学校ではSWOT分析が用いられた。SWOT分析とは，もともと企業で用いられていたものであり，近年，学校の強みを生かして特色あるカリキュラムづくりや教育活動を生み出すための学校組織マネジメントの手法として用いられるようになっているものである（雲尾，2007）。一般的に学校で用いる場合には，学校を取り巻く環境を内部環境と外部環境に区分し，内部環境の要因を「強み」（Strength）と「弱み」（Weakness）に整理し，外部環境の要因を「機会」（Opportunity）と「脅威」（Threat）に分類し，学校環境の把握・分析を行う。

　葵小学校の場合はアレンジを行い，教職員・地域環境・子どもという3つの視点で強みと弱みについて教職員それぞれが分析を行っている。その分析は，

---

[5]　本事例については，2018年度の京都市立葵小学校研究冊子および2019年9月19日に行った京都市立葵小学校校長市村淳子先生，研究主任樫原貴博先生へのインタビューおよびその後のメールでの情報提供に基づく。

グループごとに議論されたうえで，教職員全体で共有された。これにより，学校の実態に即して葵小学校の学校教育目標がまさに重要であることが教職員間で共有された。

　具体的には，教職員たちは，子どもたちが他者と交流して一緒によりよいものを作り上げるような経験をより多くしてほしいという願いを持っていた。一人ひとりが高い力を持っている葵小学校の子どもたちだからこそ，共に対話をしながら学ぶことで，互いの力をいっそう認め合い，共に生きていく力につなげていけると教師たちは考えており，それがまさに学校教育目標に現れていることが共有された。こうして，教職員が同じ方向を向いて学校教育に関わることができるようになり，目標をもとに取り組みを行えるようになった。これにより，カリキュラム・マネジメントを通じて実現が目指される学校教育目標が教職員に具体化・共有化された。

（2）目標実現のための「対話の時間」を核としたカリキュラムづくり

　「対話の時間」とは，オランダのピースフルスクール（De Vreedzame School）の取り組みを参考にして，葵小学校が独自に設定している時間のことである。オランダのピースフルスクールとは，互いの違いを尊重しつつ他者とともに，けんかなどのトラブルを解決する力，ひいては民主的な社会で生きていくための市民性を子どもたちに育むためのピースフルスクールプログラムを採用している学校のことである（リヒテルズ，2010：91～128／奥村，2016）。オランダのピースフルスクールプログラムは，もともとニューヨークで開発されたプログラムを参考に作られた。

　葵小学校ではこのプログラムの考え方に則りながら，独自に目指したい子ども像（たとえば，高学年では，「異質性の尊重や多様性の受容を意識して関わりをもつことができる子ども」など）を設定し，「対話の時間」のカリキュラムを開発している。「対話の時間」は，5つのテーマ「私たちの教室を作る」「コミュニケーション」「感情と相互理解」「対立から対話へ」「違いは豊かさ」で年間指導計画が構成されており，適宜「考える自由，表現する自由」をテーマとした授業が途中で実施される。各テーマは3～8時間の授業で構成される。「対立

	8月・9月	10月	11月	12月
対話	対立から対話へ〜題材に向けて〜	対立から対話へ〜より良い調停〜	対立から対話へ〜自分たちでの調停〜	自分は自分
総合	わたしと仕事 35 h（6月〜2月）			
	なぜ仕事をするのだろう？	実際に仕事をして考えよう		自分の未来予想図を描こう
	あおい college　35 h（4月〜2月）＊児童の興味関心に沿って探究的な活動を行う			
国語	• 詩を味わおう • カンジー博士の暗号解読 • 言葉をよりすぐって俳句を作ろう • 私語・漢語・外来語	• 考えを明確にして話し合い，提案する文章を書こう • 漢字の読み方と使い方 • 漢字の広場 4	• 優れた表現に着目して，物語のみりょくを伝え合おう • 秋の夕暮れ • 説明のしかたの工夫を見つけ，話し合おう	• 理由付けを明確にして説明しよう • 同じ読み方の漢字 • 伝記を読んで，自分の生き方について考えよう • 声に出して楽しもう • 言葉について考えよう

図 5-2　関連単元配列表（一部抜粋）

出所：葵小学校の資料をもとに筆者作成。

から対話へ」のテーマであれば，「対立とけんかの違いを理解し，自分たちで建設的に解決する方法を学ぶことができる」などのねらいを目指して，けんかと対立の違いを考えたり，いろいろな解決策を学んだりする授業が実施される。こうした時間を設定したことで，葵小学校では，意見の対立を子どもたちが肯定的に捉えられるようになったり，教師たちが子ども間のトラブルがあったときなどに子どもの真の願い（ニーズ）を聞くことを大切にするようになったりしたといった効果が実感されている。

　また，この「対話の時間」をこの時間だけで終わらせてしまわないように，1年間を通じて各教科等の単元を書き出した配列表に単元間の関連を書き込んで関連単元配列表が作成されている（図5-2）。その作成にあたっては，「対話の時間」を核として，各教科や生活・総合的な学習の時間との関連が考えられている。ここでの関連は，各年度で子どもたちに育てたい力（「人間関係力」〔図中──〕や「自己評価力」〔図中……〕）を視点にして考えられている。たとえば，「対話の時間」の「対立から対話へ」では「意見や考えが対立した時に，相手の本当の願いを考えることで，どちらも納得できる解決方法を探る」学習を行

う。それを特に総合と関連させて人間関係力を育てたいという願いのもと矢印で結ばれている。実際に，総合の実践では，それまでの仕事に関する学習から「働くって大変だから，一生懸命働いている人のお手伝いをしたい」「もっと働く人の話を聞きたい」「より良い働き方がわかったから，そんな働き方ができる自分になるためにこれからの自分を考えたい」といった考えが子どもたちから出てきたという。ここから，それぞれの考えを大切にしたいことを子どもたちが探ることでよりよい課題を設定できるよう実践は行われた。

なお，関連単元配列表は，作って終わりにならないように掲示されており，教師たちが常につながりを意識できるように工夫されている。それにより，たとえば先の「対立から対話へ」は，10月の国語科「考えを明確にして話し合い，提案する文章を書こう」とも矢印でつなげるとより効果的だったのではないかという考えが実践後の振り返りで教師たちから出てきたという。こうした取り組みを通じて，「対話の時間」で合意形成について学んだ子どもたちは，総合だけでなく，教科等の学習でも対話を通じてより深く学習しようとしたりしている姿がみられるようになっているという。こうした取り組みでは，「教科等横断的な」視点を組み込んで複数の単元間の関連を図り長期的な指導計画（「マクロな設計」）を立てたうえで，一つひとつの単元設計に基づいて実践したことを（「ミクロな設計」）見直し，再度「教科等横断的な」視点で他の単元との関連を図ろうとする（「マクロな設計」）といったように「ミクロな設計」と「マクロな設計」を往還しながらカリキュラムの改善が図られている。

（3）保護者・地域住民との連携

前項で取り上げた「対話の時間」は子どもたちだけが実施するものではない。オランダのピースフルスクールが地域社会とともに取り組みを進めているように，葵小学校でも保護者と（2019年度からは地域住民も）ともに「対話の時間」の取り組みを行っている。そこでは，教師といった鎧を脱ぎ，互いに1人の人として対話が行われているという。こうした取り組みによって，学校教育目標実現に向けて保護者・地域住民と教職員が連携していくことが大切にされている。カリキュラム・マネジメントにおいては，教育課程の実施に必要な人的資

源の活用が推奨されていたように，葵小学校では保護者・地域住民と連携・協力しながら学校づくりが行われている。

（4）「見取り→見直し→実践し→共有する」というサイクルの定着

「見取り→見直し→実践し→共有する」というサイクルの定着について，具体的に説明すると，このサイクルは，子どもの実態を「見取る」ことから始まっている。子どもの実態を把握できると，教師は，何が必要で効果的かを（個人で）考える。これが「見直し」である。見直したことに基づき，教師は「実践」を行う。実践したことは，学年で「共有する」。共有することによって，子どもの姿がいっそうみえてきたり，改善につながったりする。ここまでくるとサイクルが回り，再度「見取りと見直し」につながってくる。それをふまえて教師が自分で子どもの実態をあらためて「見取り，見直す」。それをふまえて再度，「実践する」。これを繰り返していくことでサイクルとなると考えられている。

PDCAサイクルのように，サイクルを回しながら改善していくことが重視されているが，異なる点としては，子どもの見取りをスタートとしていることや教師集団での共有を明示的にサイクルに位置づけていることが挙げられよう。こうした取り組みは，学年会を中心に行われている。葵小学校では，学年会は毎週月曜日に開かれ，そこでの教員は課題を解決するチームと位置づけられている。なお，こうした日常的な取り組みだけでなく，「アクティブ・ラーニング」に関するアンケートや学校評価アンケートも実施しており，そうした結果についても学年会等で話し合われる。学校の状況に合うサイクルを用いて，教育課程の実施状況を評価してその改善が図られている。

また，このようなカリキュラム・マネジメントの取り組みを支えるために，葵小学校では外部のファシリテーターから「対話の時間」のカリキュラム開発のための指導を得るなど人的資源が効果的に活用されていたり，働き方改革が実施されていたりする。後者については，たとえば，夏季休業中の校内研修を減らして教員が希望する研修に自主的に参加できるようにしたりするといった取り組みが行われている。単に効率的であることを目指して時間を減らすので

はなく，教職員が大切にしたいことは何かを考えてそれを軸にするとともに，見直したいテーマに応じて教職員がプロジェクトごとに活動するという形で改革が進められている。

4　学校に即した教育の改善

　本章では，カリキュラム・マネジメントの定義や背景，具体的な手法や実施のあり方等を取り上げてきた。2017（平成29）年改訂学習指導要領では，カリキュラム・マネジメントの実施が求められている。ただし，そうしたカリキュラム・マネジメントに通じる考え方が，近年突然出てきたものではなく，これまでにも大切にされていた。直接的には，教育課程経営をベースとしつつ，総合的な学習の時間創設などを背景に発展してきたものであった。カリキュラム・マネジメントの実施にあたっては，田村が開発したカリキュラム・マネジメントのモデル図などの手法を活用することができる。ただし，手法は学校の実情に応じて使うことが重要である。カリキュラムの改善にあたっては，「逆向き設計」論の考え方が参考になるだろう。葵小学校の取り組みは，2017（平成29）年改訂学習指導要領に示されているカリキュラム・マネジメントのポイントを学校の実情に合わせて具体的に実施していると考えられる。また，単元や日々の授業といった「ミクロな設計」と，1年間を通じての計画といった「マクロな設計」を往還させながらカリキュラム改善を図ることも意識されているといえる。葵小学校での取り組みのように，カリキュラム・マネジメントはカリキュラムづくりに向けた学校の自主的・創造的な組織づくりを導く可能性を持っている。こうした学校の実情に即して教育の質向上を目指していく取り組みが，今，求められているといえるだろう。

学習課題 ① 「カリキュラム・マネジメント」に取り組むうえでのポイントと留意点を考えてみよう。

② 葵小学校の取り組みが「カリキュラム・マネジメント」のポイントをどのように具現化しているか整理してみよう。

引用・参考文献

大野裕己「教育課程経営論からカリキュラムマネジメント論への展開の特質と論点」『カリキュラムと教育経営（日本教育経営学会紀要）』61，第一法規，2019年，34～46頁。

奥村好美「オランダにおける市民性教育を通じた学校改善——ピースフルスクールプログラムに焦点をあてて」『教育目標・評価学会紀要』26，2016年，21～30頁。

雲尾周「SWOT 分析」木岡一明編著『ステップ・アップ学校組織マネジメント——学校・教職員がもっと“元気”になる開発プログラム』第一法規，2007年，34～39頁。

小泉祥一「教育課程経営とカリキュラム・マネジメント」日本カリキュラム学会編『現代カリキュラム研究の動向と展望』教育出版，2019年，90～97頁。

高野桂一編著『教育課程経営の理論と実際——新教育課程基準をふまえて』教育開発研究所，1989年。

田村知子・本間学・根津朋実ほか「カリキュラムマネジメントの評価手法の比較検討——評価システムの構築にむけて」『カリキュラム研究』26，2017年，29～42頁。

田村知子・村川雅弘・吉冨芳正ほか編著『カリキュラムマネジメント・ハンドブック』ぎょうせい，2016年。

中央教育審議会「今後の地方教育行政の在り方について（答申）」1998年。https://www.mext.go.jp/b_menu/shingi/chuuou/toushin/980901.htm#1（2021年8月22日閲覧）

西岡加名恵『教科と総合学習のカリキュラム設計——パフォーマンス評価をどう活かすか』図書文化社，2016年。

日本教職員組合編『わかる授業楽しい学校を創る　教育課程改革試案』一ツ橋書房，1976年。

文部省大臣官房調査統計課編『カリキュラム開発の課題——カリキュラム開発に関する国際セミナー報告書』大蔵省印刷局，1975年。

リヒテルズ直子『オランダの共生教育——学校が〈公共心〉を育てる』平凡社，2010年。

第6章

持続可能な開発のための教育の
教育課程と教育評価

　本章では，持続可能な社会づくりの担い手を育む教育活動として国内外で実践が重ねられている「持続可能な開発のための教育（Education for Sustainable Development）（以下，ESD）」の教育課程編成と教育評価について取り上げる。その理念と要点や教育課程編成と教育評価のあり方についての理解を深めるとともに，ESD を学校教育の場で展開することの可能性や課題を検討したり，自分なりの取り組みのイメージを具体化させたりしてみよう。

1　持続可能な社会づくりの担い手を育む教育活動
　　としての ESD

（1）ESD に注目することの背景とその重要性

　あなたは，自分自身が，そして自身の担当する児童生徒が，どのような社会でどのように生きることを望むだろうか。この問いに対する答えは多様なものとなるであろうし，「正解」を設定すべきものでも，設定できるものでもない。ただし，過去および現在をみつめてみると，南北問題をはじめとする国内外の貧困や格差の問題，地球温暖化などに代表される環境問題，人権侵害や紛争の問題など，人類や地球の安心・安全な生活を脅かす様々な問題が存在していることがわかる。そして，これらの問題の解決を目指さなければ，現在および未来の人々が自分たちの望む社会を思い描き，その実現に向けて取り組んでいくことが困難になるという認識が広がってきた。こうしたなかで，「持続可能性」や「持続可能な社会づくり」を追求し，その実現に取り組むことの重要性が国際的に認知されるようになってきた。SDGs（Sustainable Development Goals：

持続可能な開発目標）の提起とその実現に向けた国際的な取り組みの推進はこうした議論に基づく動きの1つであり，日本においても様々な取り組みが進められている。

　SDGsの達成や持続可能な社会の実現を目指すにあたり，教育活動は重要な役割を果たすものと捉えられてきた。その達成方法や実現方法に関する「正解」が見つかっていない現状においては，持続可能な社会の実現に向けて取り組むための力量を持つ人間を育成し，少しでも多くの人々が知恵を持ち寄りながらその実現に向けた議論や取り組みを展開することが不可欠だと考えられるためである。特に学校教育には，持続可能な社会づくりに関心を持っていない児童生徒にも学習の機会を提供できることや長期的かつ計画的に学習活動を組織することができることなどの特徴から，大きな可能性があるといえる。

　日本では，「2017（平成29）年・2018（平成30）年告示学習指導要領」の「前文」において，これからの学校には持続可能な社会の創り手の育成が求められているということが示された。本章で取り上げるESDは，図6-1に示したように，持続可能な社会づくりの担い手の育成という課題に正面から取り組むことを目指して展開されてきた教育活動である。[1]ESDに関するこれまでの取り組みは特に，**ユネスコスクール**を中心に進められてきた。しかしながら今後はますます，校種を問わず，あらゆる学校において，その取り組みの推進が求められるであろう。

（2）ESD の教育目標と教育内容

　ESDの実践上の要点の提案や実践事例の収集と検討などを行った国立教育

---

(1) 持続可能な開発に関する世界首脳会議（ヨハネスブルグ・サミット）（2002年）で日本政府が「ESDの10年」を提唱するとともに，同年に開催された第57回国連総会において日本政府が2005年から2014年までを「国連ESDの10年」（Decade of Education for Sustainable Development；DESD）とする決議案を提出し，満場一致で採択され，ユネスコが主導機関に指名された。その後，「ESDに関するグローバル・アクション・プログラム」（Global Action Programme；GAP）が作成され，2013年の第37回ユネスコ総会および2014年の第69回国連総会において，DESDの後継プログラムとして採択された。2019年の第74回国連総会では，さらにその後継プログラムとして，「持続可能な開発のための教育：SDGs達成に向けて」（ESD for 2030）が採択されている。

今，世界には気候変動，生物多様性の喪失，資源の枯渇，貧困の拡大等人類の開発活動に起因する様々な問題があります。ESDとは，これらの現代社会の問題を自らの問題として主体的に捉え，人類が将来の世代にわたり恵み豊かな生活を確保できるよう，身近なところから取り組む（think globally, act locally）ことで，問題の解決につながる新たな価値観や行動等の変容をもたらし，持続可能な社会を実現していくことを目指して行う学習・教育活動です。

つまり，ESDは持続可能な社会の創り手を育む教育です。

図6-1　日本ユネスコ国内委員会による ESD の定義

出所：文部科学省「持続可能な開発のための教育（ESD：Education for Sustainable Development）」。

表6-1　「持続可能な社会づくり」の構成概念（例）

人を取り巻く環境（自然・文化・社会・経済など）に関する概念		
Ⅰ	多様性	自然・文化・社会・経済は，起源・性質・状態などが異なる多種多様な事物（ものごと）から成り立ち，それらの中では多種多様な現象（出来事）が起きていること。
Ⅱ	相互性	自然・文化・社会・経済は，互いに働き掛け合い，それらの中では物質やエネルギーが移動・循環したり，情報が伝達・流通したりしていること。
Ⅲ	有限性	自然・文化・社会・経済は，有限の環境要因や資源（物質やエネルギー）に支えられながら，不可逆的に変化していること。
人（集団・地域・社会・国など）の意思や行動に関する概念		
Ⅳ	公平性	持続可能な社会は，基本的な権利の保障や自然等からの恩恵の享受などが，地域や世代を渡って公平・公正・平等であることを基盤にしていること。
Ⅴ	連携性	持続可能な社会は，多様な主体が状況や相互関係などに応じて順応・調和し，互いに連携・協力することにより構築されること。
Ⅵ	責任性	持続可能な社会は，多様な主体が将来像に対する責任あるビジョンを持ち，それに向かって変容・変革することにより構築されること。

出所：角屋（2012：6：表3）をもとに筆者作成。

政策研究所では，「『持続可能な社会づくり』の構成概念（例）」（表6-1）と「ESD の視点に立った学習指導で重視する能力・態度（例）」（表6-2）を示している。ここからは，表6-1に示した6つの概念を教育内容として取り上げて教育課程に位置づけるとともに，表6-2に示した4つの能力と3つの態度の育成を目指した教育活動を展開することによって，持続可能な社会に関する理解や考えを深め，そうした社会の実現に向けた取り組みに参画することのできる人間の育成を実現することが期待されていることがわかる。

表6-2　ESD の視点に立った学習指導で重視する能力・態度（例）

①批判的に考える力	合理的，客観的な情報や公平な判断に基づいて本質を見抜き，ものごとを思慮深く，建設的，協調的，代替的に思考・判断する力
②未来像を予測して計画を立てる力	過去や現在に基づき，あるべき未来像（ビジョン）を予想・予測・期待し，それを他者と共有しながら，ものごとを計画する力
③多面的，総合的に考える力	人・もの・こと・社会・自然などのつながり・かかわり・ひろがり（システム）を理解し，それらを多面的，総合的に考える力
④コミュニケーションを行う力	自分の気持ちや考えを伝えるとともに，他者の気持ちや考えを尊重し，積極的にコミュニケーションを行う力
⑤他者と協力する態度	他者の立場に立ち，他者の考えや行動に共感するとともに，他者と協力・協同してものごとを進めようとする態度
⑥つながりを尊重する態度	人・もの・こと・社会・自然などと自分とのつながり・かかわりに関心をもち，それらを尊重し大切にしようとする態度
⑦進んで参加する態度	集団や社会における自分の発言や行動に責任をもち，自分の役割を踏まえた上で，ものごとに自主的・主体的に参加しようとする態度

出所：角屋（2012：9：表6）をもとに筆者作成。

　ただし，これらはいずれも「例」とされているように，あらゆる学習活動において一律にあてはめるべきものとされているわけではない。これらを参考にしながら，目の前の児童生徒の実態や学校ならびに学校を取り巻く環境などの状況をふまえて適切な教育目標を設定し，その達成に向けた教育内容の選択や教育課程編成等を行うことが肝要なのである。

2　ESD の特徴と教育課程編成の際の留意点

（1）新たな「知」「価値観」「行動」などの創造が求められること

　ESD の特徴と教育課程編成の際の留意点に関して，ここではまず，新たな「知」「価値観」「行動」などの創造が求められる教育であるという点を確認したい。先述のように，ESD では持続可能な社会の実現を目指して，「正解」が見つかっていない問題に取り組むことが目指される。そのため，教師や大人が児童生徒に対して「正解」を教えることはできない。また，児童生徒の立場に立てば，教師が説明した内容や教科書等に書かれている内容を暗記すればよい

というわけでもない。したがって，既存の知識や価値観などにとらわれずに，「正解」をともに探しながら学習を進めることが必要となる。

　ただし，新たな「知」「価値観」「行動」などを創造するためには，解決すべき問題の実態，問題解決に向けて行われてきた議論や取り組みの具体像ならびにその成果と課題などを理解することが必要である。これらに関する知識や理解があってこそ，それを超える可能性を探ることが可能になるからである。

　そのため，教育課程編成に際しては，現状を理解するための学習の機会や，学習に関わるすべての人々（児童生徒，教師，保護者，地域住民など）が意見やアイデアを述べたり議論したり協力したりする機会の設定，人々が協働して問題解決のあり方を探り続ける探究的な学習の展開が求められるといえる。

（2）「for」の教育であること

　フィエン（John Fien）は教育活動を，「about」「through」「for」の3つに分類した[2]。以下では，フィエンの整理を参考にしながら，ESD の特徴と教育課程編成の際の留意点の2つ目として，ESD は「for」の教育であるという点を確認したい。

　「about」（～について）の教育とは，対象に関する事実や概念，一般論を教えることを主な目的とする教育である。これはたとえば，地球温暖化の定義や「持続可能な開発」という概念が提唱されるに至った背景を教師が教えるといった授業場面としてみられる。また，「through」（～を通して）の教育とは，体験を通して学習内容に関する理解を深めることを主な目的とする教育である。具体的な取り組みとしては，たとえば，実験を通して温室効果ガスと気温上昇との関係を検証したり，自然との共存を重視した伝統的な生活様式での宿泊体験を行うことによって持続可能な生活の例にふれたりすることなどが挙げられる。これら2種類の教育活動は，ともに，既存の事実や事象などに対する学習者の理解を深めるという点に主眼がある。

---

　(2)　フィエンの論の詳細については，ジョン・フィエン『環境のための教育——批判的カリキュラム理論と環境教育』（石川聡子ほか訳，東信堂，2001年。原著は1993年）を参照されたい。

一方,「for」(〜のため)の教育とは,学習者が問題解決を目指した問題の分析や意思決定,充分な情報に基づいて行う問題解決に向けた行動への参画などをできるようにするために,必要な知識やスキル,態度などを育成することを主な目的とするものである。たとえば,持続可能な社会づくりを実現する方策を探るために,実際に行われている様々な取り組みに関する情報を収集してその実態および成果と課題を分析したり,それらをふまえて望ましいと考えられる方策を提案したり,誰とどのような連携を図れば効果的にその方策を実現できるのかを考えて行動したりするといった活動が考えられる。

　Education for Sustainable Development という名称にも示されているように,ESD は「for」の教育としての特徴を持つものである。ただし,「for」の教育の特徴である問題解決のための問題の分析や意思決定,行動への参画などを効果的に行うためには,取り組むべき問題に関する知識や理解,問題解決のためのスキルなどが不可欠である。そのため,「about」「through」「for」のタイプの教育活動はいずれも重要であり,知識やスキルなどの習得や活用をねらった学習活動と,答えの見つかっていない課題に粘り強く取り組む探究的な学習活動を,効果的に組み合わせたり関連づけたりする形で学校全体の教育課程を編成したり個々の単元や授業を計画・実施したりすることが求められる。

(3) 社会づくりに参画することのできる市民の育成を目指していること

　ESD の特徴と教育課程編成の際の留意点の3つ目は,社会づくりに参画することのできる市民の育成を目指した教育であるという点に関するものである。学習を通して問題解決に必要な知識を得たりアイデアを出したりすることは重要ではあるが,それだけでは問題解決を実現することはできない。すなわち,知識やスキルなどを習得したうえで,「行動への参画」にまでつなげる学習活動を展開することが必要となるのである。

　ところで,もしも児童生徒が,解決に向けて取り組もうとする諸問題を自身とは無関係のものと捉えたり,問題解決に取り組むことの切実性や必要性を十分に感じられなかったり,自身が何をしても問題解決にはつながらないといった無力感を強く感じたりしてしまえば,問題解決に向けた行動への参画にまで

はつながらなくなってしまうことが懸念される。そのため，児童生徒が，解決すべき問題は自身に深く関わる問題である（「自分事」である）ということと，自身が問題解決に取り組む力を持っているということを認識することが重要となる。さらにそのうえで，社会づくりへの参画の経験を重ねることによって，参画の方法や参画の際の留意点を知ったり，他者と協働するために必要な力量を高めたりすることが求められるのである。

　以上のことから，ESD の教育課程編成においては，児童生徒にとって身近で切実だと感じられるような教材や学習テーマを設定すること，問題解決に取り組むための自身の力量に気づく機会を位置づけること，具体的な問題解決や社会づくりに参画する学習機会を設定することなども求められるといえる。

3　ESD の教育課程への位置づけ方と教育評価のあり方

（1）ESD の教育課程への位置づけ方

　先述のように ESD の重要性や必要性は「2017（平成29）年・2018（平成30）年告示学習指導要領」の前文からも明らかであるが，「国語」「理科」「総合的な学習の時間（高等学校では，総合的な探究の時間）」などのように，教育課程上に ESD を実践するための特定の教科や領域（以下，教科等）が設定されているわけではない。そのため，特定の教科等において集中的に実践を行ったり実践の場を教科教育にとどめたりするのではなく，たとえば特別活動を中心とした学級づくりや委員会活動，総合的な学習／探究の時間を中心とした家庭や地域との関わりなどを通して，そこで出会う人々と議論を行い，協力しながら，よりよい社会づくりに参画するという学習活動に取り組めるような教育課程編成を行うことが求められる。

　この点に関して，「2017（平成29）年告示小学校学習指導要領」には，たとえば「特別の教科　道徳」について，「社会の持続可能な発展などの現代的な課題の取扱いにも留意し，身近な社会的課題を自分との関係において考え，それらの解決に寄与しようとする意欲や態度を育てるよう努めること」という記述がみられる（「第3章　特別の教科　道徳」「第3　指導計画の作成と内容の取扱い」

の2（6））（「特別の教科　道徳」については，本書第8章も参照）。ここからもわかるように，ESDを教育課程に位置づけるにあたってはまず，教科等で扱うべきとされている内容にまったく別の内容を新たに加えなければならないという発想ではなく，教科等で扱うべきとされている内容にはESDと関連づけられるものがあるという発想で，学習指導要領の記述や教科書の内容を検討することが大切である。また，こうした視点に立てば，これまでESDを意識せずに行ってきた取り組みが実はESDの理念や特徴と深く関わっていたことに気づく場合もあるだろう。こうした点も念頭に置きながら，先述した教育目標や教育内容，ESDの特徴や留意点などをふまえつつ，学校教育全体に通底させるべきESDの理念を明確にし，それを具体的な教育課程編成や授業づくりの際の羅針盤と捉えたうえで，様々な教科・領域において実践することが必要となる。

　ところで，学校教育全体を通した取り組みを進めるにあたって，「ESDカレンダー」の作成は，すべての教科・領域における学習テーマの関連を1年間を見通して示すことができるという点で有益である。たとえば，図6-2に示した東京都にある江東区立八名川小学校のESDカレンダーの例では，「環境の教育」「多文化理解」「人権・命の教育」「学習スキル」を視点として，各教科等の単元間のつながりが示されている。これにより，各教科等の枠組みを超えて学習活動を関連づけたり，ある教科等の学習活動の成果をふまえて別の教科等の学習活動を充実させたりすることに対する見通しを持ちやすくなり，充実した教育課程編成を行うことが促されるのである。

　ただし，ESDに限らず，教育活動を構想する際には，取り上げるテーマや教材を決めることそのものを目的とするのではなく，あくまでどのような教育目標の達成を目指すのかということを基盤として，その達成のために必要となる教育内容や教科内容を選択し，それをふまえて，適切だと考えられるテーマや教材を決定することが求められる。したがって，ESDを教育課程に位置づける際にも，各教科等の特性や教育目標等をふまえたうえで，それが持続可能な社会づくりにどのようにつながりうるのか，また，ESDで身につけさせるべき力の育成にどのように生きるのかを検討しながら実践を進めることが重要

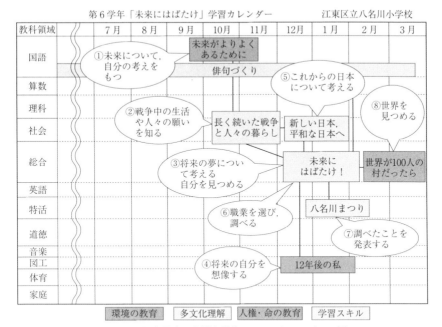

図 6-2　江東区立八名川小学校の ESD カレンダーの例

出所：手島（2017：81）。

となる。

（2）ESD の実践における教育評価のあり方

「2017（平成29）年・2018（平成30）年告示学習指導要領」において「**目標に準拠した評価**」の実質化が強調されたことにも表れているように，教育課程編成ならびに教育活動を進めるにあたっては，明確な教育目標を設定することと，その達成度を丁寧に把握して児童生徒の学習ならびに教師による授業の改善に生かしていくことが求められている。これは，実践を「行いっぱなし」にするのではなく，児童生徒の確実な学力保障と，授業ならびに教育課程の絶えざる改善の実現をねらったものであり，ESD を展開するうえでも重要な課題の 1 つとなる。

　各教科等の枠組みのなかで展開される ESD については，まず，教科等固有

表6-3 「コミュニケーションを行う力」に関するルーブリックの試案

尺度＼観点	自分の気持ちや考えを伝える力	他者の気持ちや考えを聴く力
S	聞き手を意識して適切な難易度の内容や具体例，話すスピードや声の大きさ等を選ぶとともに，聞き手を納得させるために充分な根拠や論理を示しながら，必要に応じて聞き手との応答も加えつつ，自分の気持ちや考えを伝えることができている。	他者の気持ちや考えを，その要点を掴むかたちで聴いたうえで，それに対する自分なりの気持ちや考えを，適切な根拠や論理に基づくかたちで持つことができている。
A	聞き手を意識して適切な難易度の内容や具体例，話すスピードや声の大きさ等を選んで自分の気持ちや考えを伝えることができているが，聞き手を納得させるための根拠や論理が充分であるとは言えない。	他者の気持ちや考えを，その要点を掴むかたちで聴いたうえで，それに対する自分なりの気持ちや考えを持つことができているが，感想の範囲にとどまっており，適切な根拠や論理に基づくものとはなっていない。
B	聞き手を意識して話すスピードや声の大きさ等を調節しながら自分の気持ちや考えを伝えることができているが，内容の難易度や具体例等の選択が聞き手にとって適切であるとは言えない。	他者の気持ちや考えを，その要点を掴むかたちで聴くことができているが，それに対する自分なりの気持ちや考えを持つことはできていない。
C	自分の気持ちや考えを伝えることはできているが，一方的に述べることにとどまっており，聞き手を意識することができていない。	他者の気持ちや考えを聴こうとしているが，その要点を掴むことはできていない。
D	自分の気持ちや考えを伝えることができていない。	他者の気持ちや考えを聴こうとすることができていない。

出所：筆者作成。

の教育目標（その教科等のなかでこそ，特に意識的に身につけさせたい力）と ESD で特に重視されるべき教育目標（ESD を実践するうえで，特に身につけさせたい力）とを明確にしたうえで，両者を可能な範囲で関連づけながら，各単元や個々の授業の教育目標を設定することが重要である。そのためには，表6-2 の「ESD の視点に立った学習指導で重視する能力・態度（例）」などを参考にしつつ，一連の実践を通してどのような力をどのように伸ばしたいのかをあらかじめイメージしたうえで，そうした力がどの程度身についているのかを把握するための評価方法を選択したり評価基準を準備したりすることが不可欠である。

　なお，ESD では，特定の知識やスキルの習得だけではなく，「正解」のない課題の解決に向けて他者とも協力しながら探究的に取り組む力の育成も必要となる。そのため，そこで育成される力の習得状況を把握するためには，ペーパーテスト形式の評価方法を用いるだけではなく**パフォーマンス評価**を導入することや，そこでの学習の到達度を把握するための**ルーブリック**を開発・活用することなどが助けになるだろう（パフォーマンス評価など各種の評価方法については，本書第 4 章を参照）。

　表 6-3 は，表 6-2 に挙げた「コミュニケーションを行う力」（「自分の気持ちや考えを伝えるとともに，他者の気持ちや考えを尊重し，積極的にコミュニケーションを行う力」）に関して筆者が作成したルーブリックの試案である。ESD を進めるにあたって学力保障と授業改善を実現するための教育課程編成を行うためには，1 年間や 3 年間，6 年間などの長期的なスパンで想定される力の伸びをイメージした表 6-3 のようなルーブリックを準備しておき，その内容と，児童生徒の実態ならびに各教科等の単元のねらいや内容等をふまえながら個々の単元や授業の目標や評価基準を設定することが，1 つの助けとなるだろう。そしてそのうえで，そうした力の育成にとって，どのようなテーマを取り上げ，どのように学習活動に位置づけることが効果的であるかを検討しながら取り組みを進めるのである。

4　ESD において教師と学校に求められる役割とその可能性

（1）ファシリテーターとしての役割

　次に，ESD の理念に基づく教育課程編成や授業づくりを進めるにあたって教師に求められる役割について考えていこう。先述のように，ESD には，教師や大人が「正解」を教えることはできず，児童生徒もまた，教師が説明した内容や教科書等に書かれている内容を暗記すればよいというわけでもないという特徴がある。そのため，教師には，「教える人」という役割だけではなく「ファシリテーター」としての役割を果たすことが求められる。

ファシリテーターとは，学習に参加する人々の相互の学び合いを可能にするように，学習活動を促進する役割を担う人を指す。そのため，ファシリテーターには，参加者一人ひとりが多様な知識や経験，感性などを持っていることを信じ，それらを引き出すような学習活動を展開することが求められる。学校の教育活動においては，ともすれば教師は正解を知っており，それをどのように児童生徒に伝えるか，納得できる形での理解を促すかということが考えられがちかもしれない。しかしながら，ESD においては，「子どもたちには知識や経験がない（あるいは，浅い）から分からないだろう」「大人が教えてあげなければならない」という前提に立つのではなく，「子どもならではの柔軟な発想や面白い経験を持っているかもしれない」「大人と子どもがお互いに知恵を持ち寄って，よりよい解決策や取り組みのあり方を探っていくことが重要」といった前提に立ち，経験やアイデアを引き出したり，お互いの考えを深め合ったりできるようにするような働きかけを行うことが大切になるのである。

　児童生徒が自分たちの意見を活発に述べ合ったり，自身の持つ疑問に対する答えや解決策を丁寧に追究したりすることのできる教室では，教師や教師以外の大人が予想していなかった発見をしたり，アイデアを提案したりすることがある。ファシリテーターとしての教師には，まさに，こうした教室や授業を創り出すことが求められるのであり，「子どもたちからどんなおもしろい意見が出てくるのか」「今日の授業では，あの子の予想外の可能性や能力をみることができて嬉しかった」という形で，教師自身もワクワクすることができるような実践を展開することが求められるのである。

　ただし，ファシリテーターは学習や議論の進行役に徹していればよいというわけではない。児童生徒の発達段階や特性等をふまえつつ，時にはファシリテーター自身の意見や主張を表明し，それによって相手の考えを揺さぶったり引き出したりすることが必要な場面も出てくる。この点についても留意しながら，児童生徒の実態を丁寧に捉えて実践を展開することが求められるのである。

（2）学習のコーディネーターとしての役割

　これに加えて，教師にはさらに，「学習のコーディネーター」としての役割

も求められる。持続可能な社会づくりの実現を目指す ESD における学習活動は，学校内のみで完結するものではない。実践を充実させ，また，実際の持続可能な社会づくりにつなげていくためには，たとえば，地域活性化に関わる地域住民や NPO の職員の方たちにインタビューを行ったり，フィールドワークに出かけたり，学校に在籍する他学年の児童生徒や保護者，地域住民等に自分たちの学習活動の結果に基づく提案を行ったりするという機会が設定されることになる。そのため，ESD を進めていくうえでどのような人々や団体等と連携することが可能なのかを把握しておくとともに，事前の打ち合わせも含めてそうした人々や団体との相談等を行う役割も重要になるのである。

　こうした役割を充分に担うためには，個々の教師が個人的な努力を重ねるという形だけではなく，学校全体として情報を共有したりネットワークを維持・拡大したりするという取り組みも重要となる。また，学校教育への協力を求めるだけではなく，学校側の目的や大切にしていることを伝えたり連携相手の取り組みの実態や想いなどを理解したりすることを通して信頼関係を築き，互いが互いのよさを生かし合いながら，ともに児童生徒の成長やよりよい社会づくりに関わるという目的を共有して取り組みを進めていけるようにすることも必要となるだろう。こうした「社会に開かれた教育課程」（本書第 3 章を参照）の実現が，充実した ESD の展開においても不可欠なのであり，教師にはそのための役割を果たす力量も求められるのである。

（3）持続可能な社会づくりの拠点としての学校づくりと ESD

　本書第 1 章で示されたように，児童生徒は「顕在的カリキュラム」からだけではなく，「潜在的カリキュラム」からも多くのことを学んでいる。たとえば，教師が口頭説明や選択する資料等を通して「一人ひとりの考えや経験を尊重しあうことが重要」ということを児童生徒に伝える一方で，学級経営や教師同士の関係がトップダウンのものであったとしたら，児童生徒は，結局は年長者や知識・経験の豊富な者，権力を持つ者の考えが尊重されるのだという社会のあり方を無意識のうちにでも前提とするようになってしまう危険はないだろうか。「資源を大切にすることを通して，環境問題に取り組んでいこう」といいなが

ら，水や紙，電気などを無駄遣いしている様子がみられる学校であったとしたら，本当に持続可能な社会づくりの重要性を感じたり，個々人の生き方や社会づくりにつながるような学習を行ったりすることを実現できるだろうか。

　「社会」とは，決して学校外に存在する家庭，地域，日本，世界などのみを指すものではない。学級や学校もまた，多様な価値観や知識，経験を持つ人々が集まり形成する社会である。そしてそこでは，学級や学校などの社会づくりに関わることも，児童生徒や大人たちの学びを構成する重要な活動の一部となる。したがって，学校教育の場における「持続可能な社会づくり」は，持続可能な学級づくりや学校づくりとしても展開することが必要となるのであり，教師には，それが実現されうるような教育課程編成や学級運営，学校運営などを行うことも求められるのである。これにより，児童生徒が大人とともに持続可能な社会づくりに取り組む経験を積むことが可能になるとともに，そこでの学びの経験や身につけた力をもとに，学校外の様々な社会において，持続可能な社会づくりに取り組むことへとつながることも期待できる。

　この点をふまえつつ，最後に，ESD を軸にした教育課程編成を行うことによる学校の役割についても考えておきたい。従来の学校教育では，学校が地域と連携する場合，ともすれば児童生徒の学習を充実させるために地域の人的・物的なリソースを活用するという文脈が想定されることも少なくなかった。しかしながら本章で述べてきたように，ESD で目指される持続可能な社会づくりの担い手の育成とそれを通した持続可能な社会の実現に関しては，誰も「正解」を持ってはいない。そのため，ESD を進めるうえで学校には，児童生徒と地域の人々や団体等が連携して互いに学び合う場としての役割や，児童生徒

---

(3)　このように，特定の教科等の授業や単元のみならず，学校の運営方法や管理方法，地域との連携等も含む学校教育のあらゆる側面に関して ESD の理念をふまえた取り組みを充実させることを目指すものとして，「ホールスクール・アプローチ」(whole school approach) と呼ばれる理念ならびに方法を取り入れた取り組みの展開がみられる。その詳細については，木村裕「持続可能な社会の実現を目指すオーストラリアの学校教育──『持続可能性のための教育』の取り組み」(木村裕・竹川慎哉編著『子どもの幸せを実現する学力と学校──オーストラリア・ニュージーランド・カナダ・韓国・中国の「新たな学力」への対応から考える』学事出版，2019年，29〜51頁)や，永田佳之編著・監訳，曽我幸代編著・訳『新たな時代の ESD　サスティナブルな学校を創ろう──世界のホールスクールから学ぶ』(明石書店，2017年)などを参照されたい。

が学習の成果を発信することや大人を巻き込んだ取り組みを提案・実施することなどを通して，地域社会などの学校外の場を改善したり創造したりしていくための拠点としての役割も求められることになるのであり，また，そうした役割を期待することもできるといえる。ESD を教室内での学習にとどめることなく，真に持続可能な社会の実現に資するものとして展開するためには，まさに教師や学校のあり方自体も問い直しながら，学校教育に関わる人々が連携して教育課程を編成し，取り組みを進めていくことが重要なのである。

学習課題　① ESD を進めるために活用できそうな資料やウェブサイト，教材などを持ち寄り，その効果的な使い方について議論しよう。
　　　　　　② ESD の実践事例を探し，その事例の特徴や工夫，課題を分析しよう。
　　　　　　③ ESD の実践事例の分析結果を他者と共有したうえで，ESD を学校教育に位置づけることの可能性や課題について議論しよう。

引用・参考文献

生方秀紀・神田房行・大森享編著『ESD（持続可能な開発のための教育）をつくる――地域でひらく未来への教育』ミネルヴァ書房，2010 年。

角屋重樹研究代表「学校における持続可能な発展のための教育（ESD）に関する研究〔最終報告書〕」国立教育政策研究所教育課程研究センター，2012 年。https://nier.repo.nii.ac.jp/?action=repository_uri&item_id=459&file_id=22&file_no=1（2021 年 9 月 5 日閲覧）

多田孝志・手島利夫・石田好広『未来をつくる教育　ESD のすすめ――持続可能な未来を構築するために』日本標準，2008 年。

手島利夫『学校発・ESD の学び』教育出版，2017 年。

文部科学省「今日よりいいアースへの学び　ESD　持続可能な開発のための教育」。http://www.esd-jpnatcom.mext.go.jp/（2021 年 9 月 5 日閲覧）

文部科学省「持続可能な開発のための教育（ESD：Education for Sustainable Development）」。https://www.mext.go.jp/unesco/004/1339970.htm（2021 年 9 月 5 日閲覧）

第 7 章

教科教育の教育課程と教育評価

　本章では，教科に着目して，教育課程について学ぶ。第1に，多様な教育経験が計画されている学校において教科とは何か，という点に着目する。第2に，時間割と教育課程の関係から，教育課程の基準を考える。第3に，小学校6年間（中学校3年間）のような，長期的な視点から教科を捉え，そのなかでの1時間の授業の位置づけを考察する。第4に，1つの単元に着目し，1回1回の授業のつながりから，学習を深める教科の教育課程のあり方を模索する。最後に，現在の教育課程改革との関わりから，教科の学びを捉える。

1 「教科」とは何か

　2017年3月に改訂され，2020（令和2）年4月から本格実施された「小学校学習指導要領」では，小学校の教育課程は次から構成されている。第1のグループは，国語，社会（第3〜6学年），算数，理科（第3〜6学年），生活（第1・2学年），音楽，図画工作，家庭（第5・6学年），体育，外国語（第5・6学年）といった「教科」である。第2のグループは，「特別の教科　道徳」である（本書第8章を参照）。第3のグループは，第5・6学年から第3・4学年へと対象が変わった外国語活動（本書第9章を参照），第3〜6学年に設定されている総合的な学習の時間（本書第10章を参照），学級活動などを含む特別活動（本書第11章を参照）である。このように，教育課程は大きく第1のグループの「教科」，第3のグループの「教科外活動」に大別され，その中間に第2のグループの「特別の教科　道徳」が位置づいている。

　これら3つのグループの違いとはどこにあり，教師に求められる教育課程編成や授業づくりといった仕事にどのような違いをもたらすのか。第1のグルー

プである「教科」とは,「学校で教授される知識・技術などを内容の特質に応
じて分類し,系統立てて組織化したもの」(柴田, 2003：228〜229)。である。す
なわち,文部科学省が学習指導要領を通じて,知識や技能を各学年の学習内容
として示している。より具体的には,次の3つの特徴がある。第1に,学習指
導要領をふまえて教科書会社が作成し,文部科学省が検定を行った教科用図書
(いわゆる教科書)を使うことで,教師は教育課程に沿って「教科」の授業を行
う点である。第2に,教師は各教科について指導要録(本書第4章を参照)に観
点別評価と評定をつけることが定められている点である。第3に,中学校と高
等学校においては,対応する免許状を持った教師が指導する点である。

　他方で,第3のグループである「教科外活動」は「児童生徒の自主性を育て,
民主的態度や行動力等を形成する『訓育』の課題を果たすことを主たる任務と
する」(柴田, 2003：228〜229)ものである。すなわち,学級や学校で児童生徒
が様々な活動に取り組む場面が該当する。検定教科書はない点,指導要録では
文章等によって評価する点,中学校・高等学校では,対応する免許がない点で
教科と異なっている。

　この2つのグループの中間に位置づくものが,2015年より新たに加えられ
た,「特別の教科　道徳」である。道徳教育は教育活動全体を通じて行われる
ものではあるものの,近年のいじめを中心とする学校の課題に応えるべく,
2015年より「特別の教科」として重視されるようになった。第1のグループ
同様,検定教科書が作成されている。他方で,第2のグループ同様,指導要録
では文章によって評価する点,中学校・高等学校での「道徳」の免許状が用意
されていない点が共通している。

　以上のように,学校教育には「教科」と「教科外活動」,そしてその中間で
両方の特徴を部分的に持つ「特別の教科」という分類がされている。

2　時間割と教育課程

　次に時間割から,教育課程をイメージしてみよう。しばしば教室に掲示され
ている時間割を教師はどのように作るのだろうか。本書第1章の表1−2・表

1 - 3に示した各学年の1年間における教科や教科外活動ごとの総授業時数は学校教育法施行規則で定められている。それと同様の内容は学習指導要領にも記載されている。

　小学校第1学年をみると，総授業時数は850時間（1単位時間は45分）であり，そのうち，国語は年間に306時間（36%）設定されている。一般に児童生徒は年間200日から210日間学校に登校することを考えると，毎日少なくとも1時間は国語の時間が時間割のなかに設定されることになる。

　第1学年では，国語科で学んだ言葉を使って算数の文章題等に取り組む，すなわち，国語科が他教科の学習の基礎にもなるため，多くの時間が確保されている。他方で，第6学年になると，国語科は175時間（約17%）となる。算数科とともに，授業時数として最も多くの時間が割りあてられているものの，家庭科や外国語科など教科が増えることで，割合としては小さくなっている。

　このように，国により標準授業時数という最低基準が示されている。各学校の教師はこうした基準を満たしながら，学級の実態や課題に合わせて時間割を柔軟に設定し，児童生徒の学力の形成を行っている。感染症等により学級や学校が閉鎖された場合でも，こうした最低基準を満たすように，様々な工夫が行われている。

3　教科の教育課程

　前節において1つの学年，いわば教科全体を横にみた教育課程を検討した。他方で，小学校の6年間（中学校の3年間）を見通すことで，計画的な教育が可能となる。そこで，本節では，各学年のつながり，いわば縦からみた教育課程を検討しよう。

　具体的に検討するために，小学校の算数科に着目する。算数科では，「数学的な見方・考え方を働かせ，数学的活動を通して，数学的に考える資質・能力」（「2017（平成29）年告示小学校学習指導要領」「第2章　各教科」「第3節　算数」「第1　目標」）を育成することが6年間の目標として示されている。より具体的には，次の3つの観点で整理される資質・能力が育成される。

(1)　数量や図形などについての基礎的・基本的な概念や性質などを理解するとともに，日常の事象を数理的に処理する技能を身に付けるようにする。

(2)　日常の事象を数理的に捉え見通しをもち筋道を立てて考察する力，基礎的・基本的な数量や図形の性質などを見いだし統合的・発展的に考察する力，数学的な表現を用いて事象を簡潔・明瞭・的確に表したり目的に応じて柔軟に表したりする力を養う。

(3)　数学的活動の楽しさや数学のよさに気付き，学習を振り返ってよりよく問題解決しようとする態度，算数で学んだことを生活や学習に活用しようとする態度を養う。

　上記3点は，「2017（平成29）年告示小学校学習指導要領」の全体で目指されている方針に対応し，(1)は「知識及び技能」，(2)は「思考力・判断力・表現力等」，(3)は「学びに向かう力，人間性等」に対応している。これら3つの観点が算数科の特徴と関連づけられている。また，これらの目標や内容は，図7－1に示した通り，評価の観点と対応している（本書第4章を参照）。こうした目標や評価の一致は，他の教科でも同様に行われ，各教科では，それぞれの教科の特性に応じて，目標や内容が設定されている。

　さらに，具体的に検討するために，三角形や四角形の面積を求める方法について考えよう。この内容は，2017年に改訂された「小学校学習指導要領」では第5学年で学習されることが定められている。ここでは，「知識及び技能」として「三角形，平行四辺形，ひし形，台形の面積の計算による求め方について理解すること」，「思考力，判断力，表現力等」として「図形を構成する要素などに着目して，基本図形の面積の求め方を見いだすとともに，その表現を振り返り，簡潔かつ的確な表現に高め，公式として導くこと」が目標として示されている（「第2章　各教科」「第3節　算数」「第2　各学年の目標及び内容」の2）。

　第5学年では，第1に，三角形の面積だけでなく，平行四辺形やひし形，台形の面積を求める方法について学ぶということが記されている。第2に，児童が面積を求める方法を自ら発見し，公式へと一般化できるように促す授業を展

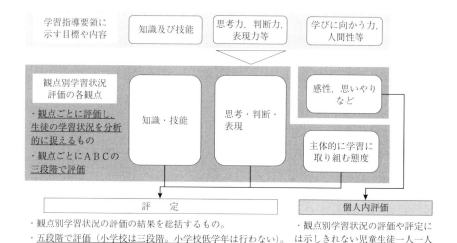

学習指導要領に
示す目標や内容

知識及び技能

思考力，判断力，
表現力等

学びに向かう力，
人間性等

観点別学習状況
評価の各観点

・観点ごとに評価し，
生徒の学習状況を分析
的に捉えるもの
・観点ごとにＡＢＣの
三段階で評価

知識・技能

思考・判断・
表現

感性，思いやり
など

主体的に学習に
取り組む態度

評　定

・観点別学習状況の評価の結果を総括するもの。
・五段階で評価（小学校は三段階。小学校低学年は行わない）。

個人内評価

・観点別学習状況の評価や評定に
は示しきれない児童生徒一人一人
のよい点や可能性，進歩の状況に
ついて評価するもの。

図7-1　目標や内容および評価の観点

出所：文部科学省（2019：6）。

開することが求められている。このように学習指導要領では，学習内容の概要
が「大綱的」基準として示されるにとどまっている。

　しかしながら，学習指導要領の記述だけでは授業のイメージを持つことは容
易ではない。より詳しく説明したものとして，「小学校学習指導要領　解説」
が教科ごとに作成されている。ただ，こちらも文字での説明が主であり，指導
経験がないとイメージをすることは難しい。そこで本章では，より授業をイ
メージしやすくするために，検定教科書の内容をみてみよう。図7-2は啓林
館，図7-3は教育出版による第5学年の教科書である。いずれも，三角形の
面積の求め方を初めて学ぶ箇所である。

　図7-2では，第4学年で学ぶ長方形を対角線で2つに分けると，合同な直
角三角形ができることを利用して，三角形の面積を求める方法が示されている。
その後，頂点から垂線を引いて三角形を分割し，長方形の半分として面積を求
める方法へと展開され，さらに平行四辺形の面積へと展開される。他方，図7
-3では，底辺が共通する長方形も平行四辺形も高さが同じであれば，同じ面
積であることが学習される。そのうえで，長方形を利用する求積方法と合わせ

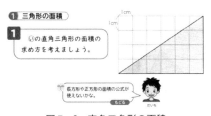

図 7 - 2　直角三角形の面積

出所:『わくわく算数　5』(2020:129)。

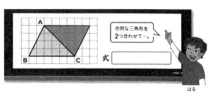

図 7 - 3　三角形の面積の求め方

出所:『小学算数　5』(2020:206)。

て，平行四辺形の求積方法を利用して，三角形の面積が計算できる計算方法が示されている。

　教科書によって面積の指導方法が異なっている。このことは，学習指導要領において示された内容をどのような順番で，またどのような方法で指導するのか，という点に，解釈の余地があることを示している。いずれの方法においても，「底辺×高さ÷2＝三角形の面積」という公式が学習され，この三角形の面積を求める方法を用いて，ひし形や台形の面積を求める方法の学習へと単元は展開される。教科書は教師が授業を通じて教育の到達目標を達成するための「道具」であり，この道具を使いこなしながら，工夫して単元や授業を組み立てる力量を身につけることが教師に求められている。

　このように教科の教育課程において，1回の授業は他の授業と相互に関係している。以前に学習した内容が，次の学習へと展開され，学習が徐々に深まるように展開されている。同時に，子どもが学習するうえで，2つの教科書の違いから示されたように，整合性がとれるように関連づけられていれば，内容の配列やその指導法は子どもに合わせて柔軟に変更することができるのである。この相互関係は1つの単元のなかにとどまらず，たとえば，面積では，第4学年の長方形や正方形の面積の求め方を学ぶ単元が，第5学年の三角形や平行四辺形，ひし形，台形の面積を求める単元につながっている。この単元の相互関係について，学習指導要領では，関連する内容を**領域**⁽¹⁾という言葉で分類している。

⑴　教科に限定すると，1つの教科内で，類似した内容を1つのまとまりとして分類したものを領域という。

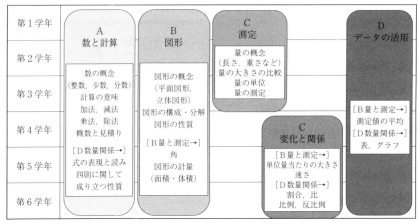

	A 数と計算	B 図形	C 測定	D データの活用
第1学年				
第2学年	数の概念 (整数，少数，分数) 計算の意味 加法，減法 乗法，除法 概数と見積り 〔D 数量関係→〕 式の表現と読み 四則に関して 成り立つ性質	図形の概念 (平面図形， 立体図形) 図形の構成・分解 図形の性質 〔B 量と測定→〕 角 図形の計量 (面積・体積)	量の概念 (長さ，重さなど) 量の大きさの比較 量の単位 量の測定	〔B 量と測定→〕 測定値の平均 〔D 数量関係→〕 表，グラフ
第3学年				
第4学年			**C 変化と関係** 〔B 量と測定→〕 単位量当たりの大きさ 速さ 〔D 数量関係→〕 割合，比 比例，反比例	
第5学年				
第6学年				

図7-4 算数科における領域

出所：文部科学省（2018：38）。

　算数科では図7-4に示したように，「A　数と計算」「B　図形」「C　測定（3年生以降は「C　変化と関係」）」「D　データの活用」の4領域から構成されている。このうち三角形の面積を求める方法は「B　図形」に含まれる。このように教科の学びでは，既習の知識と新しく学ぶ知識を関連づけて，より新しく高度な内容を学習する。このように学習内容が系統的に配列され，類似した内容を繰り返しつつも，より高度な内容を学ぶカリキュラムを**スパイラル・カ**
リキュラム(2)という。

　以上のように，1つの領域のなかでの内容のつながりを検討した。しかしながら，小学校6年間の内容をみると，領域を超えた学びが必要となる。たとえば，面積を計算するには，第2学年で学ぶ，「A　数と計算」に分類される乗法が必要となる。また，「C　測定」で学習される面積の単位も，面積を計算する場面において必要となる。このように，教師が指導する1回の授業は，1つの教科の教育課程全体とつながっている。

　このように考えると，児童生徒が1回の学習で理解を深めたかどうかを把握

---

(2)　学問・知識を構成する基本概念に繰り返し出会い，徐々に発展しながら学ぶ，らせん型のカリキュラムである。

すること，すなわち，学習評価が重要な位置づけを占めることになる。たとえば，先の面積であれば，第 4 学年の長方形や正方形の面積を求める方法を学ぶ単元の内容が習得できていなければ，第 5 学年の三角形の面積を求める方法をスムーズに学習することは難しい。教師は，児童生徒が一つひとつの単元を確実に習得することを目指して，日々の実践を行うことになる。

4　教育課程と教科の授業

今度は，1 つの単元に着目して，さらに詳しく教科の教育課程をみてみよう。日本の学校が従うべき学習指導要領では，全体的な教育の方針と各学年の学習内容の概要が大綱的に示されている。そこで，教師は学習指導要領に基づいて作成される学習指導要領解説，教科書，および，それを作成した教科書会社が作成する，単元計画や教師用指導書といった資料を参照して，各教科の教育課程を具体化する。

表 7 - 1 に示した小学校第 5 学年の「三角形と四角形の面積」の単元計画をみると，1 時間目から 4 時間目では，平行四辺形の面積の求め方が学習される。特に 1 時間目では，長方形の面積や周長を復習したうえで，これを平行四辺形に変えた場合どうなるのか，という点から学習が展開される。ここでは，単元を学習する前提となる知識を児童生徒が習得しているかについて評価する**診断的評価**(3)が重要となる。仮に，新しい単元を指導するにあたり，多数の児童生徒が前提となる知識や技能を習得できていない場合は，単元構成を見直し，復習の時間を設けることになる。

5 時間目から 8 時間目では，三角形の面積の求め方が学習される。特に 5 時間目では，三角形の面積の求積方法を 3 通りの考え方から比較する授業が示されている。第 1 に，頂点から垂線を引いて三角形を分割し，長方形の半分として面積を求める方法である。第 2 に，三角形を高さで半分に分割し，切り取っ

---

(3)　実践前に，学習内容に関する児童生徒の準備状況を把握し，指導の展開にあたっての難点の原因を発見するためのもの。

表7-1　単元「三角形と四角形の面積」の単元計画

小単元・小見出し	各授業の目標
平行四辺形の面積	①平行四辺形の面積の求め方を理解する。
	②平行四辺形の面積の公式を理解する。
	③高さが図形の外にある場合の平行四辺形の面積の求め方を理解する。
	④平行四辺形の底辺と高さの関係を理解する。
三角形の面積	⑤三角形の面積の求め方を理解する。
	⑥三角形の面積の公式を理解する。
	⑦高さが図形の外にある場合の三角形の面積の求め方を理解する。
	⑧三角形の底辺と高さの関係を理解する。
高さと面積の関係	⑨底辺が一定の三角形について，高さと面積の関係を○，△を用いた式に表して調べ，面積は高さに比例することを理解する。
いろいろな図形の面積	⑩台形の面積の求め方を理解する。
	⑪台形の面積の公式を理解する。
	⑫ひし形の面積の求め方，面積の公式を理解する。
	⑬一般四角形の面積の求め方を理解する。
およその面積	⑭方眼を使った不定形の面積の求め方を理解する。
学んだことを使おう	⑮長方形について見いだした性質がほかの図形でも成り立つかを考え説明し，面積の公式についての理解を深める。
まとめ	⑯学習内容の理解を確認し，確実に身につける。

注：○の数字は1時限の授業を意味する。
出所：教育出版「算数　資料ダウンロード」をもとに筆者作成。

た図形を回転させて，高さが半分で平行四辺形とする方法である。第3に，図7-3に示した2つの合同な三角形から考える方法である。これら3つの三角形の求め方をしても，計算結果が同じになることを確認し，6時間目で公式化する展開が教科書に示されている。

　その後，7時間目に高さが図形の外側にある場合が確認されたのち，8時間目で，底辺と高さが共通していたら，どのような三角形でも，面積が等しいことを確認して，三角形の面積を求める方法は一旦完結する。こうした授業や単元の途中では，学習が定着したかどうかを評価する**形成的評価**[4]によって確認することが重要である。授業の途中はもちろん，小テスト等の結果や，ノート提

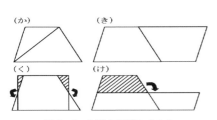

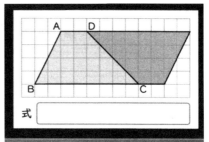

図7-5　台形の面積の求め方

出所：文部科学省（2018：258）。

図7-6　教科書での台形の面積

出所：『小学算数　5』（2020：214）。

出等による児童生徒の記述を評価することで，児童生徒の理解をふまえて，指導計画を修正しながら，授業を展開することが教師に求められる。

　さて，10，11時間目には，台形の面積の求積方法が学習される。図7-5に示した通り，台形の面積の求積方法は大きく4通りある。三角形の面積での学習を生かしながら，児童は台形の面積の求積方法を自分なりに発見する。図7-6に教科書での提示のされ方の一例を示した通り，同じ図形に対して複数の計算方法があったとしても，式を変形すると最終的に同じ計算式となり，面積も1つに定まることが学習される。

　こうした解き方を議論する場面では，「簡潔かつ的確」といった視点が必要となる。児童生徒が視点を持ち，よりよい表現を模索することで，児童生徒は言葉で自分の考えを説明する必要が生じる。児童生徒がノートやワークシートに記述することで，教師は「思考・判断・表現」を評価する手がかりを得ることが可能となる。

　最後に，16時間目には練習問題が設定されている。単元の最後には，単元全体の学習を振り返る問題を通じて，学習内容が定着したかを評価する**総括的評価**[5]を行うことが重要である。しかしながら，図7-7の問題は，三角形の面

---

(4)　指導の途中において指導が成功しているかについて，児童生徒の観察，ノート点検や小テストなどによって点検するもの。

(5)　単元の終わりなどに，レポートやテストといった課題を通じて，学力を総体として捉え，学習の成果を把握するもの。

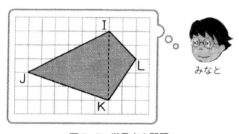

図7-7 単元末の問題

出所：『小学算数 5』（2020：217）。

図7-8 複合図形の例

出所：徳島（2018：29～36）。

積の求め方を使うだけで解くことができる問題であるため，平行四辺形・ひし形・台形に関する学習を活用して取り組む場面が設定されていない。そのため，三角形の面積の求め方に関する思考・判断・表現を評価することはできても，平行四辺形や台形の面積の求め方を含む，全体を評価することは難しい。

　そこで，図7-8のように，直線から構成される複合図形の面積を求める課題が考えられる。この課題は，旅行者が多く訪れるとともに，校区に外国人も多く住む小学校で実践された。この学校において英語で学校名を記す看板を作る際，Rの字に色紙を貼りつけると，どれぐらいの枚数が必要か，という場面から複合図形の面積を求める場面が設定されている。ここで児童は，もとの図形を長方形や正方形，三角形，台形，平行四辺形など学習した図形へと定規を使って分割し，面積を求める活動に取り組む。

　この課題を通じて，どのように図形を分ければ効率が良く正確に求めることができるのか，またなぜそのように考えるのか，といったことを図や式，言葉を利用して表現することで，思考・判断・表現を捉えることができる。同時に，どうやって分ければよいのか，個人やグループ，学級で試行錯誤を行っている場面からは，「主体的に学習に向かう態度」も評価することができる。

　図7-8のような発展的な課題は，教師が独自に考えた課題であり，学力が高い児童生徒にとっても取り組みがいのある課題となる。学級には，学習に課題を抱えがちな児童生徒，平均的な学力の児童生徒，そして，学力の高い児童生徒がいる。どの児童生徒も学習に参加できるように，教師は**個に応じた指導**を行う必要がある。図7-8は発展的な課題であると同時に，学校生活に結び

つく問題でもあり，学習に課題を抱えがちな児童生徒も参加しやすい課題となっている。このように，1 つの教科のなかで，学習内容を相互に関連づけ，系統的に学習することは教科の教育課程の根幹である。

さらに，図 7 - 8 は，国語科におけるローマ字の学習や，外国人に紹介するという場面から外国語の内容と関連づけることができる。また，旅行者を含めて校区を訪れる外国人が多いという校区の特徴は，社会科の学習とも関連づけることができる。全教科を 1 人の教師が担当する小学校においては，このように 1 つの教科を他の教科の学びと関連づけた**教科横断的な学び**を教育課程のなかに設定しやすい。こうした，教科間のつながりを学ぶことで，児童生徒は学習を現実場面にも結びつける経験を積むことができる。その結果，教科の学びが生活に役に立つという有用性を実感し，学習意欲を高めることへとつながる。

5　新しい時代の教科の学び

2020 年度から，2017 年に改訂された「小学校学習指導要領」に対応した教科書が学校で使われている。表 7 - 2 に示した通り，算数の教科書では，教科書出版社が学習に関わる短い動画を用意し，教師が授業中に利用したり，子どもが自宅で復習に利用したりできるようになっている点が新たな特徴となっている。

各社の対応にも違いがあり，啓林館の教科書では，学習の度に新しい QR コードにアクセスし，デジタル教材を活用する構成になっている。児童生徒がタブレット等を用いてアクセスすることが，主に想定されているといえる。他方で，教育出版をはじめとする他社では，QR コードだけでなく，URL を通じて，教師や，児童生徒が自宅のパソコン等からでもアクセスして，学習をする場面が想定されているといえる。

現在のところ，全国で児童生徒一人ひとりにタブレットがいつでも利用可能

(6)　各教科の類似した教育内容を総合的に捉え，各教科を相互に関連づけて学ぶことを意味する。

表7-2 算数の教科書出版社が作成したデジタル教材の概要

出版社	名 称	デジタル教材名称	アクセス方法
啓林館	わくわく算数	コンテンツ	個別 QR
教育出版	小学算数	まなびリンク	URL・一括 QR
大日本図書	たのしい算数	たのしい算数ウェブ	URL・一括 QR
東京書籍	新しい算数	Dマーク	URL・一括 QR
日本文教出版	小学算数	教科書デジタルコンテンツ	URL
学校図書	みんなと学ぶ 小学校 算数	学図プラス	URL・一括 QR

出所：筆者作成。

な状態にあるとはいいがたい。しかしながら，こうした教科書の編集動向が意味することは，学校の教室でも授業中にインターネットにつながり，カメラ機能がついたタブレット端末を，教師とともに，児童生徒自身が使って動画をみる授業が想定されていることを意味している。このように現代の学校教育において，教師はもちろん，児童生徒がタブレットのような ICT(7)を使いこなすことが必要不可欠となっている。

　2019年度末から2020年度初頭にかけて，新型コロナウイルス感染症の蔓延に伴い，全国の学校が一時的に一斉休校となった。この間，教師は自宅で過ごす児童生徒が教科の学びをできるように，インターネット上に動画や教材をアップロードし，自宅学習を支援していた。2020年6月以降，徐々に学校が再開されたものの，学びの場を学校に限定せずに，児童生徒の学力を保障できる教育課程や教育方法が模索されている。様々な要因から変化が迫られる学校教育に対応するためにも，教師は指導技術を磨くとともに，新しい情報機器を試しながら，日々学び続けることが求められている。

---

(7) Information and Communication Technology の略称であり，スマートフォンをはじめとする情報通信技術である。

学習課題　① 　1989（平成元）年，1998（平成10）年，2008（平成20）年に改訂された学習指導要領と，本書で解説した2017（平成29）年改訂の学習指導要領の年間授業時数を比べて，教科等の変化，授業時数の変化を調べよう。

② 　算数以外の教科の目標や領域について調べ，教科の特徴を比べよう。

③ 　教科のなかから単元を 1 つ選び，単元計画を確認しよう。そのうえで，それぞれの授業でどんな評価が想定されているのかを読み取ろう。

引用・参考文献

石井英真・西岡加名恵・田中耕治編著『小学校　新指導要録改訂のポイント』日本標準，2019年。

教育出版「算数　資料ダウンロード」より「指導計画作成資料　年間指導計画・評価計画（案）5 年」。https://www.kyoiku-shuppan.co.jp/2020shou/sansu/files/r2sansu5_nenkei hyouka_2004.pdf（2022年 1 月 5 日閲覧）

柴田義松「教科」今野喜清・新井郁男・児島邦宏編『新版　学校教育辞典』教育出版，2003年，228〜229頁。

田中耕治編『よくわかる教育課程　第 2 版』ミネルヴァ書房，2018年。

田中耕治・岸田蘭子監修『資質・能力を育てるカリキュラム・マネジメント』日本標準，2017年。

徳島祐彌「5 年生算数科『面積』におけるパフォーマンス評価——パフォーマンス課題『看板づくり』の共同開発」京都大学大学院教育学研究科・教育方法学講座『教育方法の探究』21，2018年，29〜36頁。

文部科学省「児童生徒の学習評価の在り方について（報告）」2019年。https://warp.ndl.go.jp/ info:ndljp/pid/11293659/www.mext.go.jp/b_menu/shingi/chukyo/chukyo3/004/gaiyou /1412933.htm（2022年 1 月 5 日閲覧）

文部科学省『小学校学習指導要領（平成29年告示）解説　算数編』日本文教出版，2018年。

『小学算数　5 』教育出版，2020年。

『わくわく算数　5 』啓林館，2020年。

第8章

道徳教育の教育課程と教育評価

　本章では，学校における道徳教育と「特別の教科　道徳」の意義や役割を解説し，道徳教育の教育課程編成に向けた要点を整理するとともに，「特別の教科　道徳」の授業実践例を分析し，教育課程編成の実際を概観する。「考え，議論する道徳」に向けて，新しい道徳の考え方を理解しよう。

1　学校における道徳教育

（1）道徳教育の目標と意義

　2006年12月に全面改正された教育基本法の第2条には，教育の目標の1つとして「道徳心を培う」ことが明記されている。また，学校における道徳教育には，人格形成教育が期待されると同時に，社会的モラルや家庭の教育力の低下，子どもの体験不足などの状況への対応なども求められている。「2017（平成29）年・2018（平成30）年告示学習指導要領」では道徳教育の目標を，「自己の生き方（中学校では「人間としての生き方」，高等学校では「人間としての在り方生き方」）を考え，主体的な判断の下に行動し，自立した人間として他者と共によりよく生きるための基盤となる道徳性を養うこと」（「第1章　総則」「第1　小学校（中学校）教育の基本と教育課程の役割」〔高等学校は「第1款　高等学校教育の基本と教育課程の役割」〕の2（2））と規定されている。

　道徳教育の意義は，一人ひとりの児童生徒が，他の人々や社会，自然などとの豊かな関わりを考えながら人間としてのあり方や生き方を自覚し，人間としてよりよく生きる基盤を培うことにある。道徳教育は，「社会」のなかでその形成者として自律的に生きていくことができる人間を育成するうえで重要な役

割を担っているのである。

（2）学校の教育活動全体を通じた道徳教育

　学校における道徳教育について，「2017（平成29）年告示小・中学校学習指導要領」「第 1 章　総則」では，学校の教育活動全体を通じて行うものであることをうたっている。特別の教科である道徳（以下，**道徳科**）だけでなく，各教科や外国語活動，総合的な学習の時間，特別活動においても，それぞれの特質に応じて意図的・計画的に道徳教育を推進し，相互に関連が図られなければならないことを意味している。このような考え方を**全面主義**という。さらに，小・中学校では道徳科が設けられていることから，我が国の道徳教育は**全面・特設主義**と呼ばれる。なお，高等学校では，小・中学校とは異なり「特別の教科　道徳」は設定されておらず，全面主義のみに基づいている。

　図 8-1 は，小学校における道徳教育の「全体計画」の例である。全体計画とは，学校の教育活動全体を通じて行う道徳教育についての指導方針を明確にした総合計画である（第 3 節第 1 項参照）。そこでは，道徳科の指導方針に加え，各教科，外国語活動，総合的な学習の時間，特別活動，その他の日常的指導における道徳教育についての指導方針が記載されている。図 8-1 から全面・特設主義の具体的な姿をみてみよう。

　たとえば，国語科においては，「互いの立場や考えを尊重しながら言葉で伝えあう力を高め，豊かな心情を育てる」ことが指導方針の 1 つとして掲げられている。国語科で語彙や表現力を豊かにすることや思考力・想像力を養うことは，国語科の指導目標であると同時に道徳教育の指導目標にも通じるものである。国語科で獲得した力は，道徳的心情や道徳的判断力を養う基本になるだけでなく，道徳的行為を行ううえでの強力なツールともなる。

　算数科の指導目標である「自主的に考え，責任をもって行動する態度を養う」ことは道徳的な判断力の育成を意味している。算数科における「日常の事象を数理的に捉え見通しをもち筋道を立てて考察する力」（「2017（平成29）年告示小学校学習指導要領」「第 2 章　各教科」「第 3 節　算数」「第 1　目標」）の育成が，道徳的な判断力の育成にもつながるのである。

学校の教育目標

［学び合い 支え合い 高め合う子］
○主体的に粘り強く課題や問題を解決する力を育てます。
○お互いを認め合い、豊かな人間関係を育てます。
○自他の生命や健康を大切にしようとする態度を育てます。
○社会の一員として、お互いに支え合うとする態度を育てます。
○さまざまな人たちとのコミュニケーションを通して、社会への視野を広げ、共に生きる心を育てます。

日本国憲法　教育基本法
学校教育法　学校教育法施行規則
学習指導要領　教育振興基本計画　　　など

時代や社会の要請
教育行政の重点施策
教員の願い
保護者の願い　　　など

児童の実態
学校・地域の実態と課題
保護者の願い、教職員の願い

道徳教育の目標

人間尊重の精神と生命に対する畏敬の念を家庭、学校、その他社会における具体的な生活の中に生かし、豊かな心をもち、伝統と文化を尊重し、それらをはぐくんできた我が国と郷土を愛し、個性豊かな文化の創造を図るとともに、公共の精神を尊び、民主的な社会及び国家の発展に努め、他国を尊重し、国際社会の平和と発展や環境の保全に貢献し未来を拓く主体性のある日本人を育成するため、その基盤としての道徳性を養うことを目標とする。

道徳教育の重点目標

次のような子どもを育てます。
A 自己を見つめ希望や夢をもって、より高い目標の実現を目指し努力しようとする。
B 思いやりや誠実の心をもち、互いに信頼し合って、協力し助け合おうとする。
C 生きることを喜び、自他の生命を尊重しようとする。
D 公共心や公徳心を養い、進んでよりよい社会をつくろうとする。

各学年の重点目標

	低学年（1・2年）	中学年（3・4年）	高学年（5・6年）
A	よいことと悪いことの区別をし、よいと思ったことは進んで行おうとする。	正しいと判断したことは、勇気をもって行うとともに、過ちは素直に改め、正直に明るい心で元気に生活しようとする。	より高い目標を立てて、希望と勇気をもってくじけないで努力しようとする。
B	気持ちのよいあいさつ、言葉遣いや動作などを心がけて、明るく接するとともに、日ごろお世話になっている人々に感謝しようとする。	礼儀の大切さを知り、誰に対しても真心をもって接しようとする。	誰に対しても思いやりの心をもち、相手の立場に立って親切にしようとする。
C	生きることを喜び、生命を大切にしようとする。	生命の尊さを感じ取り、生命あるものを大切にしようとする。	生命がかけがえのないものであることを知り、自他の生命を尊重しようとする。
D	約束やきまりを守り、みんなが使うものを大切にしようとする。	約束や社会の決まりを守り、公徳心をもとうとする。	公徳心をもって法やきまりを守り、自分の役割を自覚し、主体的に責任を果たそうとする。

道徳科の指導方針

道徳教育の要として、全教育活動における道徳教育と密接な関連を図りながら、計画的・発展的な指導によってこれを補充・深化・統合し、道徳的価値の自覚および自己の生き方についての考えを深め、道徳的実践力を育成する。児童の実態を踏まえた指導により、道徳的価値の内面的な自覚を促し、豊かな体験活動と関連付けた指導の工夫を行う。

外国語活動における道徳教育
外国語を通じてコミュニケーション能力の素地を養うとともに、言語や文化について体験的に理解を深めることで、日本人としての自覚をもって世界の人々との親善に努めようとする態度を育てる。

総合的な学習の時間における道徳教育
自然体験やボランティア活動等の社会体験を通して、道徳的実践力を育てる。

特別活動における道徳教育

学級活動	話し合い活動や係活動を通して、学級生活の向上を図り、思いやりの心をもち、望ましい人間関係を育てる。
児童会活動	学校生活の向上のために、全校児童の互いの相違を活かして協働を取り組む態度を育てる。
クラブ活動	共通の興味関心を追求する活動を通して、協力し合う態度や思いやりの心を育てる。
学校行事	行事への自主的・積極的な参加を通して、協力し合う態度や思いやりの心を育てる。

生活全般における指導
・教師と児童、児童相互の心の交流を図り、児童一人一人が意欲をもって将来を展望できるよう援助する。
・課題を抱えた児童に対しては、学年、学校全体で組織的に取り組む。

学習環境の充実・整備
・校庭・校内の美化に努め、季節感のある自然環境づくりをする。
・学年交流、異学年交流を通して児童相互の信頼関係を構築する。

他の学校や教育機関との連携
・幼稚園・中学校などとの情報交換を密にし、児童の実態をつかみ、定期的な交流を通して連携を深める。

家庭・地域社会との連携
・学校・家庭・地域社会と連携し、情報を共有するとともに、学校公開日を設けたり、学校だよりを通して、子どもの心を育てる共通の役割を担うものとしての相互理解を図る。

各教科における道徳教育
各教科等の指導目標を目指す中で、道徳教育との関連を踏まえ、道徳性を育成する。

国語	互いの立場や考えを尊重しながら言語で伝え合う力を高める。豊かな心情を育て、我が国の言語文化を継承し、新たな創造へとつないでいこうとする心情を養う。
社会	調べたり、学び合ったりする活動を通して社会生活を理解する。地域や我が国の国土に気付き、日本や外国の人々への共感と理解を深める。
算数	自主的に考え、責任をもって行動する態度を養う。有用性や美しさを感得する。豊かな感性や情操を育てる。
理科	主体的に対象に関わる態度を育てる。生命を尊重し、自然の事物・現象や神秘性を感じ、生命を尊重する態度を養う。
生活	意欲的に生活する心を育む。生命を大切にする心情を育てる。自分のよさや可能性に気付き、それらを育てていこうとする心情を育てる。
音楽	音楽を愛好する心、豊かな情操を育てる。我が国や郷土の伝統・文化を尊重し、よさや魅力を愛する心を育てる。
図工	造形的な創造の喜びを味わう。他の個性を育て、協力し合って活動する態度を育てる。
家庭	生活の自立を目指し、生活をよりよくしようとする能力と態度を養う。自他の心身の健康、安全を大切にしようとする心情を育てる。協力し合って活動する態度を育てる。
体育	心身の健康への理解を深め、自他の生命を大切にしようとする心情を育てる。協力し合って活動しようとする態度や規範意識を身に付ける。
外国語	自国の文化への理解を深め、異なる文化をもつ人々とともに生きようとする文化を身に付ける。マナーやルールを意識しながら積極的にコミュニケーションを図ろうとする態度の相互理解を身に付ける。

図 8 - 1　道徳教育の全体計画の例（小学校）

出所：横浜市授業改善支援センター「道徳教育全体計画　構造図」／教育図書　道徳教育の学校における全体計画「令和　年度　道徳教育の学校における全体計画」をもとに筆者作成。

109

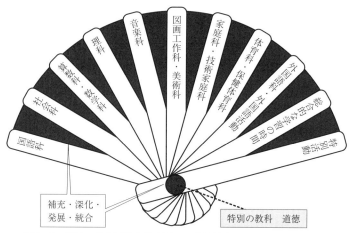

図8-2　学校の教育活動全体を通じた道徳教育における道徳科の役割
出所：筆者作成。

　また特に特別活動は，「多様な他者の意見を尊重しようとする態度」「自己の役割や責任を果たして生活しようとする態度」「よりよい人間関係を形成しようとする態度」「自分たちできまりや約束をつくって守ろうとする態度」（文部科学省，2018a：36）を養うことなど，その目標や育成を目指す資質・能力に道徳教育と共通する内容が多く含まれている。特別活動が道徳教育において果たすべき役割はきわめて大きいことがわかる。

　このように道徳教育は学校の教育活動全体を通じて行われるが，その「要」として位置づけられるのが道徳科である（図8-2）。図8-1の「道徳科の指導方針」にも示されている通り，道徳科は，学校におけるそれぞれの教育活動における道徳教育を，補ったり，深めたり，相互の関連を考えて発展させ，統合させたりする役割を果たす。言い換えれば，道徳科の特質に基づいた学習のなかで，各教育活動における道徳教育で養われた道徳性が調和的に生かされ，補充・深化・発展・統合されることにより，児童生徒の道徳性がより豊かに養われていくということである。

　なお，先述したように高等学校の教育課程においては道徳科はないため，学校の教育活動全体を通じて道徳教育を行うことによりその充実を図ることと

なっている。

（3）道徳性の育成

　道徳教育は，「**道徳性**」の育成を目標として行われる。道徳性とは，道徳的行為を行うために不可欠な心理的・行動的特性であり，人格の基盤となるものである。すなわち，道徳性は，普遍的な人間としてのあり方や自己の生き方を自覚し，他の人や社会，自然などと豊かな関わりを持ちながら，主体的な判断の下に行動し，自立した人間として生きるための基盤なのである。

　道徳教育は，この「道徳性」を構成する諸様相である「道徳的判断力」「道徳的心情」「道徳的実践意欲と態度」を養うことを目指している。

　「**道徳的判断力**」は，自分の置かれている場面でどのような考え方や行動をするのが善であり悪であるかを判断する知的な力であり，場面に応じた適切な道徳的行為を可能にする。

　「**道徳的心情**」は，道徳的価値の大切さを感じとり，善を行うことを喜び，悪を憎み嫌う感情である。言い換えれば，人間としてのよりよい生き方や善を志向する感情であり，道徳的行為への動機づけとして働くものである。

　「**道徳的実践意欲と態度**」は，道徳的心情や道徳的判断力によって価値があるとされた行動をとろうとする意志の働きと具体的行為への身構えである。

　これらの諸様相は，それぞれが独立した特性ではなく，また順序や段階があるということではない。諸様相が相互に関連しながら道徳性全体を構成している。

（4）個人差への配慮

　道徳性を育成する道徳教育を行うにあたっては，発達の段階や一人ひとりの児童生徒の個性をふまえ，それぞれの段階にふさわしい目標を立て，実態に応じた指導内容・指導方法を考える必要がある。

　児童生徒は，それぞれが異なる成育歴，能力・適性，興味・関心，感じ方や考え方，性格等の特性等を有している。同一の学年であっても道徳性発達の個人差は大きいため，一人ひとりの感じ方や考え方を大切にした指導を工夫する

必要がある。また，道徳科の授業を行う際には，答えが1つではない道徳的な課題を，異なる個性を持った児童生徒が自分自身の問題と捉え，主体的に考えられるようにしなければならない。

2　特別の教科　道徳（道徳科）

（1）「道徳の時間」から「特別の教科　道徳」へ

①　「道徳の時間」の特設

　学習指導要領の変遷（本書第2章）で学習したように，戦後，修身科が廃止され，道徳教育のための固有の教科がなくなった。1947（昭和22）年に出された学習指導要領一般編（試案）に，「これまでの修身・公民・地理・歴史などの教科の内容を融合して，一体として学ばれなくてはならないので，（中略）それらの教科に代わって，社会科が設けられた」と記されているように，社会科を中心として学校教育のすべてで道徳教育を行うこととなったのである。1951（昭和26）年の改訂では，第2次アメリカ教育使節団の報告書（1950年）および教育課程審議会の「道徳教育振興に関する答申」（1951年1月4日）に基づき，「道徳教育は，その性質上，教育のある部分でなく，教育の全面において計画的に実施される必要がある」（「1951年版　学習指導要領　一般編（試案）」「Ⅱ　教育課程」「1．小学校の教科と時間配当」の(1)の(d)）とし（中・高等学校もこれに準ずる），各教科の学習や特別教育活動がそれぞれの役割を十分に果たしながら，相互に関連をもって行われなければならないと述べている。

　しかし，全面主義による道徳教育は必ずしも期待されるような効果をあげていなかった。そのため，道徳教育の充実が図られることとなり，教育課程審議会は，1958年3月に，学校教育の全体を通じて行うという方針は変更しないが，さらにその徹底を期するため，新たに「道徳」の時間を設け，毎学年，毎週継続して，まとまった指導を行うこととする答申を提出した（「小学校・中学校教育課程の改善について（答申）」）。こうして同年10月の学習指導要領改訂で「道徳の時間」が，教科ではなく教育課程の領域の1つとして特設され，週1単位時間の道徳の授業が行われることとなった（全面・特設主義）。

② 「特別の教科　道徳」の新設

　第 3 章でも述べたように，2015（平成27）年，学習指導要領の一部改正が行われ，道徳の時間は「**特別の教科　道徳**」となった。

　その直接的なきっかけとなったのは，2011年10月に起こった「大津いじめ事件」である。滋賀県大津市内の中学校第 2 学年男子生徒が，加害生徒 3 名による「暴力」「金銭要求」「暴言・嫌がらせ」などのいじめを受け担任に相談していたが，適切な対応がなされず，いじめを苦に自宅マンションから飛び降り自殺したものである。この事件が社会的に大きな注目を集めることとなったのは，いじめについて実施されたアンケート調査をめぐる学校と教育委員会の不適切な対応，責任の隠蔽とも受け取れる虚偽の供述が次々と明らかになり，世間から批判されたためである。事態を重くみた市長が事件の真相を明らかにするため第三者調査委員会を設置し，委員会は約半年をかけて関係者への聞きとりを行った。その結果，自殺といじめの因果関係を認定するに至った。

　この事件はさらに，2013年 1 月の安倍内閣による「**教育再生実行会議**」設置の端緒ともなった。同会議は2013年 2 月，「いじめの問題等への対応について（第 1 次提言）」を公表し，児童生徒の人間性を育成するための道徳の教科化やいじめに対峙するための法律の制定を提言した。これにより2013年 6 月に，いじめ防止に関する基本方針・基本的施策，いじめの防止等に関する措置，重大事態への対処等を定めた「**いじめ防止対策推進法**」が制定され，同年 9 月に施行された。

　こうした経緯を受けて，中央教育審議会に「道徳に係る教育課程の改善等について」が諮問され，2014年10月に答申が提出された。答申は，「道徳教育の重要性を踏まえ，その改善を図るため，学校教育法施行規則において，新たに『特別の教科』（仮称）という枠組みを設け，道徳の時間を『特別の教科　道徳』（仮称）として位置付ける」（中央教育審議会，2014：6）と述べ，小・中学校の学習指導要領に「特別の教科　道徳」についての記述を盛り込むことを提言した。

　2015（平成27）年 3 月，次の改訂を待たずに学習指導要領の一部改正が行われ，道徳は「特別の教科　道徳」として新たな位置づけを得ることとなった。

（2）道徳科の目標

　道徳科は，学校全体で行う道徳教育と同じ目標の達成を目指し，道徳科以外における道徳教育と密接な関連を図りながら，「道徳教育の要」としての役割を果たす。

　2017（平成29）年改訂小・中学校学習指導要領には，道徳科の目標として「よりよく生きるための基盤となる道徳性を養うため，道徳的諸価値についての理解を基に，自己を見つめ，物事を（広い視野から）多面的・多角的に考え，自己の生き方（人間としての生き方）についての考えを深める学習を通して，道徳的な判断力，心情，実践意欲と態度を育てる」（「第3章　特別の教科　道徳」「第1　目標」）（括弧内は中学校）ことが示されている。

　したがって，道徳科における学習は，道徳的諸価値についての理解をもとに，自己をみつめ，物事を多面的・多角的に考え，人間としての普遍的なあり方や自己の生き方についての考えを深める活動によって進められる。

　このことを，道徳性の発現である「行為」から考えてみよう。「行為」の実行に至るまでに，人間は，自分の置かれた状況を認知し，どの行為を選択するのが正しいかを判断する。この状況認知と行為選択に関わるのが「道徳的判断力」であり，行為の実行に関わるのが「道徳的実践意欲と態度」であり，それらの基盤となるのが「道徳的心情」である。そして，道徳的判断の基準や原則の確立，道徳的価値の認識に必要となるのが，道徳的価値の理解である（図8-3）。

　道徳的価値は，人間らしさや人間としてのよさを表すものであり，その意義や重要性の理解は，主体的な判断や道徳的実践に不可欠である。ただし，特定の道徳的価値を絶対的なものとしたり，人の行為を特定の枠にあてはめようとしたりするものではない。

　道徳的価値の理解を道徳的判断や実践に結びつける役割を果たすのが，「自己を見つめ」「物事を多面的・多角的に考え」「人間としての普遍的な在り方や自己の生き方についての考えを深める」学習である。

　「自己を見つめる」とは，様々な道徳的価値を，児童生徒一人ひとりが自分との関わりで捉え，道徳的価値を自分のこととして感じたり考えたりすること

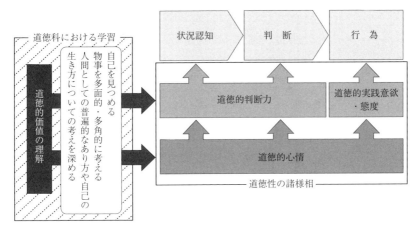

図 8-3　道徳性と道徳的行為

出所：筆者作成。

により，さらに考えを深めていく学習活動である。自己と向き合うことを通じて，児童生徒が成長を実感したり，自分自身がよりよく生きていくうえでの課題や目標を発見し，未来の夢や希望につなげたりできることが重要である。

　「物事を多面的・多角的に考える」とは，物事を多面的・多角的に検討し，広い視野から総合的に考察する学習である。グローバル化や価値観の多様化が進行する現代社会において，自分とは習慣や価値観が異なる人々と相互に尊重し合い調和しながら生きていくことは，人間の幸福と社会の発展にとって不可欠である。そのためには，多様な価値観が存在することや，1つの事象にもその背景に道徳的な多面性があることを認識し，物事の本質を考える力が必要となる。「物事を多面的・多角的に考える」学習は，道徳的価値の再考や道徳的判断力の育成につながるだけでなく，自己の生き方や人間の普遍的なあり方の考察に発展していくものである。

　「人間としての普遍的な在り方や自己の生き方についての考えを深める」とは，伸ばしたい自己，あるべき自分の姿をみつめるとともに，人間としての生き方についての考えを深め，それを自己の生き方として実現していこうとする意欲を育成するための学習である。道徳的価値に関わる事象を自分自身の問題として受け止め，他者の多様な感じ方や考え方，価値観にふれることで，人間

としていかによりよく生きるかという道徳の本質に直接関わっている。

　以上のように，道徳科は，「考える」ことを通じて道徳性を育成することを目標とし，道徳的価値の理解と道徳的実践をつなげていく役割を担っている。

（3）道徳教育の質的転換──「考え，議論する道徳」へ

　2014年の「道徳に係る教育課程の改善等について（答申）」は，「道徳教育においては，児童生徒一人一人がしっかりと課題に向き合い，教員や他の児童生徒との対話や討論なども行いつつ，内省し，熟慮し，自らの考えを深めていくプロセスが極めて重要である」（中央教育審議会，2014：11）と述べている。

　これまでの道徳の時間の授業では，読み物教材を用いて登場人物の心情を理解したり，教員の求める答えやわかりきった答えを言わせたりという例が多くみられた。教員養成課程で学ぶ大学生を対象としたアンケートでも，「国語の授業と変わらなかった」「何を学んだかあまり記憶に残っていない」「あまりためにならない」という回答が多く，道徳の授業のあり方には大きな課題があった。このような課題をふまえ，アクティブ・ラーニングの視点から，道徳教育の質的転換を図るのが「考え，議論する道徳」である。

　答えがない，あるいは答えが1つではない道徳では，児童生徒が課題を自分のこととして捉えて主体的に考えるとともに，意見を交流し合い，自分とは異なる考え方にふれることが重要である。また道徳科の特質に基づき，前項で述べた「自己を見つめる」「物事を多面的・多角的に考える」「人間としての普遍的な在り方や自己の生き方についての考えを深める」という3つの要素を授業に生かしていく必要がある。このことは，「してはならないこと／すべきこと」という結論を推測させることにではなく，自分はなぜそう思うのかという思考の過程にこそ道徳性育成の本質があることを意味する。道徳の学習活動を通じて学んだことを振り返り，自己の生き方や人間の普遍的なあり方の考察へとつなげていけるような授業が求められるのである。

　「考え，議論する道徳」を実現するためには，これまでの道徳教育の課題や道徳教育に対する批判を意識しながら，教材や指導方法を工夫して授業づくりを進める必要がある。たとえば，教材には，読み物資料だけでなく，人形劇体

験教材（指人形，紙人形，パネルシアター等）や動画コンテンツ，音声コンテンツ（録音テープ，CD 等）といった多様な教材の活用が考えられる。指導方法については，工夫された教材を活用し，問題解決的な学習や体験的な学習を行ったり，役割演技（ロールプレイ）により心情と行為を関連づけて道徳的行為を意識化させたりするなど，多様な指導方法を工夫することが必要である。単に登場人物の心情を理解することにとどまらず，お話のなかの出来事としてではなく自分のこととして実感をもって学んだり，考えたことを様々な表現活動で表現したりすることなどを通して，ねらいに即した学習活動を行うことが求められる。

3　道徳教育の教育課程

（1）全体計画と年間指導計画

　第1節第2項で学習したように，学校で行われる道徳教育には，各教科や領域等で行われる指導と，道徳科で行われる指導がある。これらは計画的・意図的に行われるものであるが，このほかに，計画的にではなく臨機的に行われる日常の指導もある。以上の3つの指導の関連性がわかるように学校の指導方針を明確にした総合計画が全体計画であり，これに基づいて作成される，道徳科における年間を見通した指導計画が年間指導計画である（図8-4）。

① 全体計画（図8-1参照）

　2017（平成29）年改訂小・中学校学習指導要領では，各学校において道徳教育の**全体計画**を作成することが定められている。全体計画には，学校の道徳教育の重点目標，道徳科の指導方針，各教科，外国語活動，総合的な学習の時間，特別活動における道徳教育の指導方針と指導の内容および時期，家庭や地域社会との連携の方法を示すこととされている。道徳科以外の道徳教育の内容および時期を全体計画のなかに書き表すことが難しい場合は，全体計画の一部としてこれらを記した別葉が作成される（図8-5）。

　全体計画作成のためには，まず，学校の教育目標と児童生徒の道徳性に関わる実態等をふまえて，学校の道徳教育の方針・重点目標を設定する。次に，道徳教育の重点目標に基づき，学年段階の重点目標を設定する（各学年の重点目標

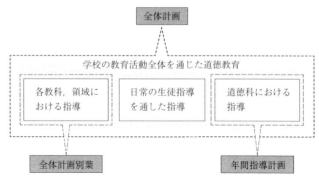

図8-4　全体計画と年間指導計画

出所：筆者作成。

	4月	5月	6月
国語	教えて，あなたのこと B　友情信頼 ふるさと C　伝統と文化の尊重，国や郷土を愛する態度 あめ玉 B　親切，思いやり 五年生の学習に生かそう A　希望と勇気，努力と強い意志 なまえつけてよ B　友情信頼 漢字の広場① A　真理の探究 春の空 C　伝統と文化の尊重，国や郷土を愛する態度 D　自然愛護 新聞を読もう A　真理の探究	新聞を読もう 漢字の成り立ち C　伝統と文化の尊重，国や郷土を愛する態度 C　国際理解，国際親善 見立てる A　真理の探究　C　伝統と文化の尊重，国や郷土を愛する態度　C　国際理解，国際親善 生き物は円柱形 A　真理の探究　D　感動，畏敬の念 漢字の広場② A　真理の探究 古典の世界（一） C　伝統と文化の尊重，国や郷土を愛する態度 きいて，きいて，きいてみよう B　礼儀	きいて，きいて，きいてみよう 敬語 B　礼儀 広がる，つながる，わたしたちの読書 A　真理の探究 千年の釘にいどむ A　真理の探究　C　勤労，公共の精神 C　伝統と文化の尊重，国や郷土を愛する態度 [コラム] 著作権について知ろう C　規則の尊重　C　勤労，公共の精神 漢字の広場③ A　希望と勇気，努力と強い意志
社会	1　わたしたちのくらしと国土 オリエンテーション C　伝統と文化の尊重，国や郷土を愛する態度 C　国際理解，国際親善 1 日本は世界のどこにある？ C　伝統と文化の尊重，国や郷土を愛する態度 C　国際理解，国際親善 2 日本の地形と気候 C　伝統と文化の尊重，国や郷土を愛する態度 D　自然愛護	2　日本の地形と気候 3　自然条件と人々のくらし A　真理の探究　C　勤労，公共の精神 C　伝統と文化の尊重，国や郷土を愛する態度 D　自然愛護　D　よりよく生きる喜び 深める A　真理の探究　C　伝統と文化の尊重，国や郷土を愛する態度　D　自然愛護	2　食料生産を支える人々オリエンテーション B　感謝　C　勤労，公共の精神 D　よりよく生きる喜び 1　米づくりのさかんな地域 A　真理の探究　B　感謝　C　勤労，公共の精神　C　伝統と文化の尊重，国や郷土を愛する態度　D　よりよく生きる喜び
算数	1　整数と小数 A　真理の探究　C　規則の尊重 ＊復習　準備 A　希望と勇気，努力と強い意志 C 規則の尊重 2　体積 A　真理の探究　C　規則の尊重	◎算数実験室 A　真理の探究　C　規則の尊重 ◎わくわく算数学習 A　真理の探究　C　規則の尊重 ＊復習　準備 A　希望と勇気，努力と強い意志　C　規則の尊重 3　小数×小数 A　真理の探究　C　規則の尊重 ＊復習　準備 A　希望と勇気，努力と強い意志　C　規則の尊重	4　小数÷小数 A　真理の探究　C　規則の尊重 5　式と計算 A　真理の探究　C　規則の尊重 ◎同じものに目をつけて A　真理の探究　C　規則の尊重 6　合同な図形 A　真理の探究　C　規則の尊重

図8-5　別葉記載内容例（小学校第5学年：国語科，社会科および算数科）

出所：教育出版「道徳教育の全体計画別葉シート作成資料（1～6年）」をもとに筆者作成。

は，次に述べる道徳科の年間指導計画に反映させる）。さらに，道徳教育の方針・重点目標をふまえ，道徳授業以外の指導の内容および時期を明確にし，外部との連携・協力の方針を明確にする。

　各学校では，このようにして作成された全体計画に基づき，道徳教育の推進を主に担当する教員（**道徳教育推進教師**）を中心に，全教員が協力して道徳教育を行う。

②　年間指導計画

　年間指導計画は，道徳教育の全体計画に基づき，道徳科の指導が計画的・発展的に行われるように，1年間を見通して組織された年間の指導計画であり，学年ごとに作成される。年間指導計画には，各学年の基本方針および各学年の年間にわたる指導の概要を記載する。指導の概要には，指導の時期，主題名，ねらい，教材，主題構成の理由，学習指導過程と指導の方法，他の教育活動等における道徳教育との関連等を簡潔に示すこととされている。

　このような指導計画を作成することによって，小学校であれば6学年間，中学校であれば3学年間を見通した計画的・発展的な指導が可能となる。また，教員が個々の学級において道徳科の学習指導案を立案する際のよりどころともなる。さらに，学級相互・学年相互の教員間での情報交換，授業の参観や研修などにも活用することができる。

　年間指導計画に基づく授業が効果的に行われるためには，授業実施後に授業を振り返って課題を明確にし，これらの課題を全教員が共通理解して，年間指導計画の評価と改善を行うことが必要である。

（2）道徳科で扱う内容

　学習指導要領には，道徳科で扱う内容が，小学校では2学年ごと，中学校では3学年を通じて示されている。**内容項目**は，小学校第1学年・第2学年で19項目，第3学年・第4学年で20項目，第5学年・第6学年で22項目，中学校で22項目となっており（文部科学省，2018b／2018c），発達段階に応じた課題，児童生徒の道徳的価値を認識できる能力の程度，社会認識の広がり，生活技術の習熟度などや内容項目の発展性をふまえて設定された項目から構成されてい

る。これらの項目は，道徳科だけでなく，学校の教育活動全体を通じて行われる道徳教育の指針にも関連がある。

　内容については，小学校・中学校に共通して，「A　主として自分自身に関すること」「B　主として人との関わりに関すること」「C　主として集団や社会との関わりに関すること」「D　主として生命や自然，崇高なものとの関わりに関すること」の4つの視点が示されている。これらの視点は，児童生徒にとっての対象の広がりに即して整理されたもので，内容項目はこの4つの視点から分類整理されている。

　4つの視点はそれぞれが独立した個別のものであるのではなく，その発展性や対象の捉え方，理解の深まり方などにおいて相互に深く関連し合っている。

　示された内容項目は，すべてについて適切に指導しなければならないとされているが，さらに必要に応じて，複数の関連の強い内容項目に関わらせた指導や他の学年段階に示す内容項目をふまえた指導など，柔軟な取扱いを考えることも検討されてよい。また，内容項目を関連的・発展的に捉えて重点を決め，年間指導計画に反映させるとともに，重点的な指導を工夫することも重要である。

（3）道徳科の授業計画

　道徳の授業の具体的な指導計画である学習指導案には，特に決まった形式があるわけではないが，学校や教育委員会によっては一定の形式の使用を推奨しているところもある。学習指導案に含める内容の基本は，主題名，授業のねらい，使用する教材名と出典，主題設定の理由（道徳的価値の分析，児童生徒の実態，指導の意義などの視点から記述する），学習指導過程（授業の展開過程），評価規準である。この他に，板書計画や他の教科との関連性なども記載するとよい。

　学習指導過程は，他の教科と同様に導入，展開，終末の各段階から成る。道徳科では，展開をさらに「価値の追求と把握」「自分を見つめ，価値の自覚を深める」の2段階に分けて計画することにより，道徳の特質を生かした指導計画にすることが可能となる。

　他の教科との主な違いとして，学習のまとまりが単元ではなく主題であるこ

ステップ 1	提出された多様な意見を生徒とともに整理する

ステップ 2	自分の感じ方・考え方に一番近い意見を選び，選んだ理由を発表することで自己の道徳的価値理解を対象化する

ステップ 3	整理した内容についての違いや共感に注目し，生徒同士で意見交換をしながら，道徳的価値の自覚をより深める

ステップ 4	生徒が導いた「授業のねらい」に関わる言葉を生かして，自己の生き方・在り方を振り返る。

図 8-6　生徒の考えを生かし，生徒の言葉で学びを深めていく授業の流れ
出所：東京学芸大学総合的道徳教育プログラム（2012）をもとに筆者作成。

と，そのため複数時間の授業ではなく 1 時間で 1 つの主題を扱うことなどが挙げられる。また，学習活動に加えて予想される児童生徒の発言を記載し，これを柱として授業の進行を組み立てることも大切にしたい。以下では，生徒の発言を中心に据えた授業プラン（東京学芸大学総合的道徳教育プログラム，2012）を参考に，中学生向けのものを例として，授業計画作成の際のポイントについて考えてみよう。

　中学生の時期は心身の成長が著しいが，大きな変化に戸惑い，心が不安定になる時期でもある。また，抽象的思考，論理的思考，仮説演繹的思考の力が伸び，思考の形態も複雑化する。そのため，この時期の道徳科の授業では，「わかりきったことを問われる白々しさ」や，「予測できる授業展開」や教師の熱意に対する冷めた反応といった困難さがみられ，授業にはこうした発達段階に即した工夫が必要となる。

　具体的な工夫として，参考にした授業プランでは，生徒の話し合い活動を中心に据えた授業展開を行うことにより，生徒自身の気づき・自覚・学びを生かした道徳的価値の理解の深め合いが実現されている。日頃から対話のルールを意識させ，話す姿勢，聞く姿勢が育っていることで，対話による授業が効果的

に行われている。

　また，意見や考えと同時にその根拠や理由を述べさせることにより，生徒の自覚的な気づきを促すとともに，クラスメイトの意見を聞き，そこからさらに自分の考えを発展させることができるように授業が計画されている（図8-6）。

　生徒から数多くの発言を引き出し，発言を板書していくことで，生徒が紡いだ言葉で授業が組み立てられていくと同時に，一人ひとりが尊重され受け止められていることを感じられるという効果も生み出しており，生徒が課題に主体的かつ真摯に向き合う環境が構築されている。

　道徳科の授業計画の作成には決まった1つの方法があるわけではないが，こうした先行事例も参考にしながら，自校の児童生徒の実態をふまえて授業計画を具体化していくことが重要である。

4　道徳科における評価

（1）道徳科における評価の特徴

　道徳が教科となったことに伴い，他の教科と同様に教科書が編纂され，評価を行うこととなった。道徳科が単なる「教科」でなはく「特別の教科」であるのは，教科の教員免許を有する者ではなく担任が授業を行うことに加え，評価のスタンスが他の教科とは大きく異なることにある。

　評価の目的が，一人ひとりの成長を見取り，児童生徒が成長や進歩を実感し意欲を向上させることにつなげること，目標の達成状況を把握し，学校としての取り組みや個々の教員の指導の改善を図ることにある点は他の教科と同様である。一方，他教科では**目標に準拠した評価**が可能であるのに対し，道徳科においては児童生徒の人格全体に関わる道徳性を安易には評価できないという違いがある。そのため，数値による評価ではなく記述により表現する方法がとられ，調査書には道徳科の成績は記載されない。一人ひとりの児童生徒の成長を見守り，よりよい生き方を求めていく努力を評価し，勇気づけることにより，児童生徒の成長を促すような評価を行わなければならないのである。

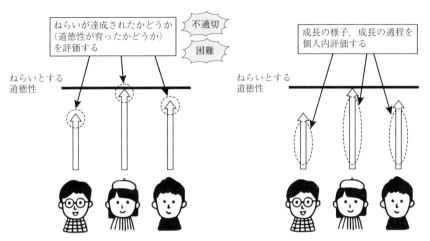

図 8-7　道徳科における評価のイメージ

出所：文部科学省道徳教育アーカイブ「特別の教科　道徳の全面実施に向けて」をもとに筆者作成。

（2）基本的な考え方

① 記述式による個人内評価

　先に述べたように，児童生徒は，それぞれが異なる成育歴，能力・適性，興味・関心，感じ方や考え方，性格等の特性等を有している。また同一の学年であっても道徳性発達の個人差は大きい。したがって，道徳科には，児童生徒の人格全体に関わる道徳性を細かな項目に分けて，学習状況を分析的に捉える観点別評価はなじまない。道徳的価値をどれだけ理解したか，道徳的行為がどれだけできるようになったか，といった画一的な基準を設けたり，他の児童生徒との比較によって評価したりするのではなく，一人ひとりの成長の過程を見取り，その成長を積極的に受け止め，認めて励ますことが必要である（図8-7）。学習活動のなかでの具体的な取り組み状況や児童生徒の姿などを学習活動全体を通して継続的に把握し，数値による評価ではなく，記述式による**個人内評価**（本書第4章を参照）を行う。

② 一定のまとまりのなかでの評価

　道徳科の評価は，前述のように一つひとつの内容項目ごとに，その内容項目についてどのくらい理解したかを分析的に行うのではない。道徳科の指導方針

をふまえて大くくりなまとまりのなかで捉えるとともに，１回の授業のみで評価するのではなく，学期や学年など一定の時間的なまとまりのなかで，道徳科の学習状況や道徳性に関わる成長の様子を見取り評価していく。

　そのためには，たとえば，課題や問題を多面的・多角的な考え方で捉えようとしているか，自分とは異なる感じ方・考え方を理解しようとしているか，課題を自分に置き換えて自らの行動や考えを見直そうとしているかなどについて，発言や感想文だけでなく様々な形での表出を長期的な視点で捉え，また評価の根拠となる児童生徒の行動や発言，エピソードなどを記録しておくことも重要である。

5　道徳科における主体的・対話的で深い学びの実現に向けて

　道徳科においては，児童生徒一人ひとりがねらいに含まれる道徳的価値についての理解をもとに，自己をみつめ，物事を広い視野から多面的・多角的に考え，道徳的価値や人間としての生き方についての自覚を深めることが求められる。そのためには，児童生徒が道徳的価値についての見方や感じ方・考え方を深め，自らが望ましい人間としての生き方を追求できるような学習指導過程や指導方法を工夫することが重要である。

　こうした工夫を行えるようにするためには，教員自身が，多様な指導方法を研究し，コンピュータ等の多様な情報機器の活用方法などを身につけ，教材として利用できそうな題材にアンテナを張り，必要な教材の開発に努めなければならない。そのうえで，ねらいの達成のために効果的な教材を選択し，その教材の特質を生かすとともに，児童生徒が意欲的・主体的に取り組むことができる学習活動や，学んだ道徳的価値に照らして自らの生活や考えをみつめるための振り返り活動を学習指導過程に取り入れることが必要である。

学習課題　①　道徳科の授業で効果的と考えられる学習活動をいくつか取り上げ，それぞれについて長所と短所を考えてみよう。

② 　特別活動における体験を生かした道徳科の授業のアイデアを考えてみよう。

引用・参考文献

木野正一郎『新発想！道徳のアクティブラーニング型授業はこれだ——問題解決ワーク
　　ショップで道徳性を深化する』みくに出版，2016年。

教育出版「令和　年度　道徳教育の学校における全体計画」。https://www.kyoiku-shuppan.
　　co.jp/2020shou/dotoku/files/zentaikeikaku_case.pdf（2021年12月6日閲覧）

教育出版「道徳教育の全体計画別葉シート作成資料（1 ～ 6年)」。https://www.kyoiku-
　　shuppan.co.jp/2020shou/dotoku/category04/download.html#download_00（2021年12
　　月6日閲覧）

教育出版「年間指導計画・評価の視点（案)」。https://www.kyoiku-shuppan.co.jp/textbook
　　/chuu/dotoku/files/nenkei_hyouka31_doutoku_1.xlsx（2021年12月6日閲覧）

中央教育審議会「道徳に係る教育課程の改善等について（答申)」2014年。https://www.
　　mext.go.jp/b_menu/shingi/chukyo/chukyo0/toushin/__icsFiles/afieldfile/2014/10/21/
　　1352890_1.pdf（2021年12月6日閲覧）

東京学芸大学総合的道徳教育プログラム「力のある道徳授業研究の事例」より「『語り合い
　　（対話）』が生み出す，迫力のある道徳授業づくり」2012年。http://www.u-gakugei.ac.
　　jp/~kokoro/education/education07/data/H24itookada.pdf（2021年12月6日閲覧）

道徳教育に係る評価等の在り方に関する専門家会議「『特別の教科　道徳』の指導方法・評
　　価等について（報告)」2016年。https://www.mext.go.jp/component/b_menu/shingi/
　　toushin/__icsFiles/afieldfile/2016/08/15/1375482_2.pdf（2021年12月6日閲覧）

文部科学省『小学校学習指導要領（平成29年告示）解説　特別活動編』東洋館出版社，
　　2018年a。

文部科学省『小学校学習指導要領（平成29年告示）解説　特別の教科　道徳編』廣済堂あ
　　かつき，2018年b。

文部科学省『中学校学習指導要領（平成29年告示）解説　特別の教科　道徳編』教育出版，
　　2018年c。

文部科学省道徳教育アーカイブ「特別の教科　道徳の全面実施に向けて」。https://doutoku.
　　mext.go.jp/pdf/guidedocument_119.pdf（2021年12月6日閲覧）

柳沼良太『生徒が本気になる問題解決的な道徳授業　中学校——「考え，議論する道徳」の
　　実践事例集』図書文化社，2018年。

横浜市授業改善支援センター「道徳教育全体計画　構造図」。https://www.edu.city.yokoha
　　ma.jp/tr/ky/hamaup/theme09/docs/doutoku_a_shou_2_kouzouzu.doc（2021年12月6
　　日閲覧）

第9章

外国語活動・外国語科の
教育課程と教育評価

　本章では，まず日本における小学校外国語教育の導入経緯を理解した後，その目標および内容を確認していく。また，小学校外国語教育の基礎知識および授業を実践するために必須の手がかりにもふれていく。小学校外国語教育の概観をつかむことを目標に読み進めてみよう。

1　小学校における外国語教育の導入

　現在大学等で勉強している皆さんにとって，小学校外国語教育，いわゆる「小学校英語」はすでに小学校で勉強しないといけない科目の1つであったかもしれないが，実は，小学校に外国語が本格的に導入されたのはそれほど遠い昔のことではない。また，皆さんがよく耳，あるいは口にする「小学校英語」は通称であり，正式な名称は，小学校中学年（第3・4学年）の「外国語活動」および高学年（第5・6学年）の「外国語科」である。

　2011年まで，小学校に正式な外国語科目はなかった。ただし，小学校外国語教育の導入の動きについては1980年代から存在していた。小学校における外国語教育導入までの経緯は表9-1にまとめている。

　表9-1の通り，小学校における外国語教育は，80年代後半の研究開発指定校での実践から必修化までに30年以上の歳月を費やした。英語教育の開始時期の見直し当初は，小学校教育に外国語が入ってくると，「母語が危うくなる」や「他の授業時間が削られてしまう」などの反対意見があった。しかし，21世紀に入ると，グローバル化が急速に進展し，外国語教育を通して，グローバル化に対応できるような人材育成が求められるようになった。加えて，日本の

表 9-1　小学校における外国語教育導入までの経緯

1986年	**英語教育の開始時期の見直し** 臨時教育審議会「教育改革に関する第 2 次答申」の第 3 部 1 章（3）「外国語教育の見直し」において言及。
1992年	**国際理解教育の一環としての英語教育を実験的に導入する** 大阪市の公立小学校の 2 校を公立小学校として初めて研究指定校に指定。
2002年	**「総合的な学習の時間」全面実施（国際理解の一環として英語活動の実施）** 学習指導要領改訂により、「総合的な学習の時間」が設置され、そのなかの一項目として、「国際理解に関する学習の一環としての外国語会話等を行うときは、学校の実態等に応じ、児童が外国語に触れたり、外国の生活や文化などに慣れ親しんだりするなど小学校段階にふさわしい体験的な学習が行われるようにすること」と規定。これにより、全国の小学校において、いわゆる英語活動が広く行われることとなった。なお、この時期は、「原則として英語」とはなっておらず他の言語も扱うことができた。
2008年	**学習指導要領改訂（外国語活動の新設）** ・英語活動は教育の機会均等の確保や中学校との円滑な接続などの観点から課題があり、国として各学校において共通に指導する内容を示すことが必要とされ、文部科学省は 2008（平成20）年に小学校学習指導要領を改訂し、小学校第 5 学年および第 6 学年に外国語活動を位置づけた。（中学校と同様、原則として英語） ・第 5 学年および第 6 学年において週 1 時間（年間35時間）の外国語活動を必修化（教科ではない）。
2009年	**一部小学校での先行実施** ・2009年から外国語活動が正式に導入するまでの 2 年間は各小学校の判断により、先行実施可能に。 ・文部科学省は外国語活動の教材として、『英語ノート 1，2』を作成し、全国の希望する小学校に配布。
2011年	**「外国語活動」全面実施**
2012年	『英語ノート』の改訂版『Hi, friends! 1, 2』を作成し、全国の小学校に配布。
2013年	**外国語教育の早期化・教科化に向けて** 「グローバル化に対応した英語教育改革実施計画」が公表され、「小学校 3・4 年生では活動型で週 1～2 時間、5・6 年生では、教科型で週 3 時間程度」を提案。
2017年	**学習指導要領改訂** 第 3 学年および第 4 学年において週 1 時間の外国語活動が領域の位置づけで必修になり、第 5 学年および第 6 学年においては、週 2 時間の外国語科が教科として必修に（2020年度より全面実施）。
2018年	**新指導要領への移行期間での先行実施** ・2018年と2019年は新学習指導要領の移行期間として、中学年（15時間）、高学年（35時間＋15時間→50時間）を各学校が先行実施。 ・文部科学省は、『Let's Try! 1, 2』『We Can! 1, 2』を作成し、全小学校に配布。
2020年	**学習指導要領全面実施** ・教科になった外国語科では検定教科書を使用。 ・文部科学省は「新しい時代の初等中等教育の在り方特別部会（第12回）の会議資料」において、2022年度より小学校高学年は教科担任制を導入することを公表。

出所：文部科学省（2017：14～15）をもとに筆者作成。

近隣国・地域，たとえば韓国や台湾などが国際競争力を向上させるために，次々と外国語教育を早期化したことも，日本の外国語教育の早期化・教科化につながったと考えられる。なお，2008年に外国語活動は必修科目になることが決まったが，これは正式教科ではなく，「英語の音声や基本的な表現に慣れ親しむ」ことを重視していた。つまり「聞くこと」と「話すこと」のみに集中していた。「読むこと」と「書くこと」に関する指導が正式に取り入れられたのは2020年のことである。

2　小学校外国語教育の教育課程

（1）小学校外国語教育の目標

　小学校外国語教育は，中学年からの領域に位置づけられた外国語活動（必修科目であるが，教科ではない）と教科としての高学年の外国語科の2つがある。外国語活動・外国語科の目標は図9-1に示している通りである。

　図9-1の下線部分は学習指導要領における外国語活動・外国語科の目標の文言の違いである。中学年の外国語活動の目標は2011年から高学年において必修になった外国語活動の目標と似ており，外国語に慣れ親しむことを主としている。また，英語4技能のうちの「聞くこと」と「話すこと」（やり取りと発表）の2技能3領域を扱い，外国語の定着を目標としていない。一方，外国語科は「聞くこと」，「読むこと」，「話すこと」（やり取りと発表），「書くこと」の4技能5領域すべてを扱い，外国語の定着を求めている。なお，外国語活動・外国語科の英語の目標と内容は「2017（平成29）年改訂小学校学習指導要領」にさらに詳しく書かれているので大いに参考されたい。

（2）言語活動

　学習指導要領における外国語活動・外国語科の目標をみると，「言語活動を通して」という文言が多いことに気づいただろうか。では，「言語活動」とは何であろうか。2017（平成29）年改訂学習指導要領においては，外国語活動・外国語科の言語活動は，「実際に英語を用いて互いの考えや気持ちを伝え合う」

外国語活動（中学年）

外国語科（高学年）

外国語によるコミュニケーションにおける見方・考え方を働かせ，

外国語による聞くこと，話すことの言語活動を通して，コミュニケーションを図る<u>素地</u>となる資質・能力を次のとおり育成することを目指す。

外国語による聞くこと，<u>読むこと</u>，話すこと，<u>書くこと</u>の言語活動を通して，コミュニケーションを図る<u>基礎</u>となる資質・能力を次のとおり育成することを目指す。

(1) 外国語を通して，言語や文化について体験的に理解を深め，日本語と外国語との音声の違い等に気付くとともに，外国語の音声や基本的な表現に慣れ親しむようにする。
(2) 身近で簡単な事柄について，外国語で聞いたり話したりして自分の考えや気持ちなどを伝え合う力の素地を養う。
(3) 外国語を通して，言語やその背景にある文化に対する理解を深め，相手に配慮しながら，主体的に外国語を用いてコミュニケーションを図ろうとする態度を養う。

(1) 外国語の音声や文字，語彙，表現，文構造，言語の働きなどについて，日本語と外国語との違いに気付き，これらの知識を理解するとともに，読むこと，書くことに慣れ親しみ，聞くこと，読むこと，話すこと，書くことによる実際のコミュニケーションにおいて活用できる基礎的な技能を身に付けるようにする。
(2) コミュニケーションを行う目的や場面，状況などに応じて，身近で簡単な事柄について，聞いたり話したりするとともに，音声で十分に慣れ親しんだ外国語の語彙や基本的な表現を推測しながら読んだり，語順を意識しながら書いたりして，自分の考えや気持ちなどを伝え合うことができる基礎的な力を養う。
(3) 外国語の背景にある文化に対する理解を深め，他者に配慮しながら，主体的に外国語を用いてコミュニケーションを図ろうとする態度を養う。

図 9 - 1　小学校外国語教育の目標

出所：「2017（平成29）年告示小学校学習指導要領」「第 2 章　各教科」「第 10 節　外国語」「第 1　目標」および「第 4 章　外国語活動」「第 1　目標」をもとに筆者作成（下線は筆者による）。

（「第 4 章　外国語活動」「第 2　各言語の目標及び内容等」の 3 の（1）のウ）ことを意味する。ということは，外国語活動・外国語科の言語活動は英語を使うことが前提となっている。また，文部科学省（2017）によると英語を用いる作業，たとえば，機械的に書く練習，反復発音練習や歌などは「お互いの考えや気持ちを伝え合う」ことができないため，言語活動とはいえない，練習であるとされている。たとえば，3 年生の「What do you like?」の内容では，「What color is it?」「It's red.」「Do you like red?」「Yes, I do.／No, I don't.」などの言語材料を使って練習を行ってから，インタビューゲームによる言語活動として，お互いの好きな色を伝え合う。この言語活動を成立させるために練習は重要であり，かつ練習だけで終わることのないように留意する必要がある（文部科学省，2017：23）。

（3）外国語活動・外国語科の指導形態

外国語活動・外国語科は新しい科目であるため，1990年代はじめの研究指定校で授業研究開始当初から様々な指導形態が形成されてきた。必修となった今でも，各学校の実態に合わせた指導形態が取り入れられている。現在小学校英語の教鞭をとるものは主に学級担任であるが，専科教員および外国語指導助手（Assistant Language Teacher，以下 ALT）も大いに活用されている（文部科学省，2020）。ここではそれぞれが担当する場合の役割，メリットあるいはデメリットについて考えてみることにする。

① 学級担任

児童との接触時間が長い学級担任は，児童の性格や長所短所をよく知り，理解しているため，児童とコミュニケーションをとりやすい。また，学級経営のプロでもある学級担任は，個々の児童に合わせた指導ができる。それだけではなく，児童に信頼されているため，児童へのフォローもしやすい。加えて，学級担任だからこそ他の教科と連携をとりやすい。こうした点から，外国語活動・外国語科の授業以外の場面で英語にふれる機会を作ることができる。

一方，学級担任は普段日本語のみで授業している場面がほとんどで，英語の時間の時に切り替えが難しい場合がある。また，日本語のみで児童に話しかけているため，英語で話しかけると，逆に児童に違和感や距離感が生じる場合もある。なお，学級担任の大半は自ら小学校の時に英語の授業を受けたことがなく，加えてもともと英語が苦手で教えることに不安を感じている教員は少なくない。よって，英語を教えることに負担を感じていることが多い。

しかし，そうした状況にあるがゆえに，学級担任は児童たちにとって英語を学ぶモデルといっても過言ではない。したがって，英語に対する苦手意識が

あっても，児童の前で頑張って英語と真剣に向き合う学級担任はたくさんいる。逆に，英語が苦手で児童の前で極力英語を使わない，みせないという場合，児童にとって大切なモデルがいなくなることにより，児童が英語を学ぶ動機づけが難しくなる可能性がある。

② 専科教員

　一定の英語力を持つ専科教員は外国語の授業のみを担当しているため，準備した授業内容を複数のクラスで試せるメリットがある。よって，授業研究や授業改善につながりやすい。しかし，外国語以外の授業を担当していないため，学級担任のように，児童一人ひとりの個性やニーズに応えられない可能性がある。文部科学省（2020）の調査によると全国の専科教員の多くは複数校や中学校を兼務している。よって，個々の児童のフォローは限られた時間内に行わなければならない。なお，文部科学省は2018年度から2020年度まで毎年1000名の専科教員を配置している。

③ 外国語指導助手（ALT）

　英語を第1言語あるいは母語としている話者，もしくは，英語を第2言語として使用する外国人が ALT として外国語を担当する場合が多い。一般の生活環境のなかで英語を使う機会がほとんどない日本では，ALT のいる授業は児童にとって生きた英語を聞くことができ，また生で異文化にふれる貴重なチャンスになる。しかし，ALT の雇用形態は複雑であり，質の確保にも難しい点がある。また，日本語による意思疎通が難しい場合，授業担当者との打ち合わせがうまくいかず，授業の質も維持しにくいだろう。

④ 英語が堪能な地域人材

　教員免許は持たないが，英語に堪能な地域人材，たとえば英語圏で生活経験がある日本人や近隣の留学生などを外部講師として活用する場合がある。これらの地域人材の活用によって，国際交流の効果が期待できる。

　実際の学校現場では，学級担任が単独で外国語授業を担当している場合が多いが，文部科学省の調査によると，外国語活動において授業中に ALT を活用した時数の割合は年々増加しており，2019年に授業時数の40％以上で ALT を活用している割合は77.8％である（文部科学省，2020）。また，学級担任と

ALT によるティーム・ティーチング（Team Teaching, 以下 TT）だけではなく，学級担任と専科教員や，学級担任と専科教員と ALT の 3 人の教師による TT の場合もみられる。

　なお，2022年度から高学年の外国語科は教科担任制に変わると文部科学省が公表しており，今後の指導者体制の変化に注目しておく必要がある。

（4） 1時間（45分）の英語授業の流れ

　1時間（45分）の英語授業はどのように作ればよいだろうか。外国語授業の1時間の授業は通常，表9-2に書いたような流れで組み立てられる。

① ウォームアップ（アイスブレーキング）

　週1，2時間しかない外国語活動・外国語科の時間においては，その他の日本語のみの授業から切り替える意味で，ウォームアップあるいはアイスブレーキングがきわめて重要な役割を担っている。

　挨拶の後にたとえば天気，日付，数，気持ちなど，すでに学習しているものから1つか2つを選んで，ウォームアップとして提示する。また，すでに学習したチャンツ（繰り返されるリズミカルなフレーズ）や歌が今習っている単元のテーマに近い場合は，今月・今週のルーティーンを作るのが，習ったものを思い出すためのよい方法である。筆者の場合は，毎回2，3分間の時間をとって必ず天気，日付とその日の気持ちを児童に聞いていた。児童がそのパターンに慣れたら，児童同士でウォームアップを行ってもらうこともできる。また，児童同士が行っているときに，よいロールプレイをしている児童たちを見つけて，クラス全員の前でもう1回行ってもらうというのもよい方法である。こうすることで，児童たちが徐々に人前で英語を話すことに慣れてくる。この際，なるべく違う児童をみんなの前に立たせるようにする。なお，ウォームアップとルーティーンの後に，先週の授業の復習を入れる必要がある。週1，2時間では前の時間で習った内容を忘れてしまう可能性が高いため，簡単なゲームやフラッシュカードで復習し，その日のめあてを確認してから，新しい学習内容に入る。

② 新しい学習内容の導入

ここが，その時間の授業の
メインの内容である。いきな
り新しい内容になると，児童
たちは戸惑うため，児童の生
活と関連性のあるもので導入
した方がよい。たとえば，6
年生の「将来の夢」の授業で
あれば，指導者が自分の子ど
もの時の夢から話し始めたり，
ALT と の TT で あ れ ば，
ALT に自分の子どもの時の

表9-2　1時間（45分）の授業の流れ（例）

10〜15分	①ウォームアップ（アイスブレーキング） ・挨拶 ・今週・月のルーティーン ・復習 ・本時のめあての確認
20〜30分	②新しい学習内容の導入 ・実演 ・練習
5〜10分	③まとめ ・復習（確認） ・振り返り・課題 ・今週・月のルーティーン ・次回の授業の予告 ・終わりの挨拶

出所：筆者作成。

夢を話してもらったりすることから始めてもよい。その後，新出語や文の練習
をしてから，活動で定着させる。

③ まとめ

ここでは，②で学習したことのまとめを行う。できる限り，時間の余裕を
作ってきちんと復唱させたあとに，今日頑張った児童に発表させるチャンスを
与える。また，この時間は児童の振り返りの時間にもなる。中学年の場合，終
わりのルーティーン（今月／今週や本単元のテーマのチャンツ・歌など）をしてか
ら，次回の予告をして授業を終わらせるのが理想的な方法である。達成感とと
もに，わくわくさせるような感覚で終わらせることができれば，児童はまた来
週の授業も楽しみに待っていてくれるようになる。

（5）外国語授業でよく使われている活動

小学校の外国語授業では，児童たちに英語に対する興味を持たせるため，
様々な活動を取り入れる必要がある。ここでは，これまでの授業実践でよく使
われている活動について，その目的，効果，指導のポイントを説明する。

歌・チャンツを通して，児童は自然に英語の音，リズムを身につけることが
できる。本節第4項の1時間の授業の流れのなかでも言及したように，歌・

チャンツは授業のはじめや終わりの雰囲気づくりに最適である。児童はあまり勉強を意識せず，楽しくメロディやリズムに乗って活動に参加できる。また，全員で音楽やリズムに合わせて活動するため，1人で声を出すことより参加しやすくなる。文部科学省が作成した中学年用の教材『Let's Try! 1 & 2』や高学年用の検定教科書は音声データ・デジタル教材を添付しているため，教員は事前に発音の練習をすることができ，授業でも使用することができる。

　歌およびチャンツを教える時のポイントはまず，単元目標あるいは本時の目標に関連のある内容を選択することである。続いて，歌詞をみせる前に児童に教えたい歌およびチャンツの音声を聞かせる。このときなるべく児童に「何の歌およびチャンツか」について考えてもらう。できれば，児童にジェスチャーと英語で問いかける。たとえば，体の部位に関する歌であれば，「What body part is it? Nose? Head?」，色のチャンツであれば，「How many colors did you hear? Let's listen again and count.」など何度か音声を聞かせてから，中学年には歌詞の意味を表すイラストやジェスチャーで示す。高学年にはイラストつきの歌詞をみせる。そして，指導者が歌・チャンツをいい，イラストを歌詞の出てきた順に黒板に貼る。児童は指導者の後にリピートする。最後，児童が慣れたら，音楽に乗って歌う。チャンツの場合はメロディが必要ないため，音声データのリズムに合わせてもよいが，手拍子，カスタネット，メトロノーム，楽器などを使ってオリジナルのリズムを出すこともよい。なお，選択した歌・チャンツが長く，短い時間の中に取り込めない場合は無理して1回で終わらせるのではなく，分割して取り組んだ方がよい。

　絵本の読み聞かせは児童に英語のインプットを与えられるだけではなく，絵や言葉を通して異文化を体験することができる。また，日本人の子どもにも親しまれている絵本，たとえば，『The Little Red Hen』（『ちいさなあかいめんどり』）や『The Three Little Pigs』（『3匹の子ぶた』）は同じ表現・言葉の繰り返しが多いため児童と一緒に声を出して読むこともできる。さらに，絵本の読み聞かせの後に，時間が許す場合は，お面や小道具を作って，劇に発展させることもできる。絵本の選択は，まずストーリーが児童に理解しやすく，展開を推測しやすい方が推奨される。加えて，児童の発達段階に適しているものかどう

かは重要である。なお，児童にもみやすいように大型絵本（ビックブック）を使うことも推奨する。絵本の読み聞かせ方法は様々だが，指導者が読み聞かせてから，児童に一部を繰り返させることもできる。たとえば，『The Little Red Hen』の場合は動物たちが「Not I.」をいう場面が何回も出てくるので，児童にいわせることで，児童はストーリーに入りやすく，共感しやすくなる。

（6）英語にふれる（Exposure to English）機会およびクラスルーム・イングリッシュ（Classroom English）

　外国語を学習する際には，その言語にどれだけ多くふれられるか，が重要となるが，小学校外国語活動の授業は週に 1 回，年間合計で約 35 時間，そして外国語科は年間 70 時間であり，これら 4 年間を合わせても 210 時間しかない。したがって，英語を指導する教師にとっては，授業内でいかに英語への接触率を最大限に上げ，なおかつ良質なインプットを提供できるかどうか，また，授業以外の時間をどうやって増やすかが悩みどころである。これは日本だけではなく，英語を外国語として（English as a Foreign Language；EFL）学ぶ国・地域における英語教師の共通の悩みでもある。

　児童の英語への接触率を高めるために簡単に始められる方法として，指導者が教室内での指示や呼びかけを英語で行うことがある。いわゆる，クラスルーム・イングリッシュ（Classroom English，教室英語とも呼ばれる）を使う。たとえば，「皆さん，こんにちは！」の代わりに「Hi, everyone.」を使い，「教科書をしまってください」の代わりに「Put away your textbooks.」である。また，教室以外でも，朝の会や帰りの会，休み時間，給食や掃除の時間といった時間を利用するのもよいだろう。教室や廊下の掲示物をバイリンガルで掲示するといった工夫も考えられる。クラスルーム・イングリッシュを使う際，指導者は日本語訳をつけてしまいがちであるが，これは最低限にした方がよい。後から日本語がくることをわかってしまうと，児童は日本語に頼ってしまうようになる。なお，児童の理解を助けるためにジェスチャーや写真などの視覚的な援助をつけた方がよい。文部科学省が作製した『外国語活動・外国語科研修ガイドブック』（文部科学省，2017：118〜124）には，場面ごとに分けたクラスルーム・

イングリッシュの活用例が詳しく掲載されているので，大いに参考にしてほしい。

3　外国語活動・外国語科における評価

　評価は学習者にとって，自らの学習を振り返り，今後どのような学習が必要になるのかを理解することにつながることが重要である。また，指導者にとっては，学習者の学習実態を把握し，自身の授業を振り返って次の指導に役立てるという意味を持つ。

　外国語活動・外国語科の目標は他の科目等と同じ，「知識及び技能」「思考力，判断力，表現力等」「学びに向かう力，人間性等」の３つの柱から構成されている。また，目標に対応するように，観点別評価については，「知識・技能」「思考・判断・表現」「主体的に学習に取り組む態度」の３つの観点となっている。

　これらの３つの観点については，毎回の授業ですべてを見取るのではなく，単元や題材を通じたまとまりのなかで学習・指導内容と評価の場面を適切に組み立てていくことが重要である（文部科学省，2017：27）。

　なお，指導と評価の一体化については，国立教育政策研究所（2020：37）が外国語科の単元ごとの学習評価の進め方および留意点について以下のように示している。

① 単元の目標を作成する

　単元目標を作る際に留意すべきことは，学習指導要領の目標や内容，学習指導要領解説等をふまえて作成することである。また，単元から構成される年間指導計画をまとめる際，外国語科は５つの領域をふまえて指導計画上の目標を設定することが重要である。

② 単元の評価基準を作成する

　単元の評価基準を設定する際に留意すべき点は，児童の実態，前単元までの学習状況などをふまえて作成することである。

③ 「指導と評価の計画」を作成する

　ここで，①，②をふまえ，評価場面や評価方法等を計画する。また，どのよ

うな評価資料（児童の反応やパフォーマンスなど）をもとに，「おおむね満足できる」状況と評価するかを考えたり，「努力を要する」状況への手立て等を考えたりする。なお，授業を行い，③に沿って観点別学習状況の評価を行い，児童の学習改善や教師の指導改善につなげる。

④　観点ごとに総括する

集めた評価資料やそれに基づく評価結果などから，観点ごとの総括的評価を行う。

外国語活動・外国語科の詳しい評価方法や事例は国立教育政策研究所（2020）が作成した『「指導と評価の一体化」のための学習評価に関する参考資料』に書かれているため，大いに参考にしてもらいたい。

4　小学校外国語教育のこれから

本章では，小学校外国語教育の導入経緯，現場における指導体制・形態および現場で実践するときに必要な知識について述べてきた。なお，日本の小学校外国語教育はまだ始まって 10 年しか経っておらず，試行錯誤が続いている。指導体制・形態に関しては専科教員の増加や高学年が教科担任制に変わるといったことなど，これからも変化を続けていくと考えられる。常に今後の動向をみておく必要があるだろう。

学習課題　① あなたが小学校の時に経験した外国語活動を思い出して，どのような活動が一番印象に残ったかを考え，その理由を述べてみよう。
　　　　　② 授業以外の時間で英語にふれる時間をどのようにして増やすことができるか考えてみよう。

引用・参考文献

国立教育政策研究所「学習評価の在り方ハンドブック　小・中学校編」2019 年。https://www.nier.go.jp/kaihatsu/pdf/gakushuhyouka_R010613-01.pdf（2021 年 8 月 20 日閲覧）

国立教育政策研究所「『指導と評価の一体化』のための学習評価に関する参考資料〔小学校外国語・外国語活動〕」2020 年。https://www.nier.go.jp/kaihatsu/pdf/hyouka/r0203

26_pri_gaikokg.pdf（2021 年 8 月 20 日閲覧）

文部科学省「小学校外国語活動・外国語研修ガイドブック」2017 年。https://www.mext.go.jp/a_menu/kokusai/gaikokugo/1387503.htm（2021 年 8 月 20 日閲覧）

文部科学省「小学校，中学校，高等学校及び特別支援学校等における児童生徒の学習評価及び指導要録の改善等について（通知)」より「別紙 4　各教科等・各学年等の評価の観点等及びその趣旨」2019 年。https://www.mext.go.jp/component/b_menu/nc/__icsFiles/afieldfile/2019/04/09/1415196_4_1_2.pdf（2021 年 1 月 15 日閲覧）

文部科学省「令和元年度『英語教育実施状況調査』の結果と今後の取組について」2020 年。https://www.mext.go.jp/content/20200715-mxt_kyoiku01-000008761_1.pdf（2021 年 1 月 10 日閲覧）

第10章

総合的な学習／探究の時間の
教育課程と教育評価

　本章では，「総合的な学習／探究の時間」の教育課程ならびに教育評価に焦点をあてて，その概要や実践の具体像，実践上の要点などを整理する。本章での学びを通して，総合的な学習／探究の時間の教育課程を編成し，実施し，評価して改善を行うために必要となる力量の基礎を習得するとともに，自分なりの目指す実践のイメージを具体化させていこう。

1　総合的な学習／探究の時間における学習活動の
　具体像とその特質

（1）実践の具体像

　ここではまず，総合的な学習／探究の時間の具体的なイメージをつかむために，実践例をみてみよう。表10−1に示すのは，小学校6年生を対象として筆者が作成した単元例である。この単元例では，自分たちの住む地域の活性化を目指して探究活動を行い，得られた情報を整理・分析したうえで，自分なりの提案をまとめて表現できるようになることを目標とした。

　第1次では，地域活性化に取り組む区役所の職員の方から，アイデアを出して欲しいという依頼を受けることから学習を始める。その後，「地域の活性化を成功させるための秘策を探り，区役所の方に提案しよう！」という共通テーマ，およびこのテーマに迫るための探究課題を設定し，グループを構成して調査計画を立てる。続く第2次では多様な方法を用いて課題解決に向けた探究を行う。そして第3次では，探究の成果をまとめるとともに，それを成果発表会で発表し，参加者との質疑応答や意見交換を行う。第4次では，成果発表会の

表10-1　総合的な学習の時間（小学校6年生対象）の単元例

学習の流れ ［配当授業時数］		学習内容の概要
第1次	課題の設定と調査計画の立案 ［4時間］	・学校のある地域の活性化に取り組んでいる区役所の職員の方に，現在行われている具体的な取り組みの様子を伺うとともに，ぜひ，アイデアを出してほしいという要望を受ける。 ・「地域の活性化を成功させるための秘策を探り，区役所の方に提案しよう！」という共通テーマを設定する。そのうえで，これまでに行ってきた学習活動や区役所の職員の方のお話などをふまえながら探究課題を設定するとともに，調査を進める際の視点（「環境」「文化」「人の想い」など）を定め，調査のためのグループをつくる。 ・グループごとに，何のために，何を，どのようにして調べるとよさそうかを議論し，調査計画を立てる。
第2次	課題解決に向けた探究① （情報収集，情報の整理・分析） ［8時間］	・学校の図書館やパソコンを活用して本やウェブサイトを検索し，自分のグループの調査計画に基づいて情報収集を行う。 ・本やウェブサイトから得られた情報を整理し，分かったことと，さらに調べたい（調べる必要がある）と考えることを明らかにする。 ・保護者，地域住民，地方新聞の記者，観光客などを対象として，地域の魅力や改善して欲しいと考える課題などについてのインタビュー調査を行う。 ・インタビュー調査の結果もふまえながら，地域の活性化にとってプラスに働きそうな要因と，改善が必要だと考えられる要因を分析する。
第3次	まとめ①・発表 ［2時間］	・調査を通して得られた情報とそれに基づく自分たちのアイデアを整理し，模造紙やプレゼンテーションソフトなどを用いてまとめ，発表の準備を行う。 ・区役所の職員の方をはじめ，インタビューをさせていただいた方やそれ以外の保護者，地域住民，他学年の児童などを招いて，成果発表会（発表，質疑応答，意見交換）を行う。
第4次	課題解決に向けた探究② ［3時間］	・成果発表会を振り返り，よりよいアイデアを練り上げるために取り組むべき課題と課題解決のための方策（さらなる情報収集，根拠となるデータのグラフ化など）を明らかにする。課題と課題解決のための方策に基づいて，グループごとに追加の調査を行う。
第5次	まとめ② ［3時間］	・練り直したアイデアをA4用紙にまとめ，全グループ分をまとめた「提案書」を作成する（提案書は，各所に配布する）。 ・各自が自身の学習過程を振り返り，今後の学習につなげるべき成果と課題をワークシートにまとめる。

出所：筆者作成。

振り返りに基づいてさらに探究すべき課題を設定し，追加の調査活動を行う。そして第５次では，最終的なまとめと各自の学習の振り返り（自己評価）を行う。

　次項以下では，こうした実践例を念頭に置きながら，総合的な学習／探究の時間の特質や実践上の要点などをみていこう。

（２）総合的な学習／探究の時間における学習活動の特質と教育課程編成

　総合的な学習／探究の時間が設定され，教育課程に位置づけられているということは，この時間がなければ充分に行うことが難しい学習活動や，習得が難しい力（資質・能力）が想定されていることを意味する。この点に関して，田中耕治は総合的な学習の時間の特質として，①子どもたちの「体験」や「直接経験」を重視すること，②課題の総合性と**方法知**（＝参加と学習のスキル）の学習が強調されること，③学習の節々でその活動の成果を発表・交流することを意識的に行うことと，個人のレベルでも記録をとることやレポートにまとめることを積極的に位置づけることの３点を指摘している（田中，2018：161〜164）。

　これら３つの特質に関しては，たとえば，「科学実験や社会見学などの体験を伴う学習は，理科や社会科などでも行われるのではないか」「手紙の書き方やインタビューの仕方などの方法知は，国語の学習でも扱われているものではないか」「学習活動の成果の発表・交流やレポートの作成などは，多くの教科学習で行われているのではないか」など，総合的な学習／探究の時間に固有のものとはいえないという意見もあるかもしれない。しかしながら，総合的な学習／探究の時間には，教科学習と比べると長期に渡って１つのテーマに関する学習を展開しやすいということや，その目標と内容を各学校が定めるものとされていることなどの特徴がある。そのため，児童生徒の興味関心や学校および地域の実態などもふまえながら，解決策が見つかっていない課題を設定したり，時間をかけて試行錯誤を繰り返したり，各教科の学習を通して習得した知識やスキルなどを教科の枠を超えて関連づけたりするような学習活動を構想・実践しやすい。そしてまた，そうであるからこそ，そうした特徴を生かして効果的な実践を展開するための力量が教師には求められるのである。

　ところで，総合的な学習／探究の時間では，児童生徒の生活経験や興味関心

をふまえながら探究すべき課題が設定されたり，多様な人やモノなどと関わる経験を重ねながら課題解決に向けた探究活動が展開されたりする。そのため，**経験主義**の考え方を強く反映したものと捉えられる。しかしながら，それが「はいまわる」学習活動で終わるのではなく児童生徒に確かな学力を保障するものとなるためには，特に**系統主義**の立場において強調されてきた系統立てられた科学的な知識やスキルなどの習得を伴うことが必要であり，また，そうした知識やスキルなどを基礎として探究活動の質を高める形で実践されることが不可欠である（経験主義や系統主義については，本書第 1 章および第 2 章も参照）。したがって，ただ何かを探究する経験の機会を設定するということにとどまらず，その探究学習を通してどのような力を身につけさせたいのかを充分に検討したうえで，そうした力の習得が可能になるような教育課程を編成することが求められるのである。

2 総合的な学習／探究の時間の概要

（1）総合的な学習／探究の時間が求められる背景とこれまでの展開

　1977（昭和 52）年（高等学校は 1978〔昭和 53〕年）改訂の学習指導要領に端を発する「ゆとり教育」路線のなかで，中央教育審議会第 1 次答申「21 世紀を展望した我が国の教育の在り方について」（1996 年 7 月 19 日）において，「**生きる力**」のバランスのよい育成の重要性が提起された。「生きる力」とは，「いかに社会が変化しようと，自分で課題を見つけ，自ら学び，自ら考え，主体的に判断し，行動し，よりよく問題を解決する資質や能力」「自らを律しつつ，他人とともに協調し，他人を思いやる心や感動する心など，豊かな人間性」「たくましく生きるための健康や体力」（中央教育審議会，1996）から成るものである。そして，その育成に向けて重要な役割を担うものとして，1998（平成 10）年（高等学校は 1999〔平成 11〕年）改訂の学習指導要領において，「総合的な学習の時間」が新設された。なお，その創設の趣旨として，「各学校が地域や学

---

(1) ただし，総合的な学習につながる発想や取り組みは，それ以前にもみられた。たとえば，大正

校の実態等に応じて創意工夫を生かして特色ある教育活動を展開できるような時間を確保すること」と，「国際化や情報化をはじめ社会の変化に主体的に対応できる資質や能力を育成するために教科等の枠を超えた横断的・総合的な学習をより円滑に実施するための時間を確保すること」の重要性が認識されたことが指摘されている（教育課程審議会，1998）。

　1998（平成10）年（高等学校は1999〔平成11〕年）改訂の学習指導要領では，小学校，中学校，高等学校のすべての学校段階の教育課程に，総合的な学習の時間を位置づけることとされた。そしてその「総則」で，「自ら課題を見付け，自ら学び，自ら考え，主体的に判断し，よりよく問題を解決する資質や能力を育てること」と「学び方やものの考え方を身に付け，問題の解決や探究活動に主体的，創造的に取り組む態度を育て，自己の生き方を考えることができるようにすること」がねらいとして示されるとともに，各学校においてはこれらのねらいをふまえて，学校の実態に応じた学習活動を行うこととされた（「1998（平成10）年告示小学校学習指導要領」「第 1 章　総則」「第 3　総合的な学習の時間の取扱い」の 2 ）。

　続く2008（平成20）年（高等学校は2009〔平成21〕年）改訂の学習指導要領では，「総合的な学習の時間」に関する記述は新たに第 4 章（中学校・高等学校）（小学校では第 5 章）として章立てされ，目標や内容，実践上の留意点などがより詳しく規定された。2017（平成29）年（高等学校は2018〔平成30〕年）改訂の学習指導要領でもこの流れは引き継がれたが，高等学校については「総合的な探究の時間」へとその名称が変更され，探究的な活動をよりいっそう重視することとされている。

　自由教育期には，成城小学校における「特別研究」にみられるように，現代の総合学習につながる取り組みが実践されている。また，戦後初期の新教育の時代には，コア・カリキュラム連盟（1948年に結成，1953年に日本生活教育連盟へと改称）を中心に問題解決学習の重要性が強調され，コア・カリキュラムや 3 層 4 領域論に代表されるように，教育課程編成に関する理論的な検討やそれに基づく実践も重ねられてきた。さらに，1976年 5 月に中央教育課程検討委員会によって提案された『教育課程改革試案』においても，あらためて，総合学習の必要性が主張された。

（2）学習指導要領における目的と内容

　表10-2は，2017（平成29）年・2018（平成30）年に改訂された学習指導要領における「総合的な学習／探究の時間」の目標と内容の概要をまとめたものである。例として，「小学校」の欄をみてみよう。

　総合的な学習の時間の全体的な目標は，「探究的な見方・考え方を働かせ，横断的・総合的な学習を行うことを通して，よりよく課題を解決し，自己の生き方を考えていくための資質・能力を次のとおり育成することを目指す」（「2017（平成29）年告示小学校学習指導要領」「第5章　総合的な学習の時間」「第1目標」）こととされている。そして，他の教科等と同様に，「知識及び技能」「思考力，判断力，表現力等」「学びに向かう力，人間性等」の3つの柱に沿う形で，3つの資質・能力が示されている。その内容については，中学校に関しても同じである。

　高等学校に関しても基本的には同様であるが，『高等学校学習指導要領（平成30年告示）解説　総合的な探究の時間編』では，小・中学校での総合的な学習の時間と高等学校での総合的な探究の時間には共通性と連続性がある一方で，一部異なる特質もあるとされている。そして，両者の違いについて，「総合的な学習の時間は，課題を解決することで自己の生き方を考えていく学びであるのに対して，総合的な探究の時間は，自己の在り方生き方と一体的で不可分な課題を自ら発見し，解決していくような学びを展開していく」（文部科学省，2019d：8）とされている。そのため，目標に関しても，一部異なる記述となっている。

　なお，小学校，中学校，高等学校のいずれに関しても，「各学校において定める目標」「各学校において定める内容」については，上述した目標をふまえつつ，各学校で定めることとされている。すなわち，総合的な学習／探究の時間の計画や実施に関しては各学校の裁量が大きく，多様な実践が展開される余地が保障されているのである。そしてまた，各学校ならびに教師には，創意工夫を行いながら，質の高い実践を実現することが求められていることが指摘できる。

表 10 - 2　「2017（平成 29）年・2018（平成 30）年告示学習指導要領」における
「総合的な学習／探究の時間」の目標と内容の概要

	小学校	中学校	高等学校
目標	探究的な見方・考え方を働かせ，横断的・総合的な学習を行うことを通して，よりよく課題を解決し，自己の生き方を考えていくための資質・能力を次のとおり育成することを目指す。 (1) 探究的な学習の過程において，課題の解決に必要な知識及び技能を身に付け，課題に関わる概念を形成し，探究的な学習のよさを理解するようにする。 (2) 実社会や実生活の中から問いを見いだし，自分で課題を立て，情報を集め，整理・分析して，まとめ・表現することができるようにする。 (3) 探究的な学習に主体的・協働的に取り組むとともに，互いのよさを生かしながら，積極的に社会に参画しようとする態度を養う。	探究的な見方・考え方を働かせ，横断的・総合的な学習を行うことを通して，よりよく課題を解決し，自己の生き方を考えていくための資質・能力を次のとおり育成することを目指す。 (1) 探究的な学習の過程において，課題の解決に必要な知識及び技能を身に付け，課題に関わる概念を形成し，探究的な学習のよさを理解するようにする。 (2) 実社会や実生活の中から問いを見いだし，自分で課題を立て，情報を集め，整理・分析して，まとめ・表現することができるようにする。 (3) 探究的な学習に主体的・協働的に取り組むとともに，互いのよさを生かしながら，積極的に社会に参画しようとする態度を養う。	探究の見方・考え方を働かせ，横断的・総合的な学習を行うことを通して，自己の在り方生き方を考えながら，よりよく課題を発見し解決していくための資質・能力を次のとおり育成することを目指す。 (1) 探究の過程において，課題の発見と解決に必要な知識及び技能を身に付け，課題に関わる概念を形成し，探究の意義や価値を理解するようにする。 (2) 実社会や実生活と自己との関わりから問いを見いだし，自分で課題を立て，情報を集め，整理・分析して，まとめ・表現することができるようにする。 (3) 探究に主体的・協働的に取り組むとともに，互いのよさを生かしながら，新たな価値を創造し，よりよい社会を実現しようとする態度を養う。
各学校において定める目標	各学校においては，第1の[上の「目標」欄に示した]目標を踏まえ，各学校の総合的な学習の時間の目標を定める。	各学校においては，第1の[上の「目標」欄に示した]目標を踏まえ，各学校の総合的な学習の時間の目標を定める。	各学校においては，第1の[上の「目標」欄に示した]目標を踏まえ，各学校の総合的な探究の時間の目標を定める。
各学校において定める内容	各学校においては，第1の[上の「目標」欄に示した]目標を踏まえ，各学校の総合的な学習の時間の内容を定める。	各学校においては，第1の[上の「目標」欄に示した]目標を踏まえ，各学校の総合的な学習の時間の内容を定める。	各学校においては，第1の[上の「目標」欄に示した]目標を踏まえ，各学校の総合的な探究の時間の内容を定める。

注：[　]内は筆者による補足。
出所：「2017（平成 29）年告示小・中学校学習指導要領」「2018（平成 30）年告示高等学校学習指導要領」をもとに筆者作成。

3　総合的な学習／探究の時間の計画と実施に関する留意点

（1）単元計画の立案に関する方向性

　総合的な学習／探究の時間は，他の教科・領域と同様に，学校の教育課程全体の中の一部を構成している。そのため，学校教育目標の達成に資する形で全学年にわたる指導計画や学年ごとの**年間指導計画**を立て，そのうえで，個々の単元や授業を具体化することが必要となる。このことを念頭に置きながら，以下では，単元計画の立案に関する方向性を確認する。

　『小学校学習指導要領（平成29年告示）解説　総合的な学習の時間編』（以下，『小学校解説　総合的な学習の時間編』）では，探究的な学習とするためには，学習過程が以下のようになることが重要であると述べられている（図10‒1）。

　「課題の設定」の段階における留意点として，まず，児童生徒が真に調べたいと思える課題との出会いを保障するための工夫を行うことが挙げられる。探究的な学習活動のよさやおもしろさを実感したり，他者と協働しながら積極的に問題解決に取り組む態度を育成したりしようとするならば，児童生徒が積極的に学習活動に参加したいと思える学習課題を設定することが重要である。したがって，課題を設定する前の段階で児童生徒が様々な人やモノと関わり合う機会を位置づけ，不思議に思うことやさらに知りたいと考えることなどを丁寧に掘り起こしたうえで解決すべき課題を設定することを目指すことが求められる。

　この段階ではまた，探究活動に耐えうる学習課題を吟味することも必要である。どれほど児童生徒が強い思い入れを持てる課題であったとしても，たとえばある本を読めばすぐに「正解」を手に入れることができるというものになってしまっては，試行錯誤を繰り返しながら探究を進めることは困難である。そのため，すぐに「正解」が見つかる課題ではなく，様々な資料を調べたりインタビュー調査を行ったりして情報の収集や分析を行う必要のある課題や，議論を通した学びの深化を保障するために意見が分かれそうな課題を選択することなどが重要となるのである。

【課題の設定】体験活動などを通して，課題を設定し課題意識をもつ
【情報の収集】必要な情報を取り出したり収集したりする
【整理・分析】収集した情報を，整理したり分析したりして思考する
【まとめ・表現】気付きや発見，自分の考えなどをまとめ，判断し，表現する

図 10-1　探究的な学習の学習過程のイメージ

出所：文部科学省（2018：114）をもとに筆者作成。

　「情報の収集」の段階では，児童生徒は，設定した課題の解決に向けて必要な情報を収集する。ただし，資料の検索，観察，実験，インタビューなど，情報収集には多様な方法があり，その長所や短所も様々である。そのため，ここでは，収集すべき情報とは何なのか，そうした情報を収集するための効果的な方法とはどのようなものなのかといったことを児童生徒が検討しながら学習活動を進められるようにするための工夫を行うことが，教師には求められる。それとともに，長期的な見通しを持って，多様な情報収集の方法を体験し，その特性を実感しながら学ぶ経験を組織することも必要となる。

　「整理・分析」の段階では，分類，比較，関連づけ，グラフ化などを通して，収集した情報の整理や分析が行われる。ここでは，たとえば，KJ 法の活用，ベン図やコンセプトマップの作成，付箋を使った話し合い，ワールドカフェなど，様々なツールや手法を用いることが可能である。ここでもまた，児童生徒がこれらのツールや手法を使ったりその長所や短所を話し合ったりする機会を設定することによって，自身で適切なツールや手法を選択しながら情報の整理・分析を行う力を徐々に高めていくことが重要となる。

　そして「まとめ・表現」の段階では，レポートやポスターなどにまとめたり，パワーポイントなどのソフトウェアを活用したりして，探究活動の成果をわかりやすく他者に伝えることになる。この段階においても，まず，多様な方法を経験し，より適切な方法を選択して活用できるようにするための力の育成が求められる。ただし，「うまくみせる」力を高めるだけではなく，そこに含まれる「情報の質」を高めたり，論理性や聞き手に即した言葉選び，資料の出典の示し方などに関する力を高めたりすることにも留意することが重要である。

　なお，これら 4 つの段階からなる学習過程が，常にこの順番で繰り返される

わけではない。たとえば，収集した情報の分析を行うことを通して新たに収集すべき情報が明らかになることや，探究すべき問いが修正されることもあるだろう。また，探究の成果をまとめる過程において，収集した情報の分析の不十分さに気づき，あらためて分析をし直すということも起こりうる。したがって，図10-1に示した学習過程はあくまでも模式的なものとして捉えることが必要である。ただし，こうした学習過程を想定することによって，単元計画を立てる際に単元の大まかな方向性を明確にすることができる。また，それぞれの学習活動において準備すべき教材やワークシートの選択や開発，校外学習先の選定，地域の人材や施設等の活用などを検討する際にも役立てることができるだろう。

（2）他の教科・領域における学習活動との連携

　前項で挙げた情報の収集のための資料の検索，観察，実験，インタビューなどや，情報の整理・分析のためのベン図やコンセプトマップの作成など，また，探究活動の成果のまとめ・発表のための方法などは，総合的な学習／探究の時間だけではなく，様々な教科・領域での学習活動においても実践されうるものである。したがって，総合的な学習／探究の時間を充実させ，そこで目指されている資質・能力の育成をより確かで効果的なものにするためには，総合的な学習／探究の時間と他の教科・領域における学習活動との連携が不可欠である。以下では，内容面と能力面に分けて，その連携のあり方を検討する。

　まず，内容面（学習活動において扱うテーマ）についてみていく。「2017（平成29）年告示小学校学習指導要領」「第5章　総合的な学習の時間」「第2　各学校において定める目標及び内容」の3（5）では，探究課題の例として「国際理解，情報，環境，福祉・健康などの現代的な諸課題に対応する横断的・総合的な課題」「地域の人々の暮らし，伝統と文化など地域や学校の特色に応じた課題」「児童の興味・関心に基づく課題」が示される⁽²⁾とともに，学習指導要領

---

(2)　なお，中学校と高等学校向けのものについてもほぼ同様の記述があるが，中学校ではさらに「職業や自己の将来に関する課題」が，高等学校では「職業や自己の進路に関する課題」が加えられている。

に示された総合的な学習／探究の時間の目標をふまえて，各学校においてその内容を定めることとされている。内容面に関する連携を検討する際には，たとえば総合的な学習／探究の時間において「環境」に関わるテーマを取り上げた場合，「国語や外国語において，環境に関わる問題を扱った文章などの教材はあるのか」「社会や地理歴史，公民，理科において環境に関するどのような学習が位置づけられているのか」「保健体育で，環境と健康の関連に関するテーマが扱われてはいないか」などの視点から，教育課程全体を見直してみることができる。このように，各学校で設定した内容が，他の教科・領域においてどのように取り上げられているのか，あるいは，取り上げられていないのかを検討することが 1 つ目のポイントである。

　次に，能力面（学習者に身につけさせたい力）について考える。「総合的な学習／探究の時間」を通して学習者に身につけさせたい資質・能力については，表10‒2 に示した形で規定されている。そのため，これらの資質・能力の育成は，他の教科・領域においてどのようにねらわれているのか，あるいは，ねらわれていないのかを検討することが必要となる。たとえば，「情報の整理・分析を行うために言語能力やグラフの読み取り能力，情報を比較・分類する力などが必要となると考えると，そうした力の育成は，他の教科・領域でもねらわれていると考えることができるのではないか」などの視点から検討することができるだろう。そしてそのうえで，教育課程全体としてより効果的に児童生徒の資質・能力を育成するためには，総合的な学習／探究の時間と他の教科・領域とをどのように関連づける必要があるのかを検討することが必要となる。

（3）教師に求められる役割

　以上のような実践を進めるにあたって教師に求められる役割の特徴として，特に，次の 2 点を確認しておきたい。

　1 つ目は，「協働探究者」としての役割である。探究的な学習には，基本的に，到達すべき「正解」があらかじめ存在しているわけではない。そのため，教師には，豊富な知識や経験，教材研究の成果などを生かして児童生徒の学びを支援し，促すことに加えて，児童生徒とともに調べたり議論したりしながら，

課題の解決に取り組んでいくことが期待されるのである。

　2つ目は,「探究活動のコーディネーター」としての役割である。総合的な学習／探究の時間の学習を進めるにあたり,家庭,地域の人々,学校外の専門家や専門機関などと連携することによって,学校内の人的・物的リソースだけでは実現しえない探究活動を実現することが可能となる。したがって教師には,学内外の連携可能な人々や施設などを把握したりネットワークを構築したりするとともに,効果的な連携のあり方を探り,単元計画の立案や実践につなげることが求められるのである。

4　総合的な学習／探究の時間における教育評価

（1）評価の観点と評価方法の要点

　総合的な学習／探究の時間の評価の観点とその趣旨について,文部科学省では,表10 - 3の内容を示している。総合的な学習／探究の時間についても他の教科等と同様に,「知識及び技能」「思考力,判断力,表現力等」「学びに向かう力,人間性等」という3つの柱で整理された資質・能力と対応させる形で,「知識・技能」「思考・判断・表現」「主体的に学習に取り組む態度」の3つが,観点別学習状況の評価の観点として設定されている。

　また,総合的な学習の時間の評価の方法に関しては,『小学校解説　総合的な学習の時間編』において,図10 - 2の内容が示されている。

（2）評価実践における留意点

　本書第4章で示されているように,評価には,様々な方法がある。そして,「**目標に準拠した評価**」の立場に立てば,設定した教育目標の到達の度合いを把握し,その後の指導や学習の改善に生かせるようにすることが求められる。そのためには,把握したい「学力の内容」や「学習者の実態」などに応じて,適切な評価方法を選択したり組み合わせたりすることが重要となる。

　「総合的な学習／探究の時間」では,たとえば,出典の書き方や情報倫理に関する基本的な知識が身についているかを,**客観テスト**式の問題を用いた評価

表 10-3　総合的な学習／探究の時間の評価の観点とその趣旨

	知識・技能	思考・判断・表現	主体的に学習に取り組む態度
小学校・中学校	探究的な学習の過程において，課題の解決に必要な知識や技能を身に付け，課題に関わる概念を形成し，探究的な学習のよさを理解している。	実社会や実生活の中から問いを見いだし，自分で課題を立て，情報を集め，整理・分析して，まとめ・表現している。	探究的な学習に主体的・協働的に取り組もうとしているとともに，互いのよさを生かしながら，積極的に社会に参画しようとしている。
高等学校	探究の過程において，課題の発見と解決に必要な知識及び技能を身に付け，課題に関わる概念を形成し，探究の意義や価値を理解している。	実社会や実生活と自己との関わりから問いを見いだし，自分で課題を立て，情報を集め，整理・分析して，まとめ・表現している。	探究に主体的・協働的に取り組もうとしているとともに，互いのよさを生かしながら，新たな価値を創造し，よりよい社会を実現しようとしている。

出所：文部科学省（2019b／2019c）をもとに筆者作成。

方法で把握するとともに，「情報収集を行う力」「情報を整理・分析する力」を把握するために，そうした活動を伴うパフォーマンス課題を設定し，**パフォーマンス評価**を行うといった形の組み合わせが想定される。また，長期にわたる探究的な学習活動が展開されるということや，学習の結果だけではなく過程も含めて重視されるという総合的な学習／探究の時間の特徴に鑑みれば，**ポートフォリオ評価法**の活用が効果的であると考えられる。さらに，パフォーマンス評価やポートフォリオ評価法を，教師の主観に陥らない形で実践するためには，**ルーブリック**の作成と活用も重要な方途の1つとなるだろう（各種の評価方法については，本書第4章を参照）。

　ルーブリックに代表される評価基準を設定することの必要性や効果は，教師による評価を行うこと以外にも指摘できる。たとえば，学校全体の教育課程を編成したりある単元を開発したりする際に，ルーブリックに照らし合わせることで学習者の現状を把握し，その現状をふまえて具体的かつ適切なレベルの教育目標を設定したり，教育目標の達成を目指して重点を置くべき指導上のポイントや学習課題などを設定したりすることにも活用することができる。また，ルーブリックを児童生徒にも提示しておくことによって，学習の過程で作成した作品等を児童生徒が**自己評価**したり**相互評価**を行ったりすることに役立てることもできる。このように，評価を学習の最後に行うものとして位置づけるの

総合的な学習の時間における児童の具体的な学習状況の評価の方法については，信頼される評価の方法であること，多面的な評価の方法であること，学習状況の過程を評価する方法であること，の三つが重要である。

　第1に，信頼される評価とするためには，教師の適切な判断に基づいた評価が必要であり，著しく異なったり偏ったりすることなく，およそどの教師も同じように判断できる評価が求められる。例えば，あらかじめ指導する教師間において，評価の観点や評価規準を確認しておき，これに基づいて児童の学習状況を評価することなどが考えられる。（中略）

　第2に，児童の成長を多面的に捉えるために，多様な評価方法や評価者による評価を適切に組み合わせることが重要である。多様な評価の方法としては，例えば次のようなものが考えられる。（中略）

- 発表やプレゼンテーションなどの表現による評価
- 話合い，学習や活動の状況などの観察による評価
- レポート，ワークシート，ノート，絵などの制作物による評価
- 学習活動の過程や成果などの記録や作品を計画的に集積したポートフォリオを活用した評価
- 評価カードや学習記録などによる児童の自己評価や相互評価
- 教師や地域の人々等による他者評価　など

　第3に，学習状況の結果だけではなく過程を評価するためには，評価を学習活動の終末だけではなく，事前や途中に適切に位置付けて実施することが大切である。学習活動前の児童の実態の把握，学習活動中の児童の学習状況の把握と改善，学習活動終末の児童の学習状況の把握と改善という，各過程に計画的に位置付けられることが重要である。また，全ての過程を通して，児童の実態や学習状況を把握したことを基に，適切な指導に役立てることが大切である。

　なお，総合的な学習の時間では，児童に個人として育まれるよい点や進歩の状況などを積極的に評価することや，それを通して児童自身も自分のよい点や進歩の状況に気付くようにすることも大切である。グループとしての学習成果に着目するのではなく，一人一人の学びや成長の様子を捉える必要がある。そうした評価を行うためには，一人一人が学習を振り返る機会を適切に設けることが重要である。

　今後は，教師一人一人が，児童の学習状況を的確に捉えることが求められる。そのためには，評価の解釈や方法等を統一するとともに，評価規準や評価資料を検討して妥当性を高めること（モデレーション）などにより，学習評価に関する力量形成のための研修等を行っていくことも考えられる。

図10-2　学習指導要領解説に見る評価の方法の要点

出所：文部科学省（2018：126〜127）より一部省略して抜粋（下線は筆者による）。

ではなく，児童生徒の学力保障や授業の立案・改善などのためのものとしても位置づけ，取り組みを進めることが肝要である。

学習課題　①　自身が参考にしたいと考える総合的な学習／探究の時間の実践事例の特徴や
工夫，課題を分析するとともに，その結果を他者と共有し，よりよい実践のあ
り方について議論しよう。

②　実践事例の分析結果や実践上の留意点などをふまえながら，自分なりの目指
す総合的な学習／探究の時間の学習指導案を作成してみよう。

③　総合的な学習／探究の時間を実践するにあたって教師に求められる役割や力
量を検討しよう。

引用・参考文献

天野正輝編著『総合的学習のカリキュラム創造──教育課程研究入門』ミネルヴァ書房，
1999 年。

木村裕「探究力を育てる教育課程」西岡加名恵編著『教職教養講座　第 4 巻　教育課程』協
同出版，2017 年，153〜176 頁。

教育課程審議会「幼稚園，小学校，中学校，高等学校，盲学校，聾学校及び養護学校の教育
課程の基準の改善について（答申）」1998 年。https://warp.ndl.go.jp/info:ndljp/pid/112
93659/www.mext.go.jp/b_menu/shingi/old_chukyo/old_katei1998_index/toushin/1310
294.htm（2021 年 9 月 5 日閲覧）

田中耕治「第 4 章　教育課程の思想と構造」田中耕治・水原克敏・三石初雄ほか『新しい時
代の教育課程　第 4 版』有斐閣，2018 年，141〜169 頁。

中央教育審議会「21 世紀を展望した我が国の教育の在り方について（第 1 次答申）」1996 年。
https://www.mext.go.jp/b_menu/shingi/chuuou/toushin/960701.htm（2021 年 9 月 5 日
閲覧）

西岡加名恵『教科と総合学習のカリキュラム設計──パフォーマンス評価をどう活かすか』
図書文化社，2016 年。

文部科学省『小学校学習指導要領（平成 29 年告示）解説　総合的な学習の時間編』東洋館
出版社，2018 年。

文部科学省「小学校，中学校，高等学校及び特別支援学校等における児童生徒の学習評価及
び指導要録の改善等について（通知）」2019 年 a。https://www.mext.go.jp/b_menu/
hakusho/nc/1415169.htm（2021 年 9 月 5 日閲覧）

文部科学省「小学校，中学校，高等学校及び特別支援学校等における児童生徒の学習評価及
び指導要録の改善等について（通知）」より「別紙 4　各教科等・各学年等の評価の観
点等及びその趣旨（小学校及び特別支援学校小学部並びに中学校及び特別支援学校中学
部）」2019 年 b。https://www.mext.go.jp/component/b_menu/nc/__icsFiles/afieldfile/
2019/04/09/1415196_4_1_2.pdf（2021 年 9 月 5 日閲覧）

文部科学省「小学校，中学校，高等学校及び特別支援学校等における児童生徒の学習評価及び指導要録の改善等について（通知）」より「別紙5　各教科等の評価の観点及びその趣旨（高等学校及び特別支援学校高等部）」2019年c。https://www.mext.go.jp/component/b_menu/nc/__icsFiles/afieldfile/2019/04/09/1415196_5.pdf（2021年9月5日閲覧）

文部科学省『高等学校学習指導要領（平成30年告示）解説　総合的な探究の時間編』学校図書，2019年d。

第11章

特別活動の教育課程と教育評価

　本章では，「特別活動」の教育課程ならびに教育評価に焦点をあてる。本文で示すように，特別活動には様々な教育活動が含まれる。本章での学びを通して，まずはその概要や実践上の要点などに関する理解を深めてもらいたい。そしてそのうえで，特別活動の教育課程を編成し，実施し，評価して改善を行うために必要となる力量の基礎を習得するとともに，自分なりの目指す実践のイメージを具体化させていこう。

1　特別活動の目標と内容の概要

（1）特別活動の目標
　「特別活動の一環として行われる学習活動を挙げてみましょう」「特別活動とは何を目指して行われる教育活動だと考えますか」と問われたら，あなたは何と答えるだろうか。運動会や遠足，修学旅行などを思い浮かべる人もいるだろう。学校教育における楽しいイベント，自分たちの力でつくり上げることが目指される活動，友達と一緒に協力してつくり上げるもの，などの答えが出てくるかもしれない。総合的な学習の時間や道徳と同じではないかという人もいるかもしれない。あるいは，まったく思いつかないという人もいるかもしれない。しかしながら，本書第10章において「総合的な学習／探究の時間」についても述べたように，「特別活動」が教育課程に位置づけられているということは，すなわち，この時間がなければ充分に扱うことが難しい学習活動や，習得が難しい力（資質・能力）が想定されているということを意味する。そこでまず，特別活動の目標と扱われる内容を概観しておこう。

表 11-1 「2017（平成29）年・2018（平成30）年告示学習指導要領」における「特別活動」の目標と内容の概要

	小学校	中学校	高等学校
目標	集団や社会の形成者としての見方・考え方を働かせ，様々な集団活動に自主的，実践的に取り組み，互いのよさや可能性を発揮しながら集団や自己の生活上の課題を解決することを通して，次のとおり資質・能力を育成することを目指す。 (1) 多様な他者と協働する様々な集団活動の意義や活動を行う上で必要となることについて理解し，行動の仕方を身に付けるようにする。 (2) 集団や自己の生活，人間関係の課題を見いだし，解決するために話し合い，合意形成を図ったり，意思決定したりすることができるようにする。 (3) 自主的，実践的な集団活動を通して身に付けたことを生かして，集団や社会における生活及び人間関係をよりよく形成するとともに，自己の生き方についての考えを深め，自己実現を図ろうとする態度を養う。	集団や社会の形成者としての見方・考え方を働かせ，様々な集団活動に自主的，実践的に取り組み，互いのよさや可能性を発揮しながら集団や自己の生活上の課題を解決することを通して，次のとおり資質・能力を育成することを目指す。 (1) 多様な他者と協働する様々な集団活動の意義や活動を行う上で必要となることについて理解し，行動の仕方を身に付けるようにする。 (2) 集団や自己の生活，人間関係の課題を見いだし，解決するために話し合い，合意形成を図ったり，意思決定したりすることができるようにする。 (3) 自主的，実践的な集団活動を通して身に付けたことを生かして，集団や社会における生活及び人間関係をよりよく形成するとともに，人間としての生き方についての考えを深め，自己実現を図ろうとする態度を養う。	集団や社会の形成者としての見方・考え方を働かせ，様々な集団活動に自主的，実践的に取り組み，互いのよさや可能性を発揮しながら集団や自己の生活上の課題を解決することを通して，次のとおり資質・能力を育成することを目指す。 (1) 多様な他者と協働する様々な集団活動の意義や活動を行う上で必要となることについて理解し，行動の仕方を身に付けるようにする。 (2) 集団や自己の生活，人間関係の課題を見いだし，解決するために話し合い，合意形成を図ったり，意思決定したりすることができるようにする。 (3) 自主的，実践的な集団活動を通して身に付けたことを生かして，主体的に集団や社会に参画し，生活及び人間関係をよりよく形成するとともに，人間としての在り方生き方についての自覚を深め，自己実現を図ろうとする態度を養う。
内容	〔学級活動〕 (1) 学級や学校における生活づくりへの参画 (2) 日常の生活や学習への適応と自己の成長及び健康安全 (3) 一人一人のキャリア形成と自己実現 〔児童会活動〕 (1) 児童会の組織づくりと児童会活動の計画や運営 (2) 異年齢集団による交流 (3) 学校行事への協力 〔クラブ活動〕 (1) クラブの組織づくりとクラブ活動の計画や運営 (2) クラブを楽しむ活動 (3) クラブの成果の発表 〔学校行事〕 (1) 儀式的行事 (2) 文化的行事 (3) 健康安全・体育的行事 (4) 遠足・集団宿泊的行事 (5) 勤労生産・奉仕的行事	〔学級活動〕 (1) 学級や学校における生活づくりへの参画 (2) 日常の生活や学習への適応と自己の成長及び健康安全 (3) 一人一人のキャリア形成と自己実現 〔生徒会活動〕 (1) 生徒会の組織づくりと生徒会活動の計画や運営 (2) 学校行事への協力 (3) ボランティア活動などの社会参画 〔学校行事〕 (1) 儀式的行事 (2) 文化的行事 (3) 健康安全・体育的行事 (4) 旅行・集団宿泊的行事 (5) 勤労生産・奉仕的行事	〔ホームルーム活動〕 (1) ホームルームや学校における生活づくりへの参画 (2) 日常の生活や学習への適応と自己の成長及び健康安全 (3) 一人一人のキャリア形成と自己実現 〔生徒会活動〕 (1) 生徒会の組織づくりと生徒会活動の計画や運営 (2) 学校行事への協力 (3) ボランティア活動などの社会参画 〔学校行事〕 (1) 儀式的行事 (2) 文化的行事 (3) 健康安全・体育的行事 (4) 旅行・集団宿泊的行事 (5) 勤労生産・奉仕的行事

出所：「2017（平成29）年告示小・中学校学習指導要領」「2018（平成30）年告示高等学校学習指導要領」をもとに筆者作成。

　表11 - 1 は，2017（平成29）年および2018（平成30）年に改訂された小・中・高等学校の学習指導要領に示されている特別活動の目標と内容の概要をまとめたものである。小学校についてみてみると，「集団や社会の形成者としての見方・考え方を働かせ，様々な集団活動に自主的，実践的に取り組み，互いのよさや可能性を発揮しながら集団や自己の生活上の課題を解決することを通して，次のとおり資質・能力を育成することを目指す」ことがその目標として示され，さらに，3 つの観点から，育成を目指す資質・能力が示されている。これらの3 つの観点は，学習指導要領全体を通して意識されている「知識及び技能」「思考力，判断力，表現力等」「学びに向かう力，人間性等」の 3 つの柱（本書第 3 章を参照）に対応するものである。目標については，中学校および高等学校についてもほぼ同様となっている。

（ 2 ）特別活動の内容

　内容については，「学級活動」（高等学校では「ホームルーム活動」），「児童会活動」（中・高等学校では「生徒会活動」），「クラブ活動」（小学校のみ），「学校行事」で構成されている。また，小・中・高等学校それぞれの学習指導要領の「第 1 章　総則」において，特別活動を要としながら各教科等の特質に応じて**キャリア教育**の充実を図ることが示されており，キャリア教育の推進に関しても，特別活動は重要な役割を与えられている。さらに，**安全教育**や**食育**の推進に関しても，特別活動は重要な役割を果たすことが期待されている。

　ところで，学習指導要領には，以上のような各内容相互の指導の関連を図ることの必要性や，特別活動と各教科，道徳科，外国語活動，総合的な学習の時間などの指導との関連を図ることの必要性も示されている。たとえば「学校行事」の 1 つである修学旅行に際して，社会科や総合的な学習の時間における学習で訪問先の歴史や伝統文化などについての学習を行うとともに，その学習をさらに深めるための調査課題を持って修学旅行に臨むようにするという取り組

⑴　なお，キャリア教育とは職業に関する教育活動（勤労観，職業観を育てる教育活動）という側面のみにとどまるものではなく，社会的・職業的自立に向けて必要な基盤となる資質・能力の育成を中心的な課題とするものである。

みも考えられる。また，食育について考えてみると，「学級活動」において望ましい食習慣の形成や食事を通した人間関係の向上などを目指すにあたり，国語や社会科，家庭科，道徳科，外国語活動などで，様々な国や地域の食習慣に関するテーマを取り上げたり，食事の際のマナーなどについての学習を行ったりすることも可能である。このように，特別活動を他の教科等と関連づけながら展開できるような教育課程編成を行うことによって，互いの学習活動の効果を高めるといった工夫を行うことも期待されているのである。

2　特別活動の特質と授業時数の取扱い

（1）特別活動の特質

『小学校学習指導要領（平成29年告示）解説　特別活動編』（以下，『小学校解説特別活動編』）では，特別活動の教育活動全体における意義に関して，図11-1のように述べられている（類似の内容が，中学校および高等学校に関しても示されている）。ここからわかるように，学級や学校の児童生徒集団が協力し合いながら共通の目標の達成に向けて問題解決を行い，よりよい学級や学校づくりに取り組んでいく点が，特別活動の重要な特質の1つである。

また，『小学校解説　特別活動編』では，特別活動において育成を目指す資質・能力やそれらを育成するための学習過程のあり方を，次の3つの視点で整理している。

1つ目は，「**人間関係形成**」である。これは，「集団の中で，人間関係を自主的，実践的によりよいものへと形成するという視点」であり，「年齢や性別といった属性，考え方や関心，意見の違い等を理解した上で認め合い，互いのよさを生かすような関係をつくることが大切である」とされている（文部科学省，2018：12）。

2つ目は，「**社会参画**」である。これは，「よりよい学級・学校生活づくりなど，集団や社会に参画し様々な問題を主体的に解決しようとするという視点」であり，「学校内の様々な集団における活動に関わることが，地域や社会に対する参画，持続可能な社会の担い手となっていくことにもつながっていく」と

> 　特別活動は，「集団活動」と「実践的な活動」を特質とすることが強調されてきた。
> 　学級や学校における集団は，それぞれの活動目標をもち，目標を達成するための方法や手段を全員で考え，共通の目標を目指し，協力して実践していくものである。特に，実践的な活動とは，児童が学級や学校生活の充実・向上を目指して，自分たちの力で諸問題の解決に向けて具体的な活動を実践することを意味している。したがって，児童による実践的な活動を前提とし，実践を助長する指導が求められるのであり，児童の発意・発想を重視し，啓発しながら，「なすことによって学ぶ」を方法原理とする必要がある。

図 11 - 1　特別活動の教育活動全体における意義（小学校）

出所：文部科学省（2018：30）。

されている（文部科学省，2018：12～13）。

　3つ目は，「**自己実現**」である。これは，「集団の中で，現在及び将来の自己の生活の課題を発見し，よりよく改善しようとする視点」であり，「自己の理解を深め，自己のよさや可能性を生かす力，自己の在り方や生き方を考え設計する力など，集団の中において，個々人が共通して当面する現在及び将来に関わる課題を考察する中で育まれると考えられる」とされている（文部科学省，2018：13）。

（2）特別活動に関する授業時数の取扱い

　小学校における特別活動の授業時数については，「学校教育法施行規則」の別表第1において，第1学年では34，第2～6学年では35（1単位時間は45分）とされたうえで，「学級活動（学校給食に係るものを除く。）に充てるものとする」とされている（中学校および高等学校については，1単位時間は50分）。そしてさらに，「2017（平成29）年告示小学校学習指導要領」において，図11-2のように定められている（類似の内容が，中学校および高等学校の学習指導要領にも示されている）。

　ここからわかるように，特別活動の教育課程を編成するにあたっては，大きく2つのことを検討する必要がある。1つ目は，学校給食に係るものを除く「学級活動」（高等学校では，「ホームルーム活動」）を年間35週以上にわたってどのように進めるのかという点である。新しい学級で学校生活をスタートする4月と，同じメンバーで様々な活動を行う経験を重ねてきた2月や3月とでは，

第2　教育課程の編成　／　3　教育課程の編成における共通的事項

(2)　授業時数等の取扱い

ア　各教科等の授業は，年間35週（第1学年については34週）以上にわたって行うよう計画
し，週当たりの授業時数が児童の負担過重にならないようにするものとする。ただし，各
教科等や学習活動の特質に応じ効果的な場合には，夏季，冬季，学年末等の休業日の期間
に授業日を設定する場合を含め，これらの授業を特定の期間に行うことができる。

イ　特別活動の授業のうち，児童会活動，クラブ活動及び学校行事については，それらの内容
に応じ，年間，学期ごと，月ごとなどに適切な授業時数を充てるものとする。

エ　総合的な学習の時間における学習活動により，特別活動の学校行事に掲げる各行事の実施
と同様の成果が期待できる場合においては，総合的な学習の時間における学習活動をもっ
て相当する特別活動の学校行事に掲げる各行事の実施に替えることができる。

図11-2　学習指導要領に見る特別活動の授業時数等の取扱い（小学校）

出所：「2017（平成29）年告示小学校学習指導要領」「第1章　総則」をもとに筆者作成。

同じ学級の同じ児童生徒であっても，人間関係や個々の能力には大きな違いが
みられるはずである。こうした点も念頭に置きながら，そしてまた，児童生徒
の人間関係の向上や個々の能力の育成にとって，どの時期にどのような学習活
動を組織することが効果的であるのかを考えながら，年間の計画を立てていく
のである。

　検討事項の2つ目は，「児童会活動」（中・高等学校では，生徒会活動），「クラ
ブ活動」（小学校のみ），「学校行事」を実施する時期や形態（ある特定の時期に集
中的に行うのか，年間を通して一定のペースで複数回に分けて実施するのか，など），
各活動にあてる授業時数の設定である。特に「学校行事」については，総合的
な学習／探究の時間における学習活動によって代替可能かどうか，また，可能
な場合に代替するのかどうかという点についても検討する必要がある。これら
の活動に関しては，学年全体や学校全体で行われるものも多いため，他の教師
との綿密な打ち合わせに基づいて検討を進めることが大切である。

　なお，教育課程編成は，それぞれの学習活動を通して身につけさせたい力
（教育目標）と扱うべき内容をふまえたうえで，対象とする児童生徒の実態や学
校の状況などに即して進めることが肝要である。次節では，学習指導要領に挙
げられた各内容について，それぞれの具体的な目標と内容を確認する。

3　特別活動の各内容に関する目標と内容

（1）学級活動・ホームルーム活動の特質と取り組みの方向性

　学級活動は，「学級や学校での生活をよりよくするための課題を見いだし，解決するために話し合い，合意形成し，役割を分担して協力して実践したり，学級での話合いを生かして自己の課題の解決及び将来の生き方を描くために意思決定して実践したりすることに，自主的，実践的に取り組むことを通して，第1の目標に掲げる資質・能力を育成することを目指す」（「2017（平成29）年告示小学校学習指導要領」「第6章　特別活動」「第2　各活動・学校行事の目標及び内容」「学級活動」の1）ことを目標とするものである（「第1の目標」とは，表11‐1に示した目標のことを指す）。そしてこの目標を達成するための内容が，表11‐2に示したように，「学級や学校における生活づくりへの参画」「日常の生活や学習への適応と自己の成長及び健康安全」「一人一人のキャリア形成と自己実現」の3つに分けて示されている。

　『小学校解説　特別活動編』ではまた，学級活動の3つのすべての活動に関して，図11‐3に示したように，「①問題の発見・確認→②解決方法等の話合い→③解決方法の決定→④決めたことの実践→⑤振り返り→次の課題解決へ」という形で繰り返される学習過程が例示されている（学習過程の例については，一部文言等に違いはあるものの，中学校ならびに高等学校についても類似の内容となっている）。なお，「①問題の発見・確認」の活動内容(1)に関する記述にある「議題」とは，学級や学校での生活をよりよくするために見出された，児童が共通して取り組むべき課題をもとに，児童によって提案されたことについて教師の適切な指導のもとに取り上げられる内容のことを指す。また，同(2)(3)に関する記述にある「題材」とは，教師が一連の活動で取り上げたいことをあらかじめ年間指導計画に即して設定したものを指す。題材としては，たとえば，健康の保持増進や防災，給食に関すること，係活動に関することなどが挙げられる。

　児童生徒の自発的で積極的な学習活動への参画を促すためには，解決を目指す課題が児童生徒の問題意識や生活実態と関連づけられることが重要である。

表11-2 学習指導要領に見る「学級活動」の内容（小学校）

（1）学級や学校における生活づくりへの参画
ア　学級や学校における生活上の諸問題の解決 　　学級や学校における生活をよりよくするための課題を見いだし，解決するために話し合い，合意形成を図り，実践すること。 イ　学級内の組織づくりや役割の自覚 　　学級生活の充実や向上のため，児童が主体的に組織をつくり，役割を自覚しながら仕事を分担して，協力し合い実践すること。 ウ　学校における多様な集団の生活の向上 　　児童会など学級の枠を超えた多様な集団における活動や学校行事を通して学校生活の向上を図るため，学級としての提案や取組を話し合って決めること。
（2）日常の生活や学習への適応と自己の成長及び健康安全
ア　基本的な生活習慣の形成 　　身の回りの整理や挨拶などの基本的な生活習慣を身に付け，節度ある生活にすること。 イ　よりよい人間関係の形成 　　学級や学校の生活において互いのよさを見付け，違いを尊重し合い，仲よくしたり信頼し合ったりして生活すること。 ウ　心身ともに健康で安全な生活態度の形成 　　現在及び生涯にわたって心身の健康を保持増進することや，事件や事故，災害等から身を守り安全に行動すること。 エ　食育の観点を踏まえた学校給食と望ましい食習慣の形成 　　給食の時間を中心としながら，健康によい食事のとり方など，望ましい食習慣の形成を図るとともに，食事を通して人間関係をよりよくすること。
（3）一人一人のキャリア形成と自己実現
ア　現在や将来に希望や目標をもって生きる意欲や態度の形成 　　学級や学校での生活づくりに主体的に関わり，自己を生かそうとするとともに，希望や目標をもち，その実現に向けて日常の生活をよりよくしようとすること。 イ　社会参画意識の醸成や働くことの意義の理解 　　清掃などの当番活動や係活動等の自己の役割を自覚して協働することの意義を理解し，社会の一員として役割を果たすために必要となることについて主体的に考えて行動すること。 ウ　主体的な学習態度の形成と学校図書館等の活用 　　学ぶことの意義や現在及び将来の学習と自己実現とのつながりを考えたり，自主的に学習する場としての学校図書館等を活用したりしながら，学習の見通しを立て，振り返ること。

出所：「2017（平成29）年告示小学校学習指導要領」「第6章　特別活動」「第2　各活動・学校行事の目標及び内容」をもとに筆者作成。

学級活動(1)：学級や学校における生活づくりへの参画
学級活動(2)：日常の生活や学習への適応と自己の成長及び健康安全
学級活動(3)：一人一人のキャリア形成と自己実現

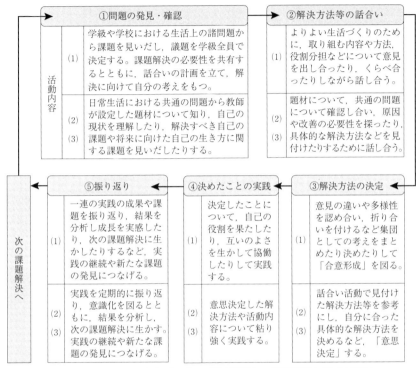

図11-3　学習指導要領解説に見る「学級活動」の学習過程の例（小学校）
出所：文部科学省（2018：45～46）の図をもとに筆者作成。

ただし，それだけでは充分ではない。児童生徒の発達段階や学級の状況などを
ふまえつつ，話し合いの際の意見の整理，児童生徒が気づいていない視点から
の考えの提示，一人ひとりが自身の考えを表現することを助けるワークシート
の作成，発言や役割分担が一部の児童生徒に偏らないようにするための指名や
声かけなどを教師が行うことで，学習活動の充実を図ることが肝要である。

（2）児童会・生徒会活動，クラブ活動，学校行事の特質と取り組みの方向性

　続いて，「児童会活動」（中・高等学校においては，生徒会活動），「クラブ活動」

表11-3　学習指導要領に見る「児童会活動」「クラブ活動」「学校行事」の内容

児童会活動
（1）児童会の組織づくりと児童会活動の計画や運営 児童が主体的に組織をつくり，役割を分担し，計画を立て，学校生活の課題を見いだし解決するために話し合い，合意形成を図り実践すること。
（2）異年齢集団による交流 児童会が計画や運営を行う集会等の活動において，学年や学級が異なる児童と共に楽しく触れ合い，交流を図ること。
（3）学校行事への協力 学校行事の特質に応じて，児童会の組織を活用して，計画の一部を担当したり，運営に協力したりすること。
クラブ活動
（1）クラブの組織づくりとクラブ活動の計画や運営 児童が活動計画を立て，役割を分担し，協力して運営に当たること。
（2）クラブを楽しむ活動 異なる学年の児童と協力し，創意工夫を生かしながら共通の興味・関心を追求すること。
（3）クラブの成果の発表 活動の成果について，クラブの成員の発意・発想を生かし，協力して全校の児童や地域の人々に発表すること。
学校行事
（1）儀式的行事 学校生活に有意義な変化や折り目を付け，厳粛で清新な気分を味わい，新しい生活の展開への動機付けとなるようにすること。 　例：入学式，卒業式，始業式，終業式，修了式，開校記念に関する儀式，教職員の着任式・離任式，新入生との対面式，朝会など
（2）文化的行事 平素の学習活動の成果を発表し，自己の向上の意欲を一層高めたり，文化や芸術に親しんだりするようにすること。 　例：学芸会，学習発表会，展覧会，作品展示会，音楽会，読書感想発表会，クラブ発表会，音楽鑑賞会，演劇鑑賞会，美術館見学会，地域の伝統文化等の鑑賞会など
（3）健康安全・体育的行事 心身の健全な発達や健康の保持増進，事件や事故，災害等から身を守る安全な行動や規律ある集団行動の体得，運動に親しむ態度の育成，責任感や連帯感の涵養，体力の向上などに資するようにすること。 　例：健康診断や給食に関する意識を高めるなどの健康に関する行事，避難訓練や交通安全，防犯等の安全に関する行事，運動会や球技大会等の体育的な行事など
（4）遠足・集団宿泊的行事 自然の中での集団宿泊活動などの平素と異なる生活環境にあって，見聞を広め，自然や文化などに親しむとともに，よりよい人間関係を築くなどの集団生活の在り方や公衆道徳などについての体験を積むことができるようにすること。 　例：遠足，修学旅行，野外活動，集団宿泊活動など
（5）勤労生産・奉仕的行事 勤労の尊さや生産の喜びを体得するとともに，ボランティア活動などの社会奉仕の精神を養う体験が得られるようにすること。 　例：飼育栽培活動，校内美化活動，地域社会の清掃活動，公共施設等の清掃活動，福祉施設との交流活動など

出所：「2017（平成29）年告示小学校学習指導要領」「第6章　特別活動」「第2　各活動・学校行事の目標及び内容」をもとに筆者作成。

（小学校のみ），「学校行事」の特質と取り組みの方向性を確認する。表11－3 は，それぞれの内容の一覧である（紙幅の都合上，小学校のもののみを示した）。[(2)]

　児童会（生徒会）活動とは，「異年齢の児童同士で協力し，学校生活の充実と向上を図るための諸問題の解決に向けて，計画を立て役割を分担し，協力して運営することに自主的，実践的に取り組むことを通して，第 1 の目標に掲げる資質・能力を育成することを目指す」（「2017（平成29）年告示小学校学習指導要領」「第 6 章　特別活動」「第 2　各活動・学校行事の目標及び内容」「児童会活動」の 1 ）ことを目標とするものである。具体的には，「代表委員会」や「保健委員会」などの異年齢集団をつくり，挨拶運動の計画・実施やインフルエンザ予防のためのポスターの作成などを通して学校生活をよくしていくための取り組みを行うことなどが挙げられる。

　クラブ活動とは，「異年齢の児童同士で協力し，共通の興味・関心を追求する集団活動の計画を立てて運営することに自主的，実践的に取り組むことを通して，個性の伸長を図りながら，第 1 の目標に掲げる資質・能力を育成することを目指す」（「2017（平成29）年告示小学校学習指導要領」「第 6 章　特別活動」「第 2　各活動・学校行事の目標及び内容」「クラブ活動」の 1 ）ことを目標とするものである。これは小学校のみに設定されているものであり，主に第 4 学年以上の同好の児童をもって組織され，学年や学級が異なる児童の集団によってその活動が行われる。なお，中学校と高等学校で行われる**部活動**は教育課程外の活動（課外活動）であり，学習指導要領に定められている教科・領域のなかに位置づけられているわけではない。ただし，中学校および高等学校の学習指導要領の総則において，「学校教育の一環として，教育課程との関連が図られるよう留意すること」が示されている（「2017（平成29）年告示中学校学習指導要領」「第 1 章　総則」「第 5　学校運営上の留意事項」の 1 のウ，および，「2018（平成30）年告示高等学校学習指導要領」「第 1 章　総則」「第 6 款　学校運営上の留意事項」の 1 のウ）。

　学校行事とは，「全校又は学年の児童で協力し，よりよい学校生活を築くた

---

(2)　なお，「児童会・生徒会活動」「クラブ活動」「学校行事」についても，学習指導要領の解説において，図11－3 に示した形の学習過程の例が示されているため，適宜参照されたい。

めの体験的な活動を通して，集団への所属感や連帯感を深め，公共の精神を養いながら，第1の目標に掲げる資質・能力を育成することを目指す」（「2017（平成29）年告示小学校学習指導要領」「第6章　特別活動」「第2　各活動・学校行事の目標及び内容」「学校行事」の1）ことを目標とするものであり，「儀式的行事」「文化的行事」「健康安全・体育的行事」「遠足・集団宿泊的行事」「勤労生産・奉仕的行事」の5つから成る。具体的な行事の例は，表11-3に示した通りである。これらの行事の実施にあたっては，それぞれの行事の目的や必要性などを児童生徒が検討したり理解したりするための機会を設定することや，お互いのよさを認め合って生かしたりお互いの弱点を助け合いによって補い合ったりすることが重要である。また，学校行事のなかには家庭や地域と連携しながら取り組むことが求められるものもあるため，教師には，連携体制を構築したりその連携を生かした計画立案や学習活動の推進に取り組んだりすることも求められるのである。

4　特別活動における教育評価の考え方と進め方

（1）学習指導要領にみる特別活動における教育評価のあり方

　特別活動における評価のあり方について，『小学校解説　特別活動編』では，図11-4のように示されている（類似の内容が，『中・高等学校学習指導要領（平成29・30年告示）解説　特別活動編』にも示されている）。

　図11-4に示したように，特別活動における評価に際しては，「活動の結果だけでなく活動の過程における児童の努力や意欲などを積極的に認めたり，児童のよさを多面的・総合的に評価したりすることが大切である」とされている。そのため，本書第4章で取り上げられたポートフォリオならびに**ポートフォリオ評価法**を活用し，児童生徒一人ひとりの学習の過程を丁寧に把握しながら評価を行うことも1つの方策となるだろう。この点については，次項に示す評価の観点の設定に加えて，ポートフォリオに収めるべき資料の選択，ポートフォリオなどを活用した**自己評価**や**相互評価**の実施方法や支援方法，児童生徒のよさを多面的・総合的に評価するための多様な評価方法の選択や組み合わせ方，

第 5 節　特別活動における評価

（前略）

　特別活動の評価において，最も大切なことは，児童一人一人のよさや可能性を積極的に認めるようにするとともに，自ら学び自ら考える力や，自らを律しつつ他人とともに協調できる豊かな人間性や社会性など生きる力を育成するという視点から評価を進めていくということである。そのためには，児童が自己の活動を振り返り，新たな目標や課題をもてるような評価を進めるため，活動の結果だけでなく活動の過程における児童の努力や意欲などを積極的に認めたり，児童のよさを多面的・総合的に評価したりすることが大切である。その際，集団活動や自らの実践のよさを知り，自信を深め，課題を見いだし，それらを自らの実践の向上に生かすなど，児童の活動意欲を喚起する評価にするよう，児童自身の自己評価や集団の成員相互による評価などの学習活動について，一層工夫することが求められる。なお，児童の自己評価や相互評価は学習活動であり，それをそのまま学習評価とすることが適切ではないが，学習評価の参考資料として適切に活用することにより，児童の学習意欲の向上につなげることができる。自己評価の活動としては，第 6 章の第 2 ［学級活動］の 3 の（2）において，学級活動（3）について，「学校，家庭及び地域における学習や生活の見通しを立て，学んだことを振り返りながら，新たな学習や生活への意欲につなげたり，将来の生き方を考えたりする活動を行うこと。その際，児童が活動を記録し蓄積する教材等を活用すること。」とされたことを活用することが考えられる。

　また，評価については，指導の改善に生かすという視点を重視することが重要である。評価を通して教師が指導の過程や方法について反省し，より効果的な指導が行えるような工夫や改善を図っていくことが大切である。

　さらに，特別活動の評価に当たっては，各活動・学校行事について具体的な評価の観点を設定し，評価の場や時期，方法を明らかにする必要がある。その際，特に活動過程についての評価を大切にするとともに，児童会活動やクラブ活動，学校行事における児童の姿を学級担任以外の教師とも共通理解を図って適切に評価できるようにすることが大切である。

図 11 - 4　学習指導要領解説に見る特別活動における評価のあり方

出所：文部科学省（2018：162）より抜粋（下線は筆者による）。

評価基準（ルーブリックなど）の作成と活用方法などを検討することなども必要となる。

（2）特別活動の評価の観点とその趣旨

　先述のように，特別活動では，クラス単位ではなく全校や学年を単位として行われる学習活動も多い。そのため，児童生徒に身につけさせたい力（教育目標）やどのような観点で児童生徒の状況を把握するのか（評価規準）などについて，学年や学校全体で共通理解を図り，教師が協働しながら個々の児童生徒

表11-4 特別活動の評価の観点およびその趣旨

観点	趣旨		
	小学校	中学校	高等学校
知識・技能	多様な他者と協働する様々な集団活動の意義や，活動を行う上で必要となることについて理解している。		
	自己の生活の充実・向上や自分らしい生き方の実現に必要となることについて理解している。 よりよい生活を築くための話合い活動の進め方，合意形成の図り方などの技能を身に付けている。	自己の生活の充実・向上や自己実現に必要となる情報及び方法を理解している。	
		よりよい生活を構築するための話合い活動の進め方，合意形成の図り方などの技能を身に付けている。	よりよい生活や社会を構築するための話合い活動の進め方，合意形成の図り方などの技能を身に付けている。
思考・判断・表現	所属する様々な集団や自己の生活の充実・向上のため，問題を発見し，解決方法について考え，話し合い，合意形成を図ったり，意思決定をしたりして実践している。	所属する様々な集団や自己の生活の充実・向上のため，問題を発見し，解決方法を話し合い，合意形成を図ったり，意思決定をしたりして実践している。	
主体的に学習に取り組む態度	生活や社会，人間関係をよりよく築くために，自主的に自己の役割や責任を果たし，多様な他者と協働して実践しようとしている。 主体的に自己の生き方についての考えを深め，自己実現を図ろうとしている。	生活や社会，人間関係をよりよく構築するために，自主的に自己の役割や責任を果たし，多様な他者と協働して実践しようとしている。	
		主体的に人間としての生き方について考えを深め，自己実現を図ろうとしている。	主体的に人間としての在り方生き方について考えを深め，自己実現を図ろうとしている。

出所：文部科学省（2019b／2019c）をもとに筆者作成。

の評価を行うことが重要となる。これは，「**目標に準拠した評価**」を実質的に進めるためにも不可欠の取り組みである。

　特別活動の評価の観点およびその趣旨については，「小学校，中学校，高等学校及び特別支援学校等における児童生徒の学習評価及び指導要録の改善等について（通知）」（2019年3月29日）において，表11-4に示した内容が参考として定められている。表11-4からわかるように，評価の観点だけでなくその趣旨についても，小・中・高等学校を通してほぼ同じ内容となっている。ここからは，まず，それぞれの観点で把握すべき児童生徒の学力（理解度，技能，問題の解決方法について話し合う力量，他者と協働する力など）が，小学校段階から高等学校段階にかけてどのように高まるのかを具体的にイメージしておくことの

必要性が指摘できる。これがなければ，その到達の度合いやさらなる力量向上のための取り組みの方向性などを把握することが困難になるためである。そしてさらに，学校階梯の違いを超えて継続的に個々の児童生徒の状況を評価し，指導と学習の改善につなげていくことも重要な課題となることが分かる。この点については，異なる学校階梯の教師が情報共有を行う方法を検討することも求められることが指摘できる。こうした取り組みを重ねることによって，特別活動を通した児童生徒の学力保障，ならびに，授業や教育課程の絶えざる改善を実現することが重要である。[3]

学習課題　① 自身が参考にしたいと考える特別活動の実践事例の特徴や工夫，課題を分析するとともに，その結果を他者と共有し，よりよい実践のあり方について議論しよう。
　　　　　　② 実践事例の分析結果や実践上の留意点などをふまえながら，自分なりの目指す特別活動の学習指導案を作成してみよう。
　　　　　　③ 特別活動を実践するにあたって教師に求められる役割や力量を検討しよう。

引用・参考文献

河村茂雄編著『特別活動の理論と実際——よりよい集団活動を通して「人間関係形成」「社会参画」「自己実現」の力を育む』図書文化社，2018年。

中村豊・原清治編著『新しい教職教育講座 教職教育編⑨ 特別活動』ミネルヴァ書房，2018年。

西岡加名恵編著『教職教養講座 第7巻 特別活動と生活指導』協同出版，2017年。

文部科学省『小学校学習指導要領（平成29年告示）解説 特別活動編』東洋館出版社，2018年。

文部科学省「小学校，中学校，高等学校及び特別支援学校等における児童生徒の学習評価及び指導要録の改善等について（通知）」2019年a。https://www.mext.go.jp/b_menu/hakusho/nc/1415169.htm（2021年9月5日閲覧）

文部科学省「小学校，中学校，高等学校及び特別支援学校等における児童生徒の学習評価及

⑶ なお，具体的な評価規準の作成方法や事例等については，国立教育政策研究所『「指導と評価の一体化」のための学習評価に関する参考資料 小学校 特別活動』（2020年）（https://www.nier.go.jp/kaihatsu/pdf/hyouka/r020326_pri_tokubetsuk.pdf）（2021年9月5日閲覧）なども参考になる。

　　び指導要録の改善等について（通知）」より「別紙4　各教科等・各学年等の評価の観
　　点等及びその趣旨（小学校及び特別支援学校小学部並びに中学校及び特別支援学校中学
　　部）」2019 年 b。https://www.mext.go.jp/component/b_menu/nc/__icsFiles/afieldfile/
　　2019/04/09/1415196_4_1_2.pdf（2021 年 9 月 5 日閲覧）

文部科学省「小学校，中学校，高等学校及び特別支援学校等における児童生徒の学習評価及
　　び指導要録の改善等について（通知）」より「別紙5　各教科等の評価の観点及びその
　　趣旨（高等学校及び特別支援学校高等部）」2019 年 c。https://www.mext.go.jp/compo-
　　nent/b_menu/nc/__icsFiles/afieldfile/2019/04/09/1415196_5.pdf（2021 年 9 月 5 日閲覧）

第12章

特別支援教育と教育課程編成

　学校には，障害のある子ども，外国にルーツを持つ子ども，病気の子ども，不登校の子ども，特定分野で突出した能力を発揮する子どもなど，特別な教育的ニーズを持つ子どもたちがいる。共通の教育課程を基礎として成り立っている日本の学校現場において，個々のニーズへの対応はどのように可能となるのだろうか。

　まずは，特別な教育的ニーズを持つ子どもたちの内実を知ってみよう。学校生活に即してこれらの子どもたちの困難を想像してみることで，求められる支援の方向性に気づくことができるはずである。また，特別支援教育の仕組みや教育課程の特徴を知り，通常の教育課程と比較してみよう。そして，これまで当たり前だと思ってきた通常の教育課程を問い直してみよう。通常の教育課程が多様性に応えるものになっているのかどうかを見直してみることは，特別な教育的ニーズを持つ子どもたちの学びをよりよいものにすることにつながるとともに，その他の子どもにとっても学習しやすい教室を作ることにつながっていくだろう。

1　障害等の困難を抱える子どもたちと学校生活

（1）特別支援教育の仕組み

　まず，教育課程の話をする前提として，**特別支援教育**の対象となるような障害のある子どもたちとはどのような子どもたちなのか，また，障害のある子ど

---

(1)　「障がい」「障碍」などの表記もあるが，ここでは学習指導要領などの文科省の文書類に準じて「障害」を使用する。また，障害とは個人に内在するものでも個人が選択的に持つ／持たないを選べるものでもなく，環境との相互作用のなかで生じるものであるという考え方をふまえて，「障害を持つ」ではなく「障害のある」という表現を用いる。

もたち以外には，どのような困難を抱える子どもたちが学校内にいるのかといった点を押さえておきたい。そこで本節では，特別支援教育の仕組み，対象となる子どもたち，そして彼らが学校生活で経験している困難について説明していく。さらに，障害以外の様々な困難を抱える子どもたちについても，その実態と学校生活上の困難を挙げていく。以下，本項では特別支援教育の仕組みをみていこう。

2006年の学校教育法改正によって特別支援教育が制度化され，2007年より開始されることとなった。特別支援教育では，通常の学級も含めた学校ぐるみの支援を重視していることや，発達障害の子どもへの支援に注目が集まったこと，**個別の教育支援計画**や**個別の指導計画**を活用しながら個々のニーズへの対応を充実させていること等に特徴があるといえる。また特別支援教育では，ユネスコのサラマンカ会議（1994年）で提唱され，国連の**障害者の権利に関する条約**（2006年採択，2008年発効）によって国際的に広まりつつある，**インクルーシブ教育**の理念も受けとめている。ここでいうインクルーシブ教育とは，学校が多様な子どもたちの存在を前提として，すべての子どもたちを包摂するようなあり方を目指す理念のことである。

このように導入された特別支援教育においては，まず，通常の学級にも障害児をはじめとする様々なニーズを持つ子どもたちが在籍しているという事実が再確認された。これを受けて，誰もが安心して学べる教室環境や，誰にとってもわかりやすい指導法，多様性を認め合える子ども集団の形成などが進められてきた。さらに，**特別支援学校，特別支援学級，通級による指導**といった特別な学びの場のあり方についても，これまでの蓄積を引き継ぎながら新たな発展が目指されている。たとえば特別支援学校については，自校の子どもたちに教育を行うだけではなく，地域の小・中学校への情報提供や助言を行うような「センター的機能」が重視されるようになった。また通級による指導では対象が拡大され，**自閉スペクトラム症**（ASD），**注意欠陥多動性障害**（注意欠如多動症，ADHD），**学習障害**（限局性学習症，LD）といった，いわゆる発達障害と呼ばれる障害への支援が明確にされた。

ここで，特別支援学校，特別支援学級，通級による指導の特徴を簡単に確認

しておこう。

　特別支援学校は，視覚障害，聴覚障害，知的障害，肢体不自由，病弱・身体虚弱の子どもたちを対象としており，1つの学校が1つの障害に特化している場合もあれば，知肢併置校といったように複数の障害種を対象としている場合もある。国によって示されている就学基準からは，特別支援学校が適していると判断される子どもたちは，比較的障害の程度が重い子どもたちであることがわかる（学校教育法施行令第22条の3）。1クラスの上限人数は6人（重度重複障害児の場合は3人）であり，指導にあたっては複数教員によるティーム・ティーチングが積極的に用いられている。なお，比較的軽度の知的障害児を対象として就労支援に力を入れているような，高等部のみの特別支援学校も最近は増加しつつある。

　特別支援学級は，弱視，難聴，知的障害，肢体不自由，病弱・身体虚弱，自閉症・情緒障害，言語障害の子どもたちを対象とする学級であり，通常の学校内に位置づけられている。1クラスの上限人数は8人である。特別支援学級は障害種ごとに学年の区分なく設置されるため，1つの学級内で学年や発達段階の様々な子どもたちが一緒に学ぶことになる。そこで，テーマや教材は学級全体で共有しながら，そのなかで一人ひとりに合わせた目標を設定するような授業づくりが工夫されている（同一教材異目標の授業）。さらに，特別支援学級の教育では，教育課程のすべてを特別学級内で履修するのではなく，ある時間は特別支援学級で学習し，また別の時間は同学年の通常の学級（交流学級）で学習するというような方式がとられる場合もある。

　通級による指導は，弱視，難聴，肢体不自由，病弱・身体虚弱，情緒障害，言語障害，自閉症，注意欠陥多動性障害，学習障害の子どもたちを対象としている。もともとは小・中学校のみで行われていたが，2018年度からは高等学校でも実施されるようになった。通級による指導を受ける子どもたちは，通常の学級に学籍があり，教育課程の大半は通常の学級で学習する。そのうえで，年間35〜280時間（学習障害児および注意欠陥多動性障害児の場合は10〜280時間）の範囲で通級指導教室に通い，支援を受けている。なお，通級による指導は自分の所属している学校内で行われるとは限らず，指導を受ける時間だけ近隣の

他の学校に移動するような他校通級という形態で実施されることもある。

　さらに，以上のような支援の形に加えて，入院中の子どもや，重度の障害によって家や施設を離れることが難しい子どものための学校外での支援も，特別支援教育は担っている。入院中の子どもたちには，病院の近くの特別支援学校や小・中学校によって院内学級が開設され，教育が行われている。院内学級の存在は，入院のせいで同級生から勉強が遅れてしまうという子どもたちの不安を軽減することにつながり，また，制限が多く受け身になりがちな入院生活のなかで積極的に物事に取り組む充実感を与えてくれるなど，重要な意味を持っている。

　一方，重度重複障害の子どもに対しては，**訪問教育**として，特別支援学級や特別支援学校に所属する教員が週2日，1回3時間の範囲で家や施設を訪問して教育を実施している。訪問教育の対象者のなかには，養護学校義務制実施以前に重度の障害のために施設に入所し，そのまま学校に通えなかった中高年の方々もおり，まさにすべての人に教育を受ける権利を保障するための貴重な仕組みとして機能している。

　以上のような，様々な特別な学びの場での支援と，通常の学級での多様性を受けとめる学級経営とが連続性を持って機能することで，障害のある子どもを含むすべての子どもが，必要な支援を受けながら学校という場に包摂されることが可能となる。

（2）障害のある子どもが学校生活で経験する困難

　続いて，特別支援教育の対象となるような障害のある子どもたちが学校，とりわけ通常の学校での生活のなかで，どのような困難を経験しているのかをみていきたい。障害のある子どもたちは，学校生活の色々な場面において「困り感」を抱えている。具体的な障害を想定して考えてみよう。たとえば視覚障害のある子どもたちは，校舎の廊下を走り回る同級生たちのことを「怖い」と感じているかもしれない。聴覚障害のある子どもたちにとっては，いつ誰が発言するかわからないような学級会の場面においては，声のする方向に注意を向けたり唇の形を見たりすることが難しく，流れについて行けないという辛さを感

じているかもしれない。肢体不自由の子どもたちは，教室移動に時間がかかる，校外学習の際にみんなと同じペースで移動できないという悔しさを感じているかもしれない。知的障害の子どもたちは，授業の内容を他の子どもたちと同じ速度で理解することが難しかったり，休み時間に友達と遊ぶ時のルールがよくわからなかったりして，不安な思いを抱えているかもしれない。病気の子どもたちは，頻繁に学校を休まなければならないことや，体力面で参加できない学習活動があることで焦りを感じているかもしれない。さらに発達障害の子どもたちのなかには，感覚に過敏があるために運動会での大きな音が辛かったり，文字を書くことが困難なために漢字練習の宿題が苦痛であったり，注意の持続が難しいために教師の指示を聞き落として課題を提出しそびれてしまったりというような困難を経験している子どもたちもいるだろう。

　このように書くと，障害のある子どもたちにとって学校生活は困難の連続であり，楽しみというよりもむしろ負担ではないかと感じる人もいるかもしれない。しかし，それは違う。もう一度，上記の様々な困り例をよく見返して考えてみてほしい。実は，上記の例のいずれも，学校側の配慮や工夫，同級生たちのちょっとした手助けによって乗り越えたり軽減させたりできるものである。

　たとえば，廊下を走るといった行為は誰にとっても危険である。また，教師の指示が口頭で長々と行われることで混乱する子どもたちは，発達障害の子ども以外にも少なくないだろう。このように，これまでの学校文化のなかで当たり前のように実施されていたり見逃されていたりしたことをあらためて見直すことが，障害のある子どもにとっても，ない子どもにとっても過ごしやすい学校へとつながると考えられる。また，校外学習での移動場面や休み時間の遊びの場面といったような，教師の目の届きにくいところで障害のある子どもたちが困っているときに，それに気づいて声をかけたり相談に乗ったりする子どもたちがいれば，不安感や嫌な気持ちはかなり軽減されるだろう。このように，周囲が障害のある子どもたちの困難について適切に理解し，手助けが必要なときに声をかけるということも大切である。さらに，学校での学習というものは，教育目標や教育内容を1つに限定し，それを決められた時間内ですべて習得しきることが必須なのだろうか。たとえば健康面で不安のある子どもたちは，体

育の授業に完全に参加することが難しい。一方で，実は健康な子どもたちのなかにも，体力や技能のばらつきはあり，学習内容がまったく合わずに困っているという子どもたちはいるはずである。指導の計画を立てたり，教材を決めたりする際に，それが目の前の子どもたちの実態と本当に合っているのか，得意な子と苦手な子とのそれぞれに対して，発展的な課題や補充的な課題を用意しておく必要はないのかといった点に注意を向けることで，誰にとっても学習しやすい教育内容や教材へと改良していくことが大切である。

　以上のように，障害のある子どもが安心して学べるような支援には，日常的な工夫や思いやりといった性質のものもあれば，それらとは異なり，教育目標や教育内容を見直すようなものもある。そして，これらの支援のなかには，障害のある子どものためだけの特別対応ではなく，指導全体を見直すことで，誰にとっても学びやすい環境につながるようなものも少なくない。このような，障害児教育の蓄積を生かしながら，すべての子どもにとってわかりやすい教室環境や授業を目指すような発想は，ユニバーサルデザインの考え方とも通ずるものとして重要であろう。

（3）障害以外の多様なニーズを持つ子どもたちが学校生活で経験する困難

　さて，今日の学校においては，障害のある子どもの困難と同時に，障害以外の様々なニーズのある子どもの困難も見逃すことができない。たとえば，外国にルーツを持つ子どもたちのなかには，学校での学習の基礎となる日本語能力が不足している，日本の学校文化になじめないといった理由で，学習や生活に困難を感じている子どもたちがいる。不登校の子どもたちのなかには，学校に行けないことに対する罪悪感といった精神的な辛さや，学力面での遅れといった困難を抱えている子どもたちがいる。経済的に厳しい状況に置かれた子どもたちのなかには，食事を十分にとれず学習に集中できない，教具の購入や行事への参加にかかる費用を払えないといった困難を抱えている子どもたちがいる。

　以上のような障害以外の多様なニーズについては，現在の日本では特別支援教育の範疇にはない。ただし，諸外国では日本の特別支援教育にあたるようなspecial education の対象として，母語の異なる子どもや，特定分野に突出した

才能を持つ「ギフテッド」と呼ばれる子ども等が含まれる場合があり，カリキュラムの履修速度を通常と変えることができたり，通常の授業とは異なる指導が補充的に提供されたりしている。日本においても，これらの多様なニーズに対する教育課程上での配慮は，今後考えなければならない問題であるし，実際に，一部では後述するような特別な教育課程が認められ始めている。

　ここまで，本節では，障害をはじめとする様々なニーズや困難を紹介してきた。このような子どもたちが安心して学べる学校をつくっていくためには，教師が子どもたちの困難を理解し，教室環境や指導言に工夫を行ったり，他の子どもたちとの相互理解を促すような働きかけを行ったりすることが必要になってくる。さらには，こういった教育方法面での対応だけではなく，「何を学ぶのか」といった教育課程面での工夫や配慮もまた，誰にとっても豊かな学びを保障できるような学校の実現につながることがわかる。次節では，この教育課程という点に注目し，「2017（平成29）年告示特別支援学校小学部・中学部学習指導要領」・「2019（平成31）年告示特別支援学校高等部学習指導要領」の内容もふまえながら特徴を説明していく。

2　障害のある子どもに対する教育課程上の配慮

（1）特別支援学校学習指導要領の特徴
① 特別支援学校学習指導要領とはどのようなものか

　通常の小学校，中学校，高等学校の教育内容がそれぞれの学習指導要領によって規定されているのと同様に，特別支援学校の教育内容は**特別支援学校学習指導要領**によって規定されている。特別支援学校学習指導要領では，対象となる各障害に応じた教育内容が示されており，特別支援学級や通級による指導の教育課程づくりにおいても参考にしてよいことになっている。

　特別支援学校学習指導要領を通常の小・中・高等学校の学習指導要領と比較してみると，共通している点もある。たとえば，義務教育段階の視覚障害児，聴覚障害児，肢体不自由児，病弱・身体虚弱児に対する教科の教育内容は，通常の学習指導要領に準ずることになっている。

一方で相違点もある。まず，特別支援学校学習指導要領には**自立活動**という独自の領域がある。これは，「個々の児童又は生徒が自立を目指し，障害による学習上又は生活上の困難を主体的に改善・克服するために必要な知識，技能，態度及び習慣を養い，もって心身の調和的発達の基盤を培う」(「2017（平成29）年告示特別支援学校小学部・中学部学習指導要領」「第7章　自立活動」「第1　目標」)ための領域であり，「健康の保持」「心理的な安定」「人間関係の形成」「環境の把握」「身体の動き」「コミュニケーション」という6つの分野が含まれている。自立活動の指導にあたっては，この6つの分野のいくつかを組み合わせて教育内容が組み立てられている。具体的な指導としては，視覚障害児に対して白杖を用いた移動の練習を行ったり，自閉症児に対して他者と理解し合い関わり合っていけるようなコミュニケーションの練習を行ったりといった内容である。

　また，特別支援学校学習指導要領では，知的障害児に対して教科の教育内容が独自に示されている点も通常の学習指導要領とは異なっている。知的障害児のための教科教育は，小学校段階において理科，社会，家庭科，外国語がなく，そのかわりに生活科が6年生まで実施されたり，中学校段階において技術・家庭科ではなく職業・家庭科が設けられていたりといった点で，教科の構成に独自性がある。加えて，各教科の教育目標や教育内容が学年ごとではなく発達に応じた段階に区分して示されている。

② 　特別支援学校学習指導要領の新たな変化

　このような特別支援学校学習指導要領は，2017（平成29）年・2019（平成31）年の改訂によって特に知的障害児向けの教科教育の記載に大きな変化がみられた。まず，従来は小学部3段階，中学部と高等部はそれぞれ1段階であった教育内容の区分が，中学部，高等部ともに2段階へと変更された。また，以前は教科内の下位区分なしに示されていた教育内容が，通常の小・中・高等学校学習指導要領に準じて分野ごとに区分され，細かく示されるようになった。このような変化は，知的障害のある子どもに対する教科教育をより充実したものにしていく可能性と，個々の教育実践における創意工夫の余地を狭めてしまう危険性の両面があると考えられるため，注意が必要であろう。

（2）通常の教育課程内での障害のある子どもへの配慮

　障害のある子どもに対する教育課程上の配慮は，通常の小・中・高等学校の学習指導要領解説にも示されている。たとえば『小学校学習指導要領（平成29年告示）解説　算数編』には，「障害等のある児童への指導」として「文章を読み取り，数量の関係を式を用いて表すことが難しい場合，児童が数量の関係をイメージできるように，児童の経験に基づいた場面や興味ある題材を取り上げたり，場面を具体物を用いて動作化させたり，解決に必要な情報に注目できるよう文章を一部分ごとに示したり，図式化したりすることなどの工夫を行う」（文部科学省，2018：327）といった内容が例示されている。ここからは，通常の学級の授業内で共通の教育内容を指導していく場合であっても，教材や教具の一部変更を視野に入れながら，子どものニーズに対応していくことが求められているとわかる。

（3）重度重複障害の子どもの教育課程

　障害のある子どもたちのなかには，身体面の障害と知的障害の両方をあわせ持ち，かつその両方が「重度」といわれるような範疇にある子どもたちがいる。重度重複障害児や重症児と呼ばれる子どもたちである。このような子どもたちにとっては，通常の教科学習も知的障害児向けの教科学習も，発達の実態に合わない場合が少なくない。そこで，重度重複障害児には自立活動を中心とした教育課程を編成することが可能とされている。自立活動は，基本的には個々の子どもの障害の状態やそこから生じる困難の実態に応じて教育内容が決められるが，指導形態を個別指導に限定するものではない。重度重複障害児の自立活動を中心とした教育課程においては，大きなシートにみんなで乗って一緒にゆさぶり遊びを楽しむ活動や，思い思いの姿勢でともに人形劇を鑑賞する活動など，心地よさや楽しさを集団で共有しながら学べるような教育活動が工夫されている。

　なお，重度重複障害児の教育課程は教科教育を完全に切り離してしまっているわけではない。障害の重い子どもたちにも，教科によって伝えられるような文化の享受を保障すべきであるとの思いから，教科の視点を意識しながら教

表 12-1　個別の指導計画様式例

番号	学年	学級種別	交流学級	本人・保護者の願い		
氏名（イニシャル）			性別	担任の願い		
児童生徒の実態	学習面			生活面	その他の配慮事項（行動・社会性等）	
関係機関等の助言						
年間目標						
領域・教科等	今期目標		支援の具体的方法		評価	次期への課題
各教科等を合わせた指導						
教科別						
領域別						
その他の指導						

出所：滋賀県教育委員会（2014：104）をもとに筆者作成。

育課程を構成する試みがなされてきた。たとえば，「みる・きく・はなす」「ふれる・えがく・つくる」「うた・リズム」「からだ」といったように，通常の教科より広いまとまりのもとで，言語文化，芸術，自然科学，運動文化等の多様な文化的内容にふれる教育課程が構想されている（三木・原田，2009）。

（4）個別の指導計画

　さて，ここまで障害のある子どもの教育課程についてみてきた。最後に忘れてはいけないものとして，個別の指導計画について紹介しておきたい。個別の指導計画とは，障害のある子どもたちそれぞれについて作成される包括的な指

導計画である。特別支援学校や特別支援学級に在籍する子どもたちに対して作成が求められており，さらに，通常の学級に在籍する障害のある子どもたちについても作成することが望ましいとされている。

　個別の指導計画には，子どもの実態（障害の種類，知能検査や発達検査などの検査類の結果，生育歴，日常生活での様子や困難なことなど）や短期・中期・長期の目標，前年度の達成と課題や今年度の達成と次年度への課題といった内容が含まれている（表12 - 1）。障害のある子どもたちは，一人ひとりが発達の状態に大きな違いを持っているが，その実態をよく理解し，見通しを持って教育を実施していくために必要な情報が個別の指導計画には集約されているといえる。

　本節では，障害のある子どもの教育課程について概説してきた。障害と一口にいっても，種類も程度も様々であり，学ぶ場にも幅がある。一人ひとりにきめ細かに対応できるような特別支援教育の教育課程を考えるためには，本人の思いや特性をよく把握したうえで，特別支援学校学習指導要領と通常の学習指導要領の双方をふまえながら，個別の指導計画を作成し活用していくことが求められるだろう。

3　障害以外の教育的ニーズに対応する教育課程

（1）日本語指導の必要な子どものための教育課程上の配慮

　最後に，特別支援教育の対象とはならないが，共通の教育課程を履修するうえでの困難を抱えている子どもたちとして，日本語指導の必要な子どもたち，才能児，不登校の子どもたちを取り上げて，特別な教育課程上の対応について考えてみたい。

　2021 年現在，日本国内には**外国にルーツを持つ子ども**たちが多数おり，今後も増加が予想される。これらの子どもたちの置かれている状況は一様ではなく，そこから生じる困難も様々である。たとえば母語は，ポルトガル語やスペイン語，中国語が相対的に多いが，その他の言語を母語とする子どもたちも少なからずおり，言語によっては通訳者の確保がかなり困難な場合もある。また，海外で幼少期を過ごした後に来日した子どももいれば，日本国内で出生した子

どもたちもいる。さらに，保護者の日本語習得状況には幅があり，保護者が子どもの日本語学習を支援できる場合がある一方で，子どものほうが保護者と学校との間で通訳の役割を担わなければならないような場合もある。このような違いの結果として，ルーツを持つ国の言語と日本語の両方を十分に習得し，それを生かして高等教育まで学習を有利に進めていける者がいる一方で，母語の能力も日本語の能力も不十分なものにとどまり，学校教育からドロップアウトしてしまったり就労に困難を抱えたりする者もいる。以上のような困難に対して，学校現場ではどのような支援が可能なのだろうか。

文部科学省は，2016年に学校教育法施行規則の一部を改正し，在籍学級の教育課程の一部に替えて，**日本語指導のための特別の教育課程**を履修することを認めた。これを受けて学校現場では，**日本語指導教室や国際教室**といった特別な指導の場を設置して支援を充実させていっている。これらの場で学習できる時間は概ね10〜280時間の範囲とされており，指導者は教員免許を保持する者とされている（文部科学省，2019）。ただし，適宜補助をつけることが認められている。日本語指導教室や国際教室は，語学力が育成されることに加えて，少人数で安心して学べる，同じ悩みを抱えた子どもと過ごせるといった点でも子どもたちの支えとなっている。

一方で，日本語指導教室や国際教室にいるときは楽しいが，通常の学級に戻りたくないと訴える子どもたちもみられる。ここからは，通常の学級が，言語や文化の異なる子どもたちにとっても安心して学べる場となることや，通常の学級と日本語指導教室や国際教室とのいっそうの連携が今後求められると考えられる。また，外国にルーツを持つ子どもたちのなかには，日本で学校教育を送るなかで母語や母国の文化と疎遠になってしまい，保護者や親戚との関係性に困難が生じてしまう子もいる。ここからは，日本語や日本文化への適応こそが困難の解消方法だという単純な見方をするのではなく，自分のルーツとなるような文化を知り，それを互いに交流して理解し合うような教育活動もまた，教育課程内に含まれる必要があると考えられる。

（2）才能児のための教育課程上の配慮

　日本の公教育のなかでは，共通の教育課程を外れるような特別な対応は，何らかの原因によって共通の教育課程のレベルに到達できない子どもたちに対して行うというイメージがある。しかしながら，他国においては，特定の分野できわめて優秀な能力を持ち，共通の教育課程の内容を超えて発展的な学習を行うことが適している子どもたちに対しても，特別な対応を行っている例が珍しくない。**才能教育やギフテッド教育**と呼ばれるものである。日本国内においても，少数ながら，一部の自治体や私立学校等で試みが始まっている。

　才能教育のなかでは，特定の分野について通常の教育課程を超えた応用的な内容を学び，最先端の研究成果を体験し，また自由な発想で探究を進めるといった経験が確保されている。一方で，このような教育は，単に得意分野を伸ばすことだけに目を向けているわけではない。特定の分野で突出した能力を持つとともに発達障害の傾向もある子ども（２E〔Twice-Exceptional〕の子ども）もいることをふまえて，苦手なことや生きるうえでの困難さへの支援もまた大切にされている。

（3）不登校の子どものための教育課程上の配慮

　様々な事情から不登校状態にある子どもたちも，学校での学習や各種活動を通して得られるはずの経験が保障されないことや，出席日数が不足することによって進路決定時に不利益を被ることなどの問題を抱えており，支援を必要としている。不登校の子どもたちの学習を保障する手立てとしては，教育委員会によって**適応指導教室**が開設されている。適応指導教室では，教科の学習だけではなく，体験的な活動も取り入れた教育課程が組まれている。学習は，個別指導と集団指導を組み合わせながら進められるほか，フリータイムを設けるなど自分のペースで学べるよう工夫もなされている。ここでの学びは一定要件を満たせば指導要録上の出席として扱うことが可能である。

　また，小・中・高等学校では，必要と認められる場合には，文部科学大臣の指定を受けて，**不登校児童生徒を対象とする特別の教育課程**を編成することが認められている。不登校特例校と呼ばれる学校である。これは，もともとは特

区措置によって始まった試みであるが，文部科学省告示「学校教育法施行規則第56条等の規定に基づく同令の規定によらないで教育課程を編成することができる場合」（2005年7月6日）によって全国化し，2023年度時点では分教室も合わせると全国で24校が設置されている。内訳としては中学校の割合が高く，運営形態としては公立の場合もあれば私立の場合もある。これらの学校では，学年を超えた習熟度別の学習や，社会とのつながりを実感できるような実習型や体験型の学習，コミュニケーションやソーシャルスキルを育てるような学習，ものづくり学習など，通常の教育課程に含まれないような学習活動や教科・領域を融合したような教育活動を提供している。また，教育を行っていくうえで，個に応じた指導が大切にされている。

　さらに，各種のフリースクールでの学びを学校での学びに替わるものとして認め，出席日数を認定していく動きもある。学校という場で共通の教育課程に沿って学ぶという形態を取らずとも，それと同等の質を持つ学びであれば，その価値が認められるようになってきているといえるだろう。

4　多様性に応える教育課程のために

　本章では，特別支援教育を中心として，様々なニーズを持つ子どもたちの学びを保障するような教育課程のあり方を考えてきた。振り返ると，そこには2つの方向性を見出すことができる。1つは，共通の教育課程自体を，多様性を受けとめるようなものへと変えていくことである。もう1つは，共通の教育課程に替えて，あるいは共通の教育課程に加えて，特別な教育課程の履修を認めることである。この両面からの取り組みがあることで，共通の教育内容を学ぶ可能性や権利を保障することと，個々のニーズに十分に対応することを，ともに学校教育のなかで実現しうる。今後は，この両面について，実践の蓄積をふまえて，よりよいものにしていくことが求められる。

学習課題 ①　障害のある子どもたちが学校教育の各場面で経験する困難を挙げて，教育課程の工夫によって対応できることは何かを考えてみよう。
②　自分の暮らす自治体において，障害以外の様々な困難を抱える子どもたちのための支援の場が，どこに，どのように設けられているのかを調べてみよう。

引用・参考文献

奥地圭子『フリースクールが「教育」を変える』東京シューレ出版，2015年。

滋賀県教育委員会「特別支援教育ガイドブック　改訂版」2014年。https://www.pref.shiga. lg.jp/file/attachment/2040687.pdf（2021年8月30日閲覧）

関内偉一郎『アメリカ合衆国における才能教育の現代的変容——ギフテッドをめぐるパラダイムシフトの行方』三恵社，2020年。

玉村公二彦・黒田学・向井啓二ほか編『新版・キーワードブック特別支援教育——インクルーシブ教育時代の基礎知識』クリエイツかもがわ，2019年。

三木裕和・原田文孝『重症児の授業づくり』クリエイツかもがわ，2009年。

宮尾益知「発達障害と不登校——社会からの支援がない子どもたち：2Eの観点から」『リハビリテーション医学』56（6），2019年，455〜462頁。

茂木俊彦『障害児教育を考える』岩波新書，2007年。

文部科学省『小学校学習指導要領（平成29年告示）解説　算数編』日本文教出版，2018年。

文部科学省総合教育政策局男女共同参画共生社会学習・安全課編著『外国人児童生徒受入れの手引　改訂版』明石書店，2019年。

文部科学省「不登校特例校の設置に向けて【手引き】」2020年。https://www.mext.go.jp/ content/20200130-mxt_jidou02_000004552-1.pdf（2021年8月30日閲覧）

補 章

各国の教育課程

　本章では，日本以外の国々の教育課程についてみていく。他国との比較を通して，日本の教育課程の特徴や意義，課題などに関する理解を深めるとともに，今後のよりよい教育課程の実現に向けた取り組みの方向性や可能性を検討していきたい。なお，ここでは紙幅の都合上，6カ国を取り上げるとともに，各国の教育制度の概要を述べたうえで，特に注目したいポイントに絞って説明する。興味を持った国については，参考文献等をもとにして学習を深めてみよう。

1　アメリカ

（1）アメリカの教育制度の概要

　アメリカ合衆国（以下，アメリカ）は，50の州および連邦区等から成る国家である。連邦教育省はあるが，その役割は主に調査やマイノリティ等の機会均等のための施策を実施することにあり，基本的には教育に関する権限は各州に委ねられている。そのため義務教育の開始年齢や年数も州ごとに多少の違いがある。一般的には，6歳で就学し，後期中等教育を終えるまでの12年間を義務教育とする場合が多いようである（図補 - 1）。

　アメリカは，世界を牽引するその力強いイメージとは裏腹に，子どもたちの学力については常に問題を抱え，対応を迫られてきた。たとえば1950～1960年代にかけては，東西冷戦下において科学技術を担う人材の育成が要請されるなかで，生徒たちが高校卒業時点で十分な理科や数学の学力を身につけていないことが露呈し，カリキュラムの見直しが求められた。また一方では，低所得層の子どもやマイノリティ家庭の子どもが初等教育開始時点ですでに出遅れて

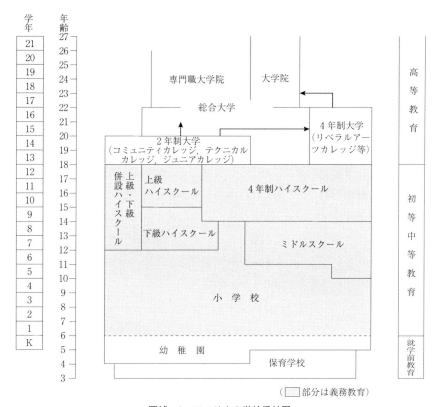

図補 - 1　アメリカの学校系統図

出所：文部科学省「1.1.1.2 アメリカ」。

しまっていることが明らかとなり，補償教育による問題の解決が目指された。

　このように異なる様々な角度から学力問題への取り組みが持ち上がっては，対応が模索されてきたアメリカであるが，特に近年の傾向としては，教育の成果（outcome）に注目して問題の解決を図ろうとする動きが続いている。この動きは，たとえば教育内容スタンダードや教員の資質・能力スタンダードのような，子どもや教員に求める能力や目指すべき目標を明文化した各種スタンダードの設定につながっている。また，州ごとの学力テストによる教育の成果の把握，そして，そのテスト結果を根拠とした学校や教員への処遇といったこともみられる。このようなスタンダードとして明文化された基準や，統一的な

学力テストに基づく教育判断は，一見，透明性が高く合理的な仕組みのようである。しかし，実際には様々な課題が内包されている。

（2）スタンダードに基づく教育の課題

　たとえば教育成果を判断する基準や評価方法は，すべての生徒にとって公平・公正なものであることが求められる。ここで問題となるのが，アメリカは民族，言語，文化，宗教，社会経済的状況などの面で非常に幅広い人々から成る国家だという点である。このような状況下で，あらゆる子どもが目指すべき共通の教育目標を設定することには困難がつきまとう。なぜなら，ある教育目標が特定のグループにのみなじみやすく，他のグループにとっては不利なものとなってしまうおそれがあるためである。また，幅広い子どものすべてに該当するような内容を追求するなかで，特定の地域や文化に特有の重要な事項が，カリキュラムから捨象されてしまうという問題も起こってしまう。

　さらに，目標への到達度を評価するための手法も，すべての子どもに適したようなものにするのは簡単ではない。たとえば，ごく一般的なテスト形式である書き言葉で問題文や選択肢を提示するという方法でも，英語を母語としない子どもたちや障害のある子どもたちにとっては，問題文を読めなかったり，指定された方法による解答ができなかったりといった問題が起こりうる。

（3）多様性の尊重と学力保障との両立を目指して

　教育成果を重視した現代アメリカの教育には以上のような課題があるが，実践のなかには解決の糸口もみられる。たとえば，共通の教育目標を設定することと，個々の地域や文化に固有の事象を尊重することとの両立については，アラスカ州におけるカリキュラム改革の取り組みが参考になる。アラスカ州では1998年に，「生徒」「教育者」「カリキュラム」「学校」「コミュニティ」の5分野から成る**文化スタンダード**（Alaska Standards for Culturally Responsive Schools）が作成された。この文化スタンダードは，州の教育内容スタンダードに沿いながらも，実生活での経験を通した学習や，地域の文化を通して教えることといった教育方法を重視していくためのガイドの役割を果たすものである。作成

に際して先住民族の大人たちが積極的に関与している点や，州の教育内容スタンダードと対立するものではなく補完するものとして位置づけられている点などは注目に値する。

　一方，評価場面において様々な子どもたちのニーズに応えるような取り組みとしては，各州の学力テストにおいて実施されている**アコモデーション**（accommodation）や**代替的な評価**（alternate assessment）などが参考になる。アコモデーションとはテストの内容を変更しない範囲で可能な各種支援のことを指し，具体的には問題の読み上げ，解答時間の延長，代筆や代理入力といったようなものがある。また，代替的な評価の具体例としては，障害のある子どものために特別な教育内容スタンダードを設定し，そのスタンダードに沿ったテスト問題や評価方法で評価を行うといったような取り組みが挙げられる。

　どのような教育政策にも正の面と負の面がある。教育成果に注目し，共通のスタンダードや学力テストを軸とする教育政策は，教育の質を担保しようというポジティブな面を持ちつつも，多様性を脅かすという問題点もある。その事実を理解したうえで，目の前の子どもたちの多様なニーズやバックグラウンドを受けとめられるような方策をいかに見出していくのか。引き続き，アメリカの学校や地域での取り組みに注目してみてほしい。

2　イギリス

（1）イギリスの教育制度の概要

　イギリスの正式名称はグレートブリテンおよびアイルランド連合王国であり，イングランド，ウェールズ，スコットランド，そして北アイルランドという4つのカントリーから構成される国である。2014年のスコットランド独立に関わる住民投票や，2019年のブレグジット（Brexit）など，イギリスは話題に事欠かない国の1つである。本節では，人口が集中し，首都ロンドンを含むイングランドに着目する。

　図補-2に示した通り，イギリスの学校教育において，義務教育は5歳から11歳の子どもが受ける初等教育と11歳から16歳の子どもが学ぶ中等教育前期

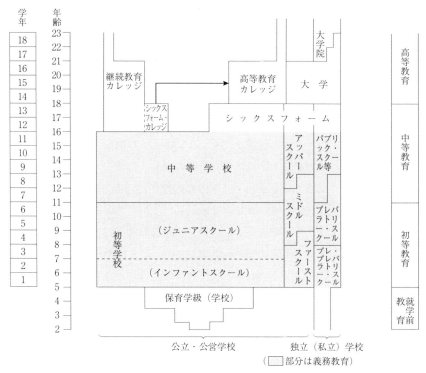

図補-2 イギリスの学校系統図

出所：文部科学省「1.1.1.3 イギリス」。

から構成されている。義務教育後は，大学進学を希望する場合は，2年制の
シックスフォーム（6th Form）で学び，大学（3年制や5年制）へと進学する。
また，就職に向けた職業教育を受け，資格取得を目指す継続教育カレッジに進
学することもできる。

　イギリスの学校には公立・公営学校のほか，古くからの伝統を持つ独立（私
立）学校がある。公立・公営学校は次項で詳しく述べる**ナショナル・カリキュ
ラム**に沿った教育を行うことになっている。小学校を卒業すると，ほとんどの
子どもは無試験で総合制学校（コンプリヘンシブ・スクール）へと進学する。

　他方で，パブリック・スクール（public school）に代表される私立学校は独自
のカリキュラムのもとで教育が行われている。パブリック・スクールは映画

『ハリー・ポッター』シリーズの魔法学校のモデルとなった中等学校であり，映画のように寄宿制を残している学校も多くある。私立名門校として人々に知られ，多くのエリートを輩出してきた学校でもある。入学試験が行われるとともに，多額の授業料が必要な学校であり，中・上流家庭の子どもが進学する。優れた教育と豊かな伝統を持つ反面，階級による人々の分断を維持してきた側面もある。

（2）ナショナル・カリキュラムとその評価

　1988年の教育法改革以降，日本の学習指導要領に相当するナショナル・カリキュラムが編成され，全国共通の教育課程のもとで，義務教育が行われている。ナショナル・カリキュラムでは，5歳から16歳までの義務教育の11年間を，4段階のキー・ステージ（Key Stage；KS）に分け，学習内容の指針を示している。2014年に改訂された版では，各キー・ステージにおいて指導される教科は，表補−1に示した通りである。2020年9月から，性教育が「人間関係と性の教育」へと変更され，KS1とKS2においては，性教育部分が除かれて「人間関係の教育」が行われている。

　さて，ナショナル・カリキュラムは評価とセットで示されている点に，イギリスの教育の特徴がある。2014年版では第1学年には，英語の発音に関わる「フォニックス・テスト」，第2学年，および，第6学年には，中核教科である英語（国語），算数・数学，理科について全国共通カリキュラム・テストが実施される。テストとともに教員による評価も行われ，双方の結果についての，全国平均，地方の平均，学校別の平均が公表されている。

　また，義務教育終了時点の第11学年になると，生徒は中等教育修了一般資格試験（GCSE）や職業資格試験など外部の試験団体による教科ごとの資格試験を受ける。GCSEでは筆記試験が行われ，受験者は8〜10科目程度受験する。2019年からほとんどの科目で9〜1の9段階（一部，A*〜Gの8段階）で教科ごとに成績が付与されるようになった。また，試験の結果とともに教員による教育評価の結果も反映されたうえで最終的な成績が出される。1は不合格であり，9〜4がよいとされる。学校ごとの成績はパフォーマンス・テーブル

表補-1　ナショナル・カリキュラム

	KS1	KS2	KS3	KS4
年齢	5-7	7-11	11-14	14-16
学年	1-2	3-6	7-9	10-11
中核教科				
英語（国語）	○	○	○	○
算数・数学	○	○	○	○
理科	○	○	○	○
基礎教科				
アートとデザイン	○	○	○	
シティズンシップ			○	○
コンピュータ	○	○	○	○
デザインと科学技術	○	○	○	
外国語		○	○	
地理	○	○	○	
歴史	○	○	○	
音楽	○	○	○	
体育	○	○	○	
教科外の教育事項				
宗教教育	○	○	○	
性教育			○	○
人格形成・社会性, 健康及び経済教育	○	○	○	○

出所：Department for Education（2014）をもとに筆者作成。

（成績表）として，教育省が公開し，保護者は学校選択に利用している。

　このようにイギリスにおいては，ナショナル・カリキュラムと，それに沿って作成されるテストや学校での評価が成績として公表されている。このことは全国的な方針を示し，それへの達成状況を試験によって確認できるため，教育の質を保つ試みである。他方で，教師に対し子どもたちの成績を上げるために，授業において試験対策を行うプレッシャーともなっている点にも注意が必要である。

　この GCSE は2018年から就職準備により役立つ要素を組み込んだものへと改革を進め，2020年にいったんの完了を迎えた。背景には，STEM（Science, Technology, Engineering, Mathematics）教育，すなわち科学・科学技術・工学・数学の教育を充実させ，科学技術や IT 技術を得意とする人材の育成が世界各国で目指されている動向がある。

　上記のイギリスの教育が目指す方向性が示す通り，学校教育は伝統を引き継ぎながら，常に新しい時代への対応を試みている。日本の学校も例外ではなく，教師は専門職として，また子どもの手本としても，自らが好奇心を持って新しい知識を取り入れて時代の流れに対応していくことが求められている。

3　フィンランド

（1）フィンランドの教育制度の概要

　現在のフィンランドの教育制度の礎となるのは，福祉国家への転換に伴った1970年代の総合制学校改革である。それまでの複線型の教育制度から単線型の教育制度へと移行し，1972年から1979年にかけて当時の義務教育機関であった基礎学校（Peruskoulu）が全国的に整備されていった。その理念は出自や社会経済的な背景に関係なく，平等な教育を保障することである。

　図補 - 3 に示すように，2021年の秋学期からフィンランドの義務教育は 6 歳から18歳の後期中等教育を修了するまでに延長され（2005年生まれから），前期中等教育までを提供する基礎学校は1998年に成立した基礎教育法によって，制度上 9 年一貫制とされている。また，国は2001年から義務教育が始まる前の 1 年間の就学前教育の機会を保障することを義務づけており，参加は任意であったが，2015年からは就学が義務となった。前期中等教育から後期中等教育に移行する際には「第10学年」と呼ばれる付加的な教育プログラムが用意されており，進学条件を満たすことができなかったり，進路について選択できなかったり，希望する進学先に進めなかった生徒がこのプログラムに参加するが，その数は非常に少ない。後期中等教育は大学進学を前提とした普通高校と職業教育を提供する職業学校に分かれているが，近年は両者の区分の弾力化が

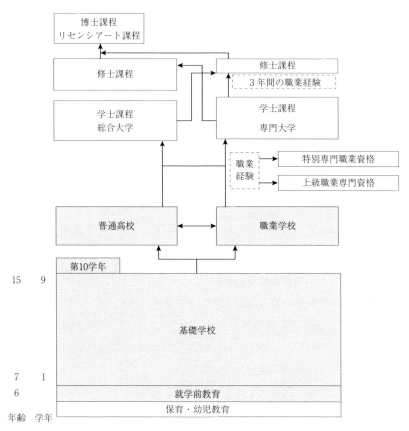

図補-3　フィンランドの学校系統図

注：基礎学校修了以降は入学時期や在学年数も様々なため，年齢と学年欄は省略。
出所：フィンランド国家教育庁「フィンランド教育概要」をもとに筆者作成。

進んでいる。高等教育機関は総合大学と職業志向の専門大学の2種類があり，従来はすべて国立であったが，2009年の大学法改正によって法人もしくは財団によって運営されることとなった。なお，授業料は高等教育段階まで無償である。

（2）ナショナル・コア・カリキュラムの概要と特徴

　1968年に基礎教育法が制定されたことによって，1970年に最初の国レベル

のナショナル・コア・カリキュラムが公示された。この時のカリキュラムは中央集権的な性格が強かったが，1985年に最初に改訂された際に脱中央集権化に向けた方向性の転換があり，1990年代の本格的な行政改革による分権化によって，1994年の改訂ではカリキュラムの大綱化がなされ，基礎学校の設置者である市町村相当のクンタ（Kunta）と称される基礎自治体への大幅な権限委譲がなされた。また，同時期には教科書検定制度や視学官制度も廃止された。この時の改訂の大きな特徴は，カリキュラムが知識の習得を重視する知識ベースから，知識の習得だけではなく，知識を用いた思考力やコミュニケーション能力などの全体的な能力の育成を重視するコンピテンシー・ベースへと転換したことだろう。その次の2004年の改訂では国による規制が再び若干強まることとなり，到達目標が記載された。現行のカリキュラムは2014年の改訂によるものであり，以下でその特徴について具体的に取り上げたい。

　2014年の改訂では，2004年と比較すると大綱化されており，各教科に関する記述も学年ごとではなく，「第1・2学年」「第3～6学年」「第7～9学年」というように複数学年区分になっており，弾力的な教育課程の編成が可能となっている。特徴といえる部分は，各教科の記述に入る前の項目の1つである「基礎教育の使命と一般的目標」のなかに「汎用的コンピテンシー」が定められていることである。汎用的コンピテンシーは，①思考力・学ぶことを学ぶ力，②文化的コンピテンシー・相互作用・自分を表現する力，③自己管理・日常生活の管理，④マルチリテラシー，⑤ICTコンピテンシー，⑥職業生活のためのコンピテンシー・起業家精神，⑦参加・関与・持続可能な未来の構築の7つから構成されており，前述の学年区分においても7つの汎用的コンピテンシーについてそれぞれの到達目標が示されている。また，各教科の記述のなかでも指導目標と関連づけてどの汎用的コンピテンシーと関連するかが記載されている。

　また，別の特徴的な箇所として，「包括的な基礎教育文化の運用」という項目のなかに「統合的な指導と教科横断的な学習モジュール」についての記述があることである。統合的な指導の目的は，生徒の学習した事象についての関連性や相互依存性についての理解を可能にすることとされており，そのための指

導形態の例もいくつか示されている。各学校が教科横断的な学習モジュールを設定することについては，基礎教育の目標の達成とともに，特に汎用的コンピテンシーの向上に貢献するとその意義が記されている。また，この学習モジュールを通して学校と学校を取り巻く社会との協働を促すため，地域性の高いテーマや生徒の身近な経験や関心に基づいたテーマを設定することが求められている。

　このようにフィンランドのナショナル・コア・カリキュラムでは社会との接続が強く意識されており，生徒の汎用的コンピテンシーの獲得が目指されている。そのためには，これまでの学校文化をより社会に開かれたものに再構築していく必要があり，学年や教科を超えた教師同士の協働もより重要になってくるといえよう。

4　オランダ

（1）オランダの教育制度概要

　オランダの子どもたちは世界一幸せであるといわれる。ここでの幸せとは，6つの観点（物質的豊かさ，健康と安全，教育的豊かさ，家族や友人との関係，子どもの行動とリスク，主観的な幸福度）をもとにした幸福度である。ユニセフのイノチェンティ研究所によって2007年に出された報告書の結果である。報告書によると，オランダの子どもたちは，6つの観点の総合でも，主観的幸福度の観点でも1位であった。2013年，2020年にも同様の調査結果が報告されており，その時には2007年時とは観点に違いがみられるものの，依然として総合的にはオランダの子どもたちが1位であった（unicef「ユニセフ報告書一覧ページ」）。こうした調査から，オランダの子どもたちは，主観的に自分自身は幸せであると感じており，身の回りの教育環境にも恵まれていると考えることができる。そのようなオランダはどのような教育制度なのであろうか。

　最も特徴的なのは，「**教育の自由**」が憲法第23条で保障されていることにある。この「教育の自由」があることで，人口密度から算出された子どもの人数を最低限確保するなどの要件が満たされていれば，私立校（bijzonder school）

も公立校と同等の公的補助を得て設立されてきた。そのため，現在もオランダでは初等学校の約7割が私立校である。私立校は，カトリックやプロテスタント，イスラム教といった宗教的理念や，モンテッソーリやダルトンプラン，イエナプランといった教育的理念等に基づいて教育活動を行うことができる。これらの理念は，たとえばカトリックのモンテッソーリ校のように組み合わさることもある。公立校であっても，ダルトンプランなどの教育的理念を掲げることもできる。基本的に通える範囲にこうした様々な学校があり，場合によっては1つの建物に複数の学校が入っていることもある。子どもや保護者は，こうした学校のなかから行きたい初等学校を選んで通うことができる（Rijksoverheid「オランダ政府ページ」）。

　「教育の自由」が憲法に明記されたのは1848年，公立校と私立校の公的補助が同等となり，真に「教育の自由」が実現したのは1917年のことである。これは，宗教的理念に基づく学校教育の実施を求める長きにわたる「学校闘争」を通じて獲得された。教育の特色化を促すような近年の議論から出てきたわけではない。しかしながら，この「教育の自由」が，様々な教育的理念に基づく学校を設立する素地となり，オランダには日本と比べると多様な学校がある。それでも，近年，新しい学校を設立することが困難になっているという理由から，いっそう学校を設立しやすくなるような法改正が進められ，2021年6月から施行された。

　オランダの学校階梯は，主にヨーロッパで伝統的にみられる複線型である。中等教育は大きく3つに分かれており，子どもたちは進路によって異なる中等教育を受ける。3種類とは，将来料理人などを志す生徒が通う4年間の中等職業準備教育（VMBO；Voorbereidend Middelbaar Beroepsonderwijs），将来小学校の先生などを志す生徒が通う5年間の上級一般中等教育（HAVO；Hoger Algemeen Voortgezet Onderwijs），将来アカデミックな研究者などを志す生徒が通う6年間の大学準備教育（VWO；Voorbereidend Wetenschappelijk Onderwijs）である（図補-4）。ただし，学校によっては，たとえばHAVOとVWOの2年間のブリッジクラス（brugklas）を設けており，そこではコースの選択を遅らせることもできる。また後からであっても，たとえばHAVOのディプロマ

図補 - 4　オランダの学校階梯図

出所：Ministry of Education, Culture and Science（2016）をもとに筆者作成。

（卒業資格）をとれば，VWO の 5 年生に編入してそのディプロマ取得を目指す
といったことも可能である。

　義務教育は，基本的には 5 ～16歳である。ただし，オランダでは98％の子
どもが 4 歳から初等学校へ通う。また，16～18歳の子どもは，VWO，HAVO
もしくは中等職業教育（MBO；Middelbaar Beroepsonderwijs）（レベル 2 以上）の
資格を取得する義務がある。そのため，実際には16歳を超えても教育を受け
る義務が発生している。

　カリキュラムの内容については，日本の学習指導要領のように学年ごとの内
容などは定められてはいない。ただし，教えるべき教科やその目標は定められ
ている。たとえば，初等学校で教えるべき教科としては，「オランダ語」「英
語」「（一部地域のみ）フリジア語」「算数・数学」，総合学習である「自分と世
界のオリエンテーション」，図工や音楽，言葉や身体を使った遊びなどを含む
「芸術オリエンテーション」「体育」がある（Rijksoverheid「オランダ政府ペー
ジ」）。

　これらの教科では，「中核目標」という初等学校を終える時までに必要な知
識や技能を示した目標が定められている。これらの教科をどのように教え，ど

のような教材を用いるかは学校自身が決めることができる。ただし，あくまで
も学校が参考にできるようにという趣旨で，カリキュラム開発研究所（SLO：
Stichting Leerplan Ontwikkeling）によって，中核目標へ至るまでの2学年ごとの
中間目標や学習内容等も示されている。

（2）特徴的なカリキュラムの事例：イエナプラン教育

　オランダに様々ある学校のなかで，近年日本で注目を集めているものにイエ
ナプラン教育がある。**イエナプラン教育**は，もともとドイツのイエナ大学の教
授であるペーターセン（Peter Petersen）が1924年にその付属学校で始めたも
のである。1950年代にオランダで紹介され，2019年10月現在の初等学校数は
177校であるとされている（Scholen op de kaart「オランダの学校検索・比較ペー
ジ」）。

　イエナプラン校では，性別や身分や宗派などに関係なくすべての人が全体的
人間として大切にされる人間学校であることが大切にされている（ペーターセ
ン，1984）。

　オランダのイエナプラン教育の具体的な特徴としては，家庭の居間のように
心地よいリビングルームとしての教室，（原則として）3つの年齢の子どもから
なる学級編成を行うことで実際の社会と同様に様々な年齢の他者と関われるよ
うな場づくり，対話・遊び・学習・催しといった4つの活動をリズミカルに位
置づけた時間割，子どもたちが自分で計画を立てて自分に合う学び方で学べる
ような学習時間の設定，教科の学習を生かして本物にふれながら他者とともに
学ぶワールドオリエンテーションと呼ばれる総合学習などが挙げられる。ただ
し，あくまでもイエナプランはメソッドではなくコンセプトであることが強調
されている（リヒテルズ，2019）。

　このような教育の特徴を挙げただけでも日本の学校とは大きく違うことが想
像できるだろう。もちろん，オランダのすべての学校がイエナプランのような
取り組みを行っているわけではない。それでも，こうした学校が誰にでも開か
れた形で運営され，認められている点にオランダの教育の特徴があるといえる
だろう。

5　オーストラリア

（1）オーストラリアの教育制度の概要

　オーストラリア連邦（以下，オーストラリア）は，6州2直轄区から成る連邦国家である。1901年の建国以来，憲法の規定によって，教育に関する事項については各州・直轄区（以下，各州）の政府が責任と権限を有してきた。そのため，学校の教育課程，修業年数，学期区分などは州によって異なってきた。また，教科書については自由発行・自由採用制がとられたり，時間割の編成や扱うトピックの選択は各学校や教師に委ねられたりすることによって，多様な実践が展開されてきた。

　しかし，1989年にオーストラリアで初の国家教育指針である「ホバート宣言」が策定されて以降，国際的な競争力を向上させることの必要性と学校教育の果たす役割の重要性への注目から，全国統一のナショナル・カリキュラム開発をめぐる動きが活発化する。そして，1999年の「アデレード宣言」を経て2008年に策定された「メルボルン宣言」に基づき，**オーストラリアン・カリキュラム**（Australian Curriculum）と呼ばれるナショナル・カリキュラムが開発された。各州へのオーストラリアン・カリキュラムの導入は2013年以降に本格化し，現在では公立学校か私立学校かを問わず，基本的にオーストラリアン・カリキュラムに沿った教育活動を展開することが求められている。なお，2019年には，メルボルン宣言の後継として，「アリススプリングス宣言」が策定された。

　図補 - 5 は，オーストラリアの学校階梯図である。オーストラリアでは，初等教育は第1～6学年，中等教育は第7～12学年の児童生徒を対象としている。加えて，第1学年の前にファウンデーションと呼ばれる（州によって呼称は異なる）準備・移行教育段階が設置されている。また，生徒たちは第10学年を終えると，第11学年に進むか，就職等の形で学校教育を離れるかを決定する。ただし，いずれの場合も，17歳になるまでは正規の教育・訓練課程か労働に従事することが求められている。

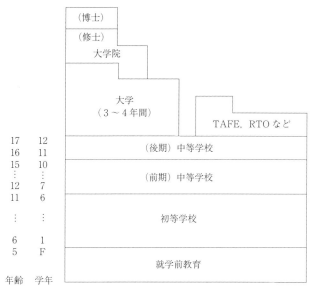

図補 − 5　オーストラリアの学校階梯図

注：(1) TAFE：Technical and Further Education（技術継続教育機関）
　　(2) RTO：Registered Training Organisation（登録職業訓練機関）
　　(3) 学年欄のFは Foundation を表す。
　　(4) 後期中等学校卒業以降は入学時期や在学年数も様々なため，学
　　　　年と年齢欄は省略した。
　　(5) 初等学校は，2021年度までは NSW，VIC，QLD，WA，TAS，
　　　　NT，ACT は第6学年，SA は第7学年までであったが，2022
　　　　年度より SA も第6学年までとなった。
出所：木村（2018：214）をもとに筆者作成。

（2）オーストラリアン・カリキュラムの概要と特徴的な取り組み

　オーストラリアン・カリキュラムは，「学習領域」（learning areas），「**汎用的
能力**」（general capabilities），「**学際的優先事項**」（cross-curriculum priorities）の
3次元で構成されている。学習領域とは日本の教科にあたるものであり，「英
語」「算数・数学」「科学」「人文・社会科学」「芸術」「技術」「保健体育」「言
語」の8つから成る。汎用的能力とは知識，スキル，態度，傾向性
（dispositions）を網羅するものであり，「リテラシー」「ニューメラシー」「ICT
能力」「批判的・創造的思考力」「個人的・社会的能力」「倫理的理解」「異文化

表補 – 2 「異文化間理解」を構成する要素「他者と関わり合い，共感すること」に含まれる
下位要素「複数のパースペクティブを考慮し，発達させる」に関する「学習の連続体」

レベル 1	一般に，ファウンデーションの終わりまでに子どもたちは，	与えられた状況のなかで，自分たちの意見を表現するとともに，他者の意見を聞く。
レベル 2	一般に，第2学年の終わりまでに子どもたちは，	よく知っているトピックや文章に関する自分たち自身のパースペクティブを表現するとともに，他者のパースペクティブを確認する。
レベル 3	一般に，第4学年の終わりまでに子どもたちは，	多様な文化的集団のなかで，また，それらをまたいで共有されているパースペクティブを確認し，記述する。
レベル 4	一般に，第6学年の終わりまでに子どもたちは，	ある問題に関する自分たちの理解を広げるために，異なるパースペクティブを説明する。
レベル 5	一般に，第8学年の終わりまでに子どもたちは，	多様なパースペクティブ，ならびにそれらが依拠している前提を評価する。
レベル 6	一般に，第10学年の終わりまでに子どもたちは，	対立している見方が簡単には解決されえない諸問題に関するバランスのとれた見解を示す。

出所：ACARA（Australian Curriculum, Assessment and Reporting Authority），"Intercultural
Understanding learning continuum"（オーストラリアン・カリキュラムのウェブサイト
内の異文化間理解に関するページにある「学習の連続体」に関する資料）をもとに筆者作
成。

間理解」の7つが設定されている。これはあらゆる学習領域を通して高めるべ
きものとされている。学際的優先事項とは，児童生徒が現代社会を理解すると
ともに，直面する現代的な社会問題に取り組めるようになるために特に扱うべ
き事項であり，あらゆる学習領域において扱うべきものとされている。具体的
には，「アボリジナルおよびトレス海峡島嶼民（ともに，オーストラリアの先住民
族の人々）の歴史と文化」「アジア，およびオーストラリアとアジアとの関わ
り」「持続可能性」（括弧内は筆者による）の3つが挙げられている。

　ここではオーストラリアン・カリキュラムに関する特徴的な取り組みの1つ
として，「学習の連続体」（learning continuum）の設定を挙げたい。「学習の連
続体」とは，学校教育のある特定の時点における適切な（relevant）知識やス
キル，態度，傾向性を記述したものである。表補 – 2 は，汎用的能力の1つで
ある「異文化間理解」を構成する要素の1つに位置づけられている「複数の
パースペクティブを考慮し，発達させる」（Consider and develop multiple

perspectives）に関して設定されている「学習の連続体」の例である。これは
オーストラリアン・カリキュラムのウェブサイトで公開されており，誰でも自
由に閲覧することができる。なお，オーストラリアン・カリキュラムでは他の
６つの汎用的能力についても同様に「学習の連続体」が設定されている。

　教育課程を編成するにあたり，児童生徒の学力保障を実現するための工夫を
行うことは重要である。「学習の連続体」は，保障したい汎用的能力の発達の
具体的なイメージを個々の教師が把握したり，共通のイメージを複数の教師が
共有したりすることに生かしうる。そのため，これは，長期的な見通しに基づ
いたり複数の学習領域における教育活動の関連を意識したりしながら教育課程
を編成することにつながる取り組みであるといえる。また，実践の開始前や実
施中，終了後に「学習の連続体」と照らし合わせる形で個々の児童生徒の実態
を把握（すなわち，評価）すれば，その後の指導や学習の改善につなげることも
可能である。このように「学習の連続体」は教育評価の実施にも活用できるも
のである。この点からも，学力保障の実現を目指した教育課程編成の実現につ
ながる工夫であるといえよう。

６　シンガポール

（１）シンガポールの教育制度の概要
　2015 年に実施された国際的に有名な２つの子ども対象の学力調査，PISA
（OECD 生徒の学習到達度調査）と TIMSS（国際数学・理科教育動向調査）において，
シンガポールはすべての部門で１位を獲得した。このシンガポールの教育制度
を一言で表すならば，それは厳しい競争と能力主義に基づく教育ということに
なる。その最初の大きな関門が**小学校卒業試験 PSLE**（Primary School Leaving
Examination）である。日本のテレビ番組がこの試験について報道した際，この
試験は人生の何パーセントを決めるか，という問いに対する小学生の子を持つ
保護者の答えは「100％」であった。これは当然人によって解釈が異なるが，
そこまでと考えている人がいるほど，人生にとって重要な試験が PSLE であ
る。

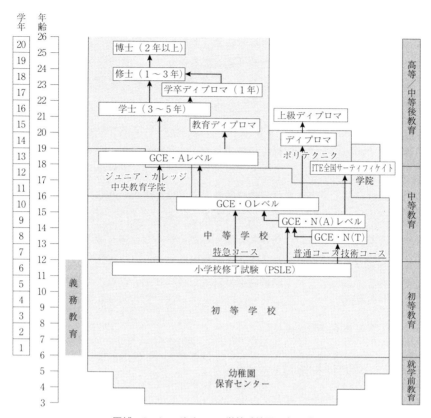

図補 - 6　シンガポールの学校系統図と主な試験

出所：文部科学省「シンガポール共和国」／Ministry of Education SINGAPORE "Education System" をもとに筆者作成。

　この PSLE の結果によって，子どもたちの多くは 3 つのグループに分類される。それらは特急（Express）コース，普通（Normal〔Academic〕）コース，技術（Normal〔Technical〕）コースと呼ばれ，その後は，それぞれの学力に応じて，異なる内容を異なるスピードで学ぶことになる（図補 - 6）。その後の中等教育や大学等への進学も，それぞれのコースによって年数や試験の数といったハードルが異なる。

　また，特急コースよりもさらに優秀な子どもたちには特別なコースが用意されており，直接大学入試（GCE・A レベル）を受験して大学進学が可能となっ

ている。将来国や社会を引っ張るエリートとして，特別な教育が行われること
になる。そのほか，芸術や体育などの分野で特別な才能を示した子どもたちの
ためのコースも2015年からスタートしている。

　こうした，日本の教育を見慣れた者からみれば「極端」に見える教育が可能
となるのは，国土の広さが日本の淡路島程度であり，天然資源もほとんどない
なか，シンガポールという国が生き残るために人材こそが重要な資源であり，
優秀な者を確実に育てるという目的があるからである。

（2）シンガポールの教育課程の特徴と未来

　こうした話を聞くと，下のコースになってしまった子どもたちは絶望してし
まうのではないか，といった疑問を抱くことだろう。もちろん，小学6年生の
段階で下のコースになってしまうことは本人にとっても保護者にとっても厳し
い現実である。しかし，早い段階で子どもがもつ力を見きわめ，生きていくの
に必要な専門的な力をつけようと支援するのもシンガポールの学校の役割であ
る。たとえば，技術コースには他のコースにはない特別な授業として，技術者
養成のためのプログラムや授業などが準備されている。

　また，最初に述べたPISAやTIMSSは，相対的に学力が低い子どもたちも，
それなりの点数をとらなければ世界1位にはなりえないものである。このこと
は，シンガポールでは学力低位の子どもも，それなりに学力を身につけている
ことを示している。つまりシンガポールの教育は，上位層を対象とした激しい
競争だけに目が行ってしまいがちだが，それぞれの子どもの能力に応じて，適
した内容とスピードで教えている，**それぞれの子に合わせた教育**という見方も
できるのである。

　さて，そうはいっても，シンガポールの教育が子どもたちにとって最適なも
のということは難しく，資源の少ない小さな国が生き延びるための策として実
施されているという都合がある。そのため，学力が世界一と評されるように
なっても，常に課題は認識されている。

　国際都市であり，多民族国家であることから，学校の授業はほとんどが英語
で行われる。当然テストでも，英語力は大変重要となる。そのため，家庭でも

民族の言葉を使わずに英語のみを使う状況がみられている。その結果，民族語しか話せない祖父母と交流が難しくなったり，背景となる文化が伝承されなかったりという問題がある。またこうした競争で，勝ち続けた人が国を率いるということにも，課題は少なくない。エリート候補には将来のリーダーとしての学習が課されているが，そうした人々が福祉等の政策をどのように考えるのかは，今後のシンガポールの動向を左右する重要な課題かもしれない。

　シンガポールは，こうした厳しい選抜の必要性は認識しつつも，子どもに過度にプレッシャーを与えていることや創造性を育むといったことが難しいことは課題であると認識し，常に改善を試みている。

　シンガポール教育省は2018年9月に，6つの改革を発表した。①小学校第1・2学年の段階では，順位等をつけるようなテストや試験は実施しない（2019年から）。②中学校第1学年の学年中間テストを実施しない（2019年から）。これは中学校に入った子どもたちが小学校とは異なるカリキュラムに慣れる時間をとることを目的とする。③小学校第3・5学年と中学校第3学年の学年中間テストを実施しない（2020年から）。これは児童生徒が新しく，また難しい内容に直面するこれらの時期に，しっかり学習できるようにすることを目的とする。④順位等の記録をしない（2019年から）。たとえば，「クラス内の順位」「標準テストの順位」「試験結果の推移のレポート」「各教科の平均点」「総合点」を記録せず，得点率を整数に切り上げたものを示す。各点数も整数に切り上げて示し，落第点を示さない。⑤能力混合クラスの導入（2019年から）。⑥小学校第1〜3学年の賞金授与者を成績上位者から学習態度の良い子どもへと変更（2019年から）。シンガポールには成績上位者に与えられる賞金があり，小学校第1〜3学年は200シンガポールドル，上級学年は250シンガポールドル，中学校では350シンガポールドルであった。このうち，小学校第1〜3学年については，学習態度のよい子どもに授与することになった。

　さらに2019年3月には教育大臣によって「2024年までに中学校でのコース分けをやめる」という発言がなされており，試験等の改革を含めて，2027年頃に新しいシステムの大枠が完成するとされている。

　こうした改革は，子どもたちに不必要なプレッシャーを与えず，学校を楽し

い場所に，学習が人生にとって楽しいと思えるようにするための第一歩と位置
づけられている。とはいえ，こうした選抜システムは人々の間に浸透している
ため，一度できあがったシステムを変更することは容易ではない。学力の高さ
を十分に示してきたシンガポールが，学ぶことの楽しさをどのように子どもた
ちに浸透させていくのか，注目していきたい。

学習課題　① 　自身が興味を持った国の教育課程と日本の教育課程を比較し，それぞれの教
育課程にみられる特徴をまとめるとともに，そこからみえてくる両国の教育課
程の意義や課題を検討してみよう。
② 　自身が調べたことをもとに，他者とともに，日本の教育課程をよりよいもの
にしていくための取り組みの方向性や可能性について議論してみよう。

引用・参考文献

1　アメリカ
牛渡淳「アメリカの新自由主義的教育改革における専門職・文化スタンダード政策の意義」
『日本教育行政学会年報』41，2015年，56〜69頁。
松尾知明『アメリカの現代教育改革——スタンダードとアカウンタビリティの光と影』東信
堂，2010年。
文部科学省『『諸外国の教育統計』平成31（2019）年版」より「1.1.1.2　アメリカ」。https:
//www.mext.go.jp/b_menu/toukei/data/syogaikoku/1415074.htm（2022年1月19日閲
覧）
山根万里佳「『場所に根ざした教育（Place-Based Education)』の理論と実践——アラスカ
における文化的応答性のある科学カリキュラム構想に着目して」『教育方法学研究』44，
2019年，49〜59頁。
山本はるか『アメリカの言語教育——多文化性の尊重と学力保障の両立を求めて』京都大学
学術出版会，2018年。

2　イギリス
日英教育学会編『英国の教育』東信堂，2017年。
藤原文雄編著『世界の学校と教職員の働き方』学事出版，2018年。
文部科学省『諸外国の教育動向　2018年度版』明石書店，2019年。
文部科学省『『諸外国の教育統計』平成30（2018）年版」より「1.1.1.3　イギリス」。https:
//warp.ndl.go.jp/info:ndljp/pid/11293659/www.mext.go.jp/b_menu/toukei/data/syogai

koku/1404260.htm（2022年1月5日閲覧）

Department for Education, "The national curriculum in England, Framework document," 2014. https://assets.publishing.service.gov.uk/government/uploads/system/uploads/attachment_data/file/381344/Master_final_national_curriculum_28_Nov.pdf（2022年1月5日閲覧）

3 フィンランド

隼瀬悠里「フィンランド」杉本均・南部広孝編著『比較教育学原論』協同出版，2019年，202～208頁。

フィンランド国家教育庁「フィンランド教育概要」。https://www.oph.fi/sites/default/files/documents/151277_education_in_finland_japanese_2013.pdf（2022年2月2日閲覧）

Finnish National Agency for Education, "Finnish education system". https://www.oph.fi/en/education-system（2022年1月11日閲覧）

Finnish National Agency for Education, *National Core Curriculum for Basic Education 2014*, Helsinki, Juvenes Print-Suomen Yliopistopaino Oy, 2016.

4 オランダ

ペーターセン，P.『学校と授業の変革──小イエナ・プラン（世界新教育運動選書4）』三枝孝弘・山崎準二著訳，明治図書出版，1984年（初版は1927年）。

リヒテルズ直子『今こそ日本の学校に！ イエナプラン実践ガイドブック』教育開発研究所，2019年。

Ministry of Education, Culture and Science, "Key Figures Education," 2016. https://www.ocwincijfers.nl/binaries/ocwincijfers/documenten/publicaties/2016/05/31/key-figures-education/keyfigures-education（2022年2月2日閲覧）

Rijksoverheid「オランダ政府ページ」。https://www.rijksoverheid.nl/onderwerpen/themas/onderwijs（2019年10月20日閲覧）

Scholen op de kaart「オランダの学校検索・比較ページ」。https://scholenopdekaart.nl/Basisscholen/onderwijsconcept/jenaplan（2019年10月20日閲覧）

unicef「ユニセフ報告書一覧ページ」。https://www.unicef-irc.org/publications/series/report-card/（2019年10月20日閲覧）

5 オーストラリア

青木麻衣子・佐藤博志編著『第3版 オーストラリア・ニュージーランドの教育──グローバル社会を生き抜く力の育成に向けて』東信堂，2020年。

木村裕「オーストラリアのカリキュラム」田中耕治編『よくわかる教育課程 第2版』ミネ

ルヴァ書房，2018年，214〜215頁。

ACARA (Australian Curriculum, Assessment and Reporting Authority), "Intercultural Understanding learning continuum". https://www.australiancurriculum.edu.au/media/1075/general-capabilities-intercultural-understanding-learning-continuum.pdf（2021年9月5日閲覧）

6 シンガポール

二宮皓編著『新版 世界の学校——教育制度から日常の学校風景まで』学事出版，2013年。

フジテレビ「坂上忍と大激論！ニッポンの危機　もう他人事ではない！あなたの生活を崩壊させる!?教育危機」2017年10月27日放送。

文部科学省「世界の学校体系（アジア）」より「シンガポール共和国」。http://www.mext.go.jp/component/b_menu/other/__icsFiles/afieldfile/2017/10/02/1396848_004.pdf（2021年8月20日閲覧）

Ministry of Education SINGAPORE, "Education System". (現在は閲覧不可。ただし，Ministry of Education SINGAPORE, "Education in SG". https://www.moe.gov.sg/education-in-sg〔2021年8月20日閲覧〕が参考として挙げられる。)

Ministry of Education SINGAPORE, "Learn For Life—Preparing Our Students To Excel Beyond Exam Results". https://www.moe.gov.sg/news/press-releases/20180928-learn-for-life-preparing-our-students-to-excel-beyond-exam-results（2021年8月20日閲覧）

Ministry of Education SINGAPORE. "Learn For Life-Remaking Pathways". https://www.moe.gov.sg/microsites/cos2019/index.html（2021年8月20日閲覧）

MUSTSHARENEWS "The 6 Changes To Singapore's Education System MOE Announced Today," 2018. https://mustsharenews.com/singapores-education-system/（2021年8月20日閲覧）

付　録

（昭和21年憲法）

第3章　国民の権利及び義務

第11条　国民は，すべての基本的人権の享有を
妨げられない。この憲法が国民に保障する基
本的人権は，侵すことのできない永久の権利
として，現在及び将来の国民に与へられる。

第14条　すべて国民は，法の下に平等であつて，
人種，信条，性別，社会的身分又は門地によ
り，政治的，経済的又は社会的関係において，
差別されない。

第19条　思想及び良心の自由は，これを侵して
はならない。

第20条　信教の自由は，何人に対してもこれを
保障する。いかなる宗教団体も，国から特権
を受け，又は政治上の権力を行使してはなら
ない。

②　何人も，宗教上の行為，祝典，儀式又は行
事に参加することを強制されない。

③　国及びその機関は，宗教教育その他いかな
る宗教的活動もしてはならない。

第21条　集会，結社及び言論，出版その他一切
の表現の自由は，これを保障する。

②　検閲は，これをしてはならない。通信の秘
密は，これを侵してはならない。

第23条　学問の自由は，これを保障する。

第25条　すべて国民は，健康で文化的な最低限
度の生活を営む権利を有する。

②　国は，すべての生活部面について，社会福
祉，社会保障及び公衆衛生の向上及び増進に
努めなければならない。

第26条　すべて国民は，法律の定めるところに
より，その能力に応じて，ひとしく教育を受
ける権利を有する。

②　すべて国民は，法律の定めるところにより，
その保護する子女に普通教育を受けさせる義
務を負ふ。義務教育は，これを無償とする。

第10章　最高法規

第98条　この憲法は，国の最高法規であつて，

その条規に反する法律，命令，詔勅及び国務
に関するその他の行為の全部又は一部は，そ
の効力を有しない。

②　日本国が締結した条約及び確立された国際
法規は，これを誠実に遵守することを必要と
する。

教育基本法

（平成18年法律第120号）

　我々日本国民は，たゆまぬ努力によって築い
てきた民主的で文化的な国家を更に発展させる
とともに，世界の平和と人類の福祉の向上に貢
献することを願うものである。

　我々は，この理想を実現するため，個人の尊
厳を重んじ，真理と正義を希求し，公共の精神
を尊び，豊かな人間性と創造性を備えた人間の
育成を期するとともに，伝統を継承し，新しい
文化の創造を目指す教育を推進する。

　ここに，我々は，日本国憲法の精神にのっと
り，我が国の未来を切り拓く教育の基本を確立
し，その振興を図るため，この法律を制定する。

第1章　教育の目的及び理念

（教育の目的）

第1条　教育は，人格の完成を目指し，平和で
民主的な国家及び社会の形成者として必要な
資質を備えた心身ともに健康な国民の育成を
期して行われなければならない。

（教育の目標）

第2条　教育は，その目的を実現するため，学
問の自由を尊重しつつ，次に掲げる目標を達
成するよう行われるものとする。

（1）幅広い知識と教養を身に付け，真理を求
める態度を養い，豊かな情操と道徳心を培
うとともに，健やかな身体を養うこと。

（2）個人の価値を尊重して，その能力を伸ば
し，創造性を培い，自主及び自律の精神を
養うとともに，職業及び生活との関連を重
視し，勤労を重んずる態度を養うこと。

（3）正義と責任，男女の平等，自他の敬愛と
協力を重んずるとともに，公共の精神に基

づき，主体的に社会の形成に参画し，その
発展に寄与する態度を養うこと。
（4）生命を尊び，自然を大切にし，環境の保
全に寄与する態度を養うこと。
（5）伝統と文化を尊重し，それらをはぐくん
できた我が国と郷土を愛するとともに，他
国を尊重し，国際社会の平和と発展に寄与
する態度を養うこと。

（生涯学習の理念）
第3条　国民一人一人が，自己の人格を磨き，
豊かな人生を送ることができるよう，その生
涯にわたって，あらゆる機会に，あらゆる場
所において学習することができ，その成果を
適切に生かすことのできる社会の実現が図ら
れなければならない。

（教育の機会均等）
第4条　すべて国民は，ひとしく，その能力に
応じた教育を受ける機会を与えられなければ
ならず，人種，信条，性別，社会的身分，経
済的地位又は門地によって，教育上差別され
ない。
2　国及び地方公共団体は，障害のある者が，
その障害の状態に応じ，十分な教育を受けら
れるよう，教育上必要な支援を講じなければ
ならない。
3　国及び地方公共団体は，能力があるにもか
かわらず，経済的理由によって修学が困難な
者に対して，奨学の措置を講じなければなら
ない。

第2章　教育の実施に関する基本

（義務教育）
第5条　国民は，その保護する子に，別に法律
で定めるところにより，普通教育を受けさせ
る義務を負う。
2　義務教育として行われる普通教育は，各個
人の有する能力を伸ばしつつ社会において自
立的に生きる基礎を培い，また，国家及び社
会の形成者として必要とされる基本的な資質
を養うことを目的として行われるものとする。
3　国及び地方公共団体は，義務教育の機会を
保障し，その水準を確保するため，適切な役
割分担及び相互の協力の下，その実施に責任

を負う。
4　国又は地方公共団体の設置する学校におけ
る義務教育については，授業料を徴収しない。

（学校教育）
第6条　法律に定める学校は，公の性質を有す
るものであって，国，地方公共団体及び法律
に定める法人のみが，これを設置することが
できる。
2　前項の学校においては，教育の目標が達成
されるよう，教育を受ける者の心身の発達に
応じて，体系的な教育が組織的に行われなけ
ればならない。この場合において，教育を受
ける者が，学校生活を営む上で必要な規律を
重んずるとともに，自ら進んで学習に取り組
む意欲を高めることを重視して行われなけれ
ばならない。

（大学）
第7条　大学は，学術の中心として，高い教養
と専門的能力を培うとともに，深く真理を探
究して新たな知見を創造し，これらの成果を
広く社会に提供することにより，社会の発展
に寄与するものとする。
2　大学については，自主性，自律性その他の
大学における教育及び研究の特性が尊重され
なければならない。

（私立学校）
第8条　私立学校の有する公の性質及び学校教
育において果たす重要な役割にかんがみ，国
及び地方公共団体は，その自主性を尊重しつ
つ，助成その他の適当な方法によって私立学
校教育の振興に努めなければならない。

（教員）
第9条　法律に定める学校の教員は，自己の崇
高な使命を深く自覚し，絶えず研究と修養に
励み，その職責の遂行に努めなければならな
い。
2　前項の教員については，その使命と職責の
重要性にかんがみ，その身分は尊重され，待
遇の適正が期せられるとともに，養成と研修
の充実が図られなければならない。

（家庭教育）
第10条　父母その他の保護者は，子の教育につ
いて第一義的責任を有するものであって，生

活のために必要な習慣を身に付けさせるとともに、自立心を育成し、心身の調和のとれた発達を図るよう努めるものとする。

2　国及び地方公共団体は、家庭教育の自主性を尊重しつつ、保護者に対する学習の機会及び情報の提供その他の家庭教育を支援するために必要な施策を講ずるよう努めなければならない。

（幼児期の教育）

第11条　幼児期の教育は、生涯にわたる人格形成の基礎を培う重要なものであることにかんがみ、国及び地方公共団体は、幼児の健やかな成長に資する良好な環境の整備その他適当な方法によって、その振興に努めなければならない。

（社会教育）

第12条　個人の要望や社会の要請にこたえ、社会において行われる教育は、国及び地方公共団体によって奨励されなければならない。

2　国及び地方公共団体は、図書館、博物館、公民館その他の社会教育施設の設置、学校の施設の利用、学習の機会及び情報の提供その他の適当な方法によって社会教育の振興に努めなければならない。

（学校、家庭及び地域住民等の相互の連携協力）

第13条　学校、家庭及び地域住民その他の関係者は、教育におけるそれぞれの役割と責任を自覚するとともに、相互の連携及び協力に努めるものとする。

（政治教育）

第14条　良識ある公民として必要な政治的教養は、教育上尊重されなければならない。

2　法律に定める学校は、特定の政党を支持し、又はこれに反対するための政治教育その他政治的活動をしてはならない。

（宗教教育）

第15条　宗教に関する寛容の態度、宗教に関する一般的な教養及び宗教の社会生活における地位は、教育上尊重されなければならない。

2　国及び地方公共団体が設置する学校は、特定の宗教のための宗教教育その他宗教的活動をしてはならない。

第3章　教育行政

（教育行政）

第16条　教育は、不当な支配に服することなく、この法律及び他の法律の定めるところにより行われるべきものであり、教育行政は、国と地方公共団体との適切な役割分担及び相互の協力の下、公正かつ適正に行われなければならない。

2　国は、全国的な教育の機会均等と教育水準の維持向上を図るため、教育に関する施策を総合的に策定し、実施しなければならない。

3　地方公共団体は、その地域における教育の振興を図るため、その実情に応じた教育に関する施策を策定し、実施しなければならない。

4　国及び地方公共団体は、教育が円滑かつ継続的に実施されるよう、必要な財政上の措置を講じなければならない。

（教育振興基本計画）

第17条　政府は、教育の振興に関する施策の総合的かつ計画的な推進を図るため、教育の振興に関する施策についての基本的な方針及び講ずべき施策その他必要な事項について、基本的な計画を定め、これを国会に報告するとともに、公表しなければならない。

2　地方公共団体は、前項の計画を参酌し、その地域の実情に応じ、当該地方公共団体における教育の振興のための施策に関する基本的な計画を定めるよう努めなければならない。

第4章　法令の制定

第18条　この法律に規定する諸条項を実施するため、必要な法令が制定されなければならない。

附　則（抄）

（施行期日）

1　この法律は、公布の日から施行する。

学校教育法（抄）

（昭和22年法律第26号）
最終改正：令和元年6月26日法律第44号

第1章　総則

第1条　この法律で，学校とは，幼稚園，小学校，中学校，義務教育学校，高等学校，中等教育学校，特別支援学校，大学及び高等専門学校とする。

第2章　義務教育

第16条　保護者（子に対して親権を行う者（親権を行う者のないときは，未成年後見人）をいう。以下同じ。）は，次条に定めるところにより，子に9年の普通教育を受けさせる義務を負う。

第19条　経済的理由によつて，就学困難と認められる学齢児童又は学齢生徒の保護者に対しては，市町村は，必要な援助を与えなければならない。

第21条　義務教育として行われる普通教育は，教育基本法（平成18年法律第120号）第5条第2項に規定する目的を実現するため，次に掲げる目標を達成するよう行われるものとする。

（1）学校内外における社会的活動を促進し，自主，自律及び協同の精神，規範意識，公正な判断力並びに公共の精神に基づき主体的に社会の形成に参画し，その発展に寄与する態度を養うこと。

（2）学校内外における自然体験活動を促進し，生命及び自然を尊重する精神並びに環境の保全に寄与する態度を養うこと。

（3）我が国と郷土の現状と歴史について，正しい理解に導き，伝統と文化を尊重し，それらをはぐくんできた我が国と郷土を愛する態度を養うとともに，進んで外国の文化の理解を通じて，他国を尊重し，国際社会の平和と発展に寄与する態度を養うこと。

（4）家族と家庭の役割，生活に必要な衣，食，住，情報，産業その他の事項について基礎的な理解と技能を養うこと。

（5）読書に親しませ，生活に必要な国語を正しく理解し，使用する基礎的な能力を養うこと。

（6）生活に必要な数量的な関係を正しく理解し，処理する基礎的な能力を養うこと。

（7）生活にかかわる自然現象について，観察及び実験を通じて，科学的に理解し，処理する基礎的な能力を養うこと。

（8）健康，安全で幸福な生活のために必要な習慣を養うとともに，運動を通じて体力を養い，心身の調和的発達を図ること。

（9）生活を明るく豊かにする音楽，美術，文芸その他の芸術について基礎的な理解と技能を養うこと。

（10）職業についての基礎的な知識と技能，勤労を重んずる態度及び個性に応じて将来の進路を選択する能力を養うこと。

第4章　小学校

第29条　小学校は，心身の発達に応じて，義務教育として行われる普通教育のうち基礎的なものを施すことを目的とする。

第30条　小学校における教育は，前条に規定する目的を実現するために必要な程度において第21条各号に掲げる目標を達成するよう行われるものとする。

②　前項の場合においては，生涯にわたり学習する基盤が培われるよう，基礎的な知識及び技能を習得させるとともに，これらを活用して課題を解決するために必要な思考力，判断力，表現力その他の能力をはぐくみ，主体的に学習に取り組む態度を養うことに，特に意を用いなければならない。

第31条　小学校においては，前条第1項の規定による目標の達成に資するよう，教育指導を行うに当たり，児童の体験的な学習活動，特にボランティア活動など社会奉仕体験活動，自然体験活動その他の体験活動の充実に努めるものとする。この場合において，社会教育関係団体その他の関係団体及び関係機関との連携に十分配慮しなければならない。

第33条　小学校の教育課程に関する事項は，第

29条及び第30条の規定に従い，文部科学大臣が定める。

第34条　小学校においては，文部科学大臣の検定を経た教科用図書又は文部科学省が著作の名義を有する教科用図書を使用しなければならない。

②　前項に規定する教科用図書（以下この条において「教科用図書」という。）の内容を文部科学大臣の定めるところにより記録した電磁的記録（電子的方式，磁気的方式その他人の知覚によつては認識することができない方式で作られる記録であつて，電子計算機による情報処理の用に供されるものをいう。）である教材がある場合には，同項の規定にかかわらず，文部科学大臣の定めるところにより，児童の教育の充実を図るため必要があると認められる教育課程の一部において，教科用図書に代えて当該教材を使用することができる。

③　前項に規定する場合において，視覚障害，発達障害その他の文部科学大臣の定める事由により教科用図書を使用して学習することが困難な児童に対し，教科用図書に用いられた文字，図形等の拡大又は音声への変換その他の同項に規定する教材を電子計算機において用いることにより可能となる方法で指導することにより当該児童の学習上の困難の程度を低減させる必要があると認められるときは，文部科学大臣の定めるところにより，教育課程の全部又は一部において，教科用図書に代えて当該教材を使用することができる。

④　教科用図書及び第２項に規定する教材以外の教材で，有益適切なものは，これを使用することができる。

⑤　第１項の検定の申請に係る教科用図書に関し調査審議させるための審議会等（国家行政組織法（昭和23年法律第120号）第８条に規定する機関をいう。以下同じ。）については，政令で定める。

第37条　小学校には，校長，教頭，教諭，養護教諭及び事務職員を置かなければならない。

②　小学校には，前項に規定するもののほか，副校長，主幹教諭，指導教諭，栄養教諭その他必要な職員を置くことができる。

③　第１項の規定にかかわらず，副校長を置くときその他特別の事情のあるときは教頭を，養護をつかさどる主幹教諭を置くときは養護教諭を，特別の事情のあるときは事務職員を，それぞれ置かないことができる。

④　校長は，校務をつかさどり，所属職員を監督する。

⑤　副校長は，校長を助け，命を受けて校務をつかさどる。

⑥　副校長は，校長に事故があるときはその職務を代理し，校長が欠けたときはその職務を行う。この場合において，副校長が二人以上あるときは，あらかじめ校長が定めた順序で，その職務を代理し，又は行う。

⑦　教頭は，校長（副校長を置く小学校にあつては，校長及び副校長）を助け，校務を整理し，及び必要に応じ児童の教育をつかさどる。

⑧　教頭は，校長（副校長を置く小学校にあつては，校長及び副校長）に事故があるときは校長の職務を代理し，校長（副校長を置く小学校にあつては，校長及び副校長）が欠けたときは校長の職務を行う。この場合において，教頭が２人以上あるときは，あらかじめ校長が定めた順序で，校長の職務を代理し，又は行う。

⑨　主幹教諭は，校長（副校長を置く小学校にあつては，校長及び副校長）及び教頭を助け，命を受けて校務の一部を整理し，並びに児童の教育をつかさどる。

⑩　指導教諭は，児童の教育をつかさどり，並びに教諭その他の職員に対して，教育指導の改善及び充実のために必要な指導及び助言を行う。

⑪　教諭は，児童の教育をつかさどる。

⑫　養護教諭は，児童の養護をつかさどる。

⑬　栄養教諭は，児童の栄養の指導及び管理をつかさどる。

⑭　事務職員は，事務をつかさどる。

⑮　助教諭は，教諭の職務を助ける。

⑯　講師は，教諭又は助教諭に準ずる職務に従事する。

⑰　養護助教諭は，養護教諭の職務を助ける。

⑱　特別の事情のあるときは，第１項の規定に

かかわらず，教諭に代えて助教諭又は講師を，養護教諭に代えて養護助教諭を置くことができる。

⑲　学校の実情に照らし必要があると認めるときは，第9項の規定にかかわらず，校長（副校長を置く小学校にあつては，校長及び副校長）及び教頭を助け，命を受けて校務の一部を整理し，並びに児童の養護又は栄養の指導及び管理をつかさどる主幹教諭を置くことができる。

第42条　小学校は，文部科学大臣の定めるところにより当該小学校の教育活動その他の学校運営の状況について評価を行い，その結果に基づき学校運営の改善を図るため必要な措置を講ずることにより，その教育水準の向上に努めなければならない。

第43条　小学校は，当該小学校に関する保護者及び地域住民その他の関係者の理解を深めるとともに，これらの者との連携及び協力の推進に資するため，当該小学校の教育活動その他の学校運営の状況に関する情報を積極的に提供するものとする。

第5章　中学校

第45条　中学校は，小学校における教育の基礎の上に，心身の発達に応じて，義務教育として行われる普通教育を施すことを目的とする。

第46条　中学校における教育は，前条に規定する目的を実現するため，第21条各号に掲げる目標を達成するよう行われるものとする。

第48条　中学校の教育課程に関する事項は，第45条及び第46条の規定並びに次条において読み替えて準用する第30条第2項の規定に従い，文部科学大臣が定める。

第5章の2　義務教育学校

第49条の2　義務教育学校は，心身の発達に応じて，義務教育として行われる普通教育を基礎的なものから一貫して施すことを目的とする。

第49条の3　義務教育学校における教育は，前条に規定する目的を実現するため，第21条各号に掲げる目標を達成するよう行われるものとする。

とする。

第6章　高等学校

第50条　高等学校は，中学校における教育の基礎の上に，心身の発達及び進路に応じて，高度な普通教育及び専門教育を施すことを目的とする。

第51条　高等学校における教育は，前条に規定する目的を実現するため，次に掲げる目標を達成するよう行われるものとする。

（1）義務教育として行われる普通教育の成果を更に発展拡充させて，豊かな人間性，創造性及び健やかな身体を養い，国家及び社会の形成者として必要な資質を養うこと。

（2）社会において果たさなければならない使命の自覚に基づき，個性に応じて将来の進路を決定させ，一般的な教養を高め，専門的な知識，技術及び技能を習得させること。

（3）個性の確立に努めるとともに，社会について，広く深い理解と健全な批判力を養い，社会の発展に寄与する態度を養うこと。

第52条　高等学校の学科及び教育課程に関する事項は，前二条の規定及び第62条において読み替えて準用する第30条第2項の規定に従い，文部科学大臣が定める。

第60条　高等学校には，校長，教頭，教諭及び事務職員を置かなければならない。

②　高等学校には，前項に規定するもののほか，副校長，主幹教諭，指導教諭，養護教諭，栄養教諭，養護助教諭，実習助手，技術職員その他必要な職員を置くことができる。

③　第1項の規定にかかわらず，副校長を置くときは，教頭を置かないことができる。

④　実習助手は，実験又は実習について，教諭の職務を助ける。

⑤　特別の事情のあるときは，第1項の規定にかかわらず，教諭に代えて助教諭又は講師を置くことができる。

⑥　技術職員は，技術に従事する。

第7章　中等教育学校

第63条　中等教育学校は，小学校における教育の基礎の上に，心身の発達及び進路に応じて，

義務教育として行われる普通教育並びに高度な普通教育及び専門教育を一貫して施すことを目的とする。

第64条　中等教育学校における教育は，前条に規定する目的を実現するため，次に掲げる目標を達成するよう行われるものとする。

（1）豊かな人間性，創造性及び健やかな身体を養い，国家及び社会の形成者として必要な資質を養うこと。

（2）社会において果たさなければならない使命の自覚に基づき，個性に応じて将来の進路を決定させ，一般的な教養を高め，専門的な知識，技術及び技能を習得させること。

（3）個性の確立に努めるとともに，社会について，広く深い理解と健全な批判力を養い，社会の発展に寄与する態度を養うこと。

第69条　中等教育学校には，校長，教頭，教諭，養護教諭及び事務職員を置かなければならない。

②　中等教育学校には，前項に規定するもののほか，副校長，主幹教諭，指導教諭，栄養教諭，実習助手，技術職員その他必要な職員を置くことができる。

③　第1項の規定にかかわらず，副校長を置くときは教頭を，養護をつかさどる主幹教諭を置くときは養護教諭を，それぞれ置かないことができる。

④　特別の事情のあるときは，第1項の規定にかかわらず，教諭に代えて助教諭又は講師を，養護教諭に代えて養護助教諭を置くことができる。

第8章　特別支援教育

第72条　特別支援学校は，視覚障害者，聴覚障害者，知的障害者，肢体不自由者又は病弱者（身体虚弱者を含む。以下同じ。）に対して，幼稚園，小学校，中学校又は高等学校に準ずる教育を施すとともに，障害による学習上又は生活上の困難を克服し自立を図るために必要な知識技能を授けることを目的とする。

第73条　特別支援学校においては，文部科学大臣の定めるところにより，前条に規定する者に対する教育のうち当該学校が行うものを明

らかにするものとする。

第74条　特別支援学校においては，第72条に規定する目的を実現するための教育を行うほか，幼稚園，小学校，中学校，義務教育学校，高等学校又は中等教育学校の要請に応じて，第81条第1項に規定する幼児，児童又は生徒の教育に関し必要な助言又は援助を行うよう努めるものとする。

第77条　特別支援学校の幼稚部の教育課程その他の保育内容，小学部及び中学部の教育課程又は高等部の学科及び教育課程に関する事項は，幼稚園，小学校，中学校又は高等学校に準じて，文部科学大臣が定める。

第80条　都道府県は，その区域内にある学齢児童及び学齢生徒のうち，視覚障害者，聴覚障害者，知的障害者，肢体不自由者又は病弱者で，その障害が第75条の政令で定める程度のものを就学させるに必要な特別支援学校を設置しなければならない。

第81条　幼稚園，小学校，中学校，義務教育学校，高等学校及び中等教育学校においては，次項各号のいずれかに該当する幼児，児童及び生徒その他教育上特別の支援を必要とする幼児，児童及び生徒に対し，文部科学大臣の定めるところにより，障害による学習上又は生活上の困難を克服するための教育を行うものとする。

②　小学校，中学校，義務教育学校，高等学校及び中等教育学校には，次の各号のいずれかに該当する児童及び生徒のために，特別支援学級を置くことができる。

（1）知的障害者

（2）肢体不自由者

（3）身体虚弱者

（4）弱視者

（5）難聴者

（6）その他障害のある者で，特別支援学級において教育を行うことが適当なもの

③　前項に規定する学校においては，疾病により療養中の児童及び生徒に対して，特別支援学級を設け，又は教員を派遣して，教育を行うことができる。

第9章　大学

第83条　大学は，学術の中心として，広く知識を授けるとともに，深く専門の学芸を教授研究し，知的，道徳的及び応用的能力を展開させることを目的とする。

② 大学は，その目的を実現するための教育研究を行い，その成果を広く社会に提供することにより，社会の発展に寄与するものとする。

附　則（抄）

第9条　高等学校，中等教育学校の後期課程及び特別支援学校並びに特別支援学級においては，当分の間，第34条第1項（第49条，第49条の8，第62条，第70条第1項及び第82条において準用する場合を含む。）の規定にかかわらず，文部科学大臣の定めるところにより，第34条第1項に規定する教科用図書以外の教科用図書を使用することができる。

② 第34条第2項及び第3項の規定は，前項の規定により使用する教科用図書について準用する。

学校教育法施行令（抄）

（昭和28年政令第340号）

最終改正：令和元年10月18日政令第128号

第2章　視覚障害者等の障害の程度

第22条の3　法第75条の政令で定める視覚障害者，聴覚障害者，知的障害者，肢体不自由者又は病弱者の障害の程度は，次の表に掲げるとおりとする。

区分	障害の程度
視覚障害者	両眼の視力がおおむね0.3未満のもの又は視力以外の視機能障害が高度のもののうち，拡大鏡等の使用によつても通常の文字，図形等の視覚による認識が不可能又は著しく困難な程度のもの
聴覚障害者	両耳の聴力レベルがおおむね60デシベル以上のもののうち，補聴器等の使用によつても通常の話声を解することが不可能又は著しく困難な程度のもの
知的障害者	1　知的発達の遅滞があり，他人との意思疎通が困難で日常生活を営むのに頻繁に援助を必要とする程度のもの 2　知的発達の遅滞の程度が前号に掲げる程度に達しないもののうち，社会生活への適応が著しく困難なもの
肢体不自由者	1　肢体不自由の状態が補装具の使用によつても歩行，筆記等日常生活における基本的な動作が不可能又は困難な程度のもの 2　肢体不自由の状態が前号に掲げる程度に達しないもののうち，常時の医学的観察指導を必要とする程度のもの
病弱者	1　慢性の呼吸器疾患，腎臓疾患及び神経疾患，悪性新生物その他の疾患の状態が継続して医療又は生活規制を必要とする程度のもの 2　身体虚弱の状態が継続して生活規制を必要とする程度のもの

備考

1　視力の測定は，万国式試視力表によるものとし，屈折異常があるものについては，矯正視力によつて測定する。

2　聴力の測定は，日本産業規格によるオージオメータによる。

第3章　認可，届出等

第2節　学期，休業日及び学校廃止後の書類の保存

（学期及び休業日）

第29条　公立の学校（大学を除く。以下この条において同じ。）の学期並びに夏季，冬季，学年末，農繁期等における休業日又は家庭及び地域における体験的な学習活動その他の学習活動のための休業日（次項において「体験的学習活動等休業日」という。）は，市町村又は都道府県の設置する学校にあつては当該

市町村又は都道府県の教育委員会が，公立大学法人の設置する学校にあつては当該公立大学法人の理事長が定める。

2　市町村又は都道府県の教育委員会は，体験的学習活動等休業日を定めるに当つては，家庭及び地域における幼児，児童，生徒又は学生の体験的な学習活動その他の学習活動の体験的学習活動等休業日における円滑な実施及び充実を図るため，休業日の時期を適切に分散させて定めることその他の必要な措置を講ずるよう努めるものとする。

学校教育法施行規則（抄）

（昭和22年文部省令第11号）
最終改正：令和3年10月29日
文部科学省令第49号

第1章　総則

第3節　管理

第24条　校長は，その学校に在学する児童等の指導要録（学校教育法施行令第31条に規定する児童等の学習及び健康の状況を記録した書類の原本をいう。以下同じ。）を作成しなければならない。

②　校長は，児童等が進学した場合においては，その作成に係る当該児童等の指導要録の抄本又は写しを作成し，これを進学先の校長に送付しなければならない。

③　校長は，児童等が転学した場合においては，その作成に係る当該児童等の指導要録の写しを作成し，その写し（転学してきた児童等については転学により送付を受けた指導要録（就学前の子どもに関する教育，保育等の総合的な提供の推進に関する法律施行令（平成26年政令第203号）第8条に規定する園児の学習及び健康の状況を記録した書類の原本を含む。）の写しを含む。）及び前項の抄本又は写しを転学先の校長，保育所の長又は認定こども園の長に送付しなければならない。

第28条　学校において備えなければならない表簿は，概ね次のとおりとする。

（1）学校に関係のある法令

（2）学則，日課表，教科用図書配当表，学校医執務記録簿，学校歯科医執務記録簿，学校薬剤師執務記録簿及び学校日誌

（3）職員の名簿，履歴書，出勤簿並びに担任学級，担任の教科又は科目及び時間表

（4）指導要録，その写し及び抄本並びに出席簿及び健康診断に関する表簿

（5）入学者の選抜及び成績考査に関する表簿

（6）資産原簿，出納簿及び経費の予算決算についての帳簿並びに図書機械器具，標本，模型等の教具の目録

（7）往復文書処理簿

②　前項の表簿（第24条第2項の抄本又は写しを除く。）は，別に定めるもののほか，5年間保存しなければならない。ただし，指導要録及びその写しのうち入学，卒業等の学籍に関する記録については，その保存期間は，20年間とする。

③　学校教育法施行令第31条の規定により指導要録及びその写しを保存しなければならない期間は，前項のこれらの書類の保存期間から当該学校においてこれらの書類を保存していた期間を控除した期間とする。

第4章　小学校

第1節　設備編制

第43条　小学校においては，調和のとれた学校運営が行われるためにふさわしい校務分掌の仕組みを整えるものとする。

第48条　小学校には，設置者の定めるところにより，校長の職務の円滑な執行に資するため，職員会議を置くことができる。

2　職員会議は，校長が主宰する。

第49条　小学校には，設置者の定めるところにより，学校評議員を置くことができる。

2　学校評議員は，校長の求めに応じ，学校運営に関し意見を述べることができる。

3　学校評議員は，当該小学校の職員以外の者で教育に関する理解及び識見を有するもののうちから，校長の推薦により，当該小学校の設置者が委嘱する。

第2節　教育課程

第50条　小学校の教育課程は，国語，社会，算数，理科，生活，音楽，図画工作，家庭，体育及び外国語の各教科（以下この節において「各教科」という。），特別の教科である道徳，外国語活動，総合的な学習の時間並びに特別活動によつて編成するものとする。

2　私立の小学校の教育課程を編成する場合は，前項の規定にかかわらず，宗教を加えることができる。この場合においては，宗教をもつて前項の特別の教科である道徳に代えることができる。

第51条　小学校（第52条の2第2項に規定する中学校連携型小学校及び第79条の9第2項に規定する中学校併設型小学校を除く。）の各学年における各教科，特別の教科である道徳，外国語活動，総合的な学習の時間及び特別活動のそれぞれの授業時数並びに各学年におけるこれらの総授業時数は，別表第1に定める授業時数を標準とする。

第52条　小学校の教育課程については，この節に定めるもののほか，教育課程の基準として文部科学大臣が別に公示する小学校学習指導要領によるものとする。

第52条の2　小学校（第79条の9第2項に規定する中学校併設型小学校を除く。）においては，中学校における教育との一貫性に配慮した教育を施すため，当該小学校の設置者が当該中学校の設置者との協議に基づき定めるところにより，教育課程を編成することができる。

2　前項の規定により教育課程を編成する小学校（以下「中学校連携型小学校」という。）は，第74条の2第1項の規定により教育課程を編成する中学校と連携し，その教育課程を実施するものとする。

第55条　小学校の教育課程に関し，その改善に資する研究を行うため特に必要があり，かつ，児童の教育上適切な配慮がなされていると文部科学大臣が認める場合においては，文部科学大臣が別に定めるところにより，第50条第1項，第51条（中学校連携型小学校にあつては第52条の3，第79条の9第2項に規定する中学校併設型小学校にあつては第79条の12に

おいて準用する第79条の5第1項）又は第52条の規定によらないことができる。

第55条の2　文部科学大臣が，小学校において，当該小学校又は当該小学校が設置されている地域の実態に照らし，より効果的な教育を実施するため，当該小学校又は当該地域の特色を生かした特別の教育課程を編成して教育を実施する必要があり，かつ，当該特別の教育課程について，教育基本法（平成18年法律第120号）及び学校教育法第30条第1項の規定等に照らして適切であり，児童の教育上適切な配慮がなされているものとして文部科学大臣が定める基準を満たしていると認める場合においては，文部科学大臣が別に定めるところにより，第50条第1項，第51条（中学校連携型小学校にあつては第52条の3，第79条の9第2項に規定する中学校併設型小学校にあつては第79条の12において準用する第79条の5第1項）又は第52条の規定の全部又は一部によらないことができる。

第56条の2　小学校において，日本語に通じない児童のうち，当該児童の日本語を理解し，使用する能力に応じた特別の指導を行う必要があるものを教育する場合には，文部科学大臣が別に定めるところにより，第50条第1項，第51条（中学校連携型小学校にあつては第52条の3，第79条の9第2項に規定する中学校併設型小学校にあつては第79条の12において準用する第79条の5第1項）及び第52条の規定にかかわらず，特別の教育課程によることができる。

第4節　職員

第65条の2　医療的ケア看護職員は，小学校における日常生活及び社会生活を営むために恒常的に医療的ケア（人工呼吸器による呼吸管理，喀痰吸引その他の医療行為をいう。）を受けることが不可欠である児童の療養上の世話又は診療の補助に従事する。

第65条の3　スクールカウンセラーは，小学校における児童の心理に関する支援に従事する。

第65条の4　スクールソーシャルワーカーは，小学校における児童の福祉に関する支援に従事する。

第65条の5　情報通信技術支援員は，教育活動その他の学校運営における情報通信技術の活用に関する支援に従事する。

第65条の6　特別支援教育支援員は，教育上特別の支援を必要とする児童の学習上又は生活上必要な支援に従事する。

第65条の7　教員業務支援員は，教員の業務の円滑な実施に必要な支援に従事する。

第5章　中学校

第72条　中学校の教育課程は，国語，社会，数学，理科，音楽，美術，保健体育，技術・家庭及び外国語の各教科（以下本章及び第7章中「各教科」という。），特別の教科である道徳，総合的な学習の時間並びに特別活動によつて編成するものとする。

第73条　中学校（併設型中学校，第74条の2第2項に規定する小学校連携型中学校，第75条第2項に規定する連携型中学校及び第79条の9第2項に規定する小学校併設型中学校を除く。）の各学年における各教科，特別の教科である道徳，総合的な学習の時間及び特別活動のそれぞれの授業時数並びに各学年におけるこれらの総授業時数は，別表第2に定める授業時数を標準とする。

第74条　中学校の教育課程については，この章に定めるもののほか，教育課程の基準として文部科学大臣が別に公示する中学校学習指導要領によるものとする。

第75条　中学校（併設型中学校，小学校連携型中学校及び第79条の9第2項に規定する小学校併設型中学校を除く。）においては，高等学校における教育との一貫性に配慮した教育を施すため，当該中学校の設置者が当該高等学校の設置者との協議に基づき定めるところにより，教育課程を編成することができる。

2　前項の規定により教育課程を編成する中学校（以下「連携型中学校」という。）は，第87条第1項の規定により教育課程を編成する高等学校と連携し，その教育課程を実施するものとする。

第78条　校長は，中学校卒業後，高等学校，高等専門学校その他の学校に進学しようとする生徒のある場合には，調査書その他必要な書類をその生徒の進学しようとする学校の校長に送付しなければならない。ただし，第90条第3項（第135条第5項において準用する場合を含む。）及び同条第4項の規定に基づき，調査書を入学者の選抜のための資料としない場合は，調査書の送付を要しない。

第78条の2　部活動指導員は，中学校におけるスポーツ，文化，科学等に関する教育活動（中学校の教育課程として行われるものを除く。）に係る技術的な指導に従事する。

第6章　高等学校

第1節　設備，編制，学科及び教育課程

第83条　高等学校の教育課程は，別表第3に定める各教科に属する科目，総合的な探究の時間及び特別活動によつて編成するものとする。

第84条　高等学校の教育課程については，この章に定めるもののほか，教育課程の基準として文部科学大臣が別に公示する高等学校学習指導要領によるものとする。

第88条の2　スイス民法典に基づく財団法人である国際バカロレア事務局から国際バカロレア・ディプロマ・プログラムを提供する学校として認められた高等学校の教育課程については，この章に定めるもののほか，教育課程の基準の特例として文部科学大臣が別に定めるところによるものとする。

第8章　特別支援教育

第120条　特別支援学校の幼稚部において，主幹教諭，指導教諭又は教諭（以下「教諭等」という。）1人の保育する幼児数は，8人以下を標準とする。

2　特別支援学校の小学部又は中学部の1学級の児童又は生徒の数は，法令に特別の定めのある場合を除き，視覚障害者又は聴覚障害者である児童又は生徒に対する教育を行う学級にあつては10人以下を，知的障害者，肢体不自由者又は病弱者（身体虚弱者を含む。以下同じ。）である児童又は生徒に対する教育を行う学級にあつては15人以下を標準とし，高等部の同時に授業を受ける1学級の生徒数は，

15人以下を標準とする。

第126条　特別支援学校の小学部の教育課程は，国語，社会，算数，理科，生活，音楽，図画工作，家庭，体育及び外国語の各教科，特別の教科である道徳，外国語活動，総合的な学習の時間，特別活動並びに自立活動によつて編成するものとする。

2　前項の規定にかかわらず，知的障害者である児童を教育する場合は，生活，国語，算数，音楽，図画工作及び体育の各教科，特別の教科である道徳，特別活動並びに自立活動によつて教育課程を編成するものとする。ただし，必要がある場合には，外国語活動を加えて教育課程を編成することができる。

第127条　特別支援学校の中学部の教育課程は，国語，社会，数学，理科，音楽，美術，保健体育，技術・家庭及び外国語の各教科，特別の教科である道徳，総合的な学習の時間，特別活動並びに自立活動によつて編成するものとする。

2　前項の規定にかかわらず，知的障害者である生徒を教育する場合は，国語，社会，数学，理科，音楽，美術，保健体育及び職業・家庭の各教科，特別の教科である道徳，総合的な学習の時間，特別活動並びに自立活動によつて教育課程を編成するものとする。ただし，必要がある場合には，外国語科を加えて教育課程を編成することができる。

第128条　特別支援学校の高等部の教育課程は，別表第3及び別表第5に定める各教科に属する科目，総合的な学習の時間，特別活動並びに自立活動によつて編成するものとする。

2　前項の規定にかかわらず，知的障害者である生徒を教育する場合は，国語，社会，数学，理科，音楽，美術，保健体育，職業，家庭，外国語，情報，家政，農業，工業，流通・サービス及び福祉の各教科，第129条に規定する特別支援学校高等部学習指導要領で定めるこれら以外の教科及び道徳，総合的な学習の時間，特別活動並びに自立活動によつて教育課程を編成するものとする。

第129条　特別支援学校の幼稚部の教育課程その他の保育内容並びに小学部，中学部及び高等部の教育課程については，この章に定めるもののほか，教育課程その他の保育内容又は教育課程の基準として文部科学大臣が別に公示する特別支援学校幼稚部教育要領，特別支援学校小学部・中学部学習指導要領及び特別支援学校高等部学習指導要領によるものとする。

第130条　特別支援学校の小学部，中学部又は高等部においては，特に必要がある場合は，第126条から第128条までに規定する各教科（次項において「各教科」という。）又は別表第3及び別表第5に定める各教科に属する科目の全部又は一部について，合わせて授業を行うことができる。

2　特別支援学校の小学部，中学部又は高等部においては，知的障害者である児童若しくは生徒又は複数の種類の障害を併せ有する児童若しくは生徒を教育する場合において特に必要があるときは，各教科，特別の教科である道徳（特別支援学校の高等部にあつては，前条に規定する特別支援学校高等部学習指導要領で定める道徳），外国語活動，特別活動及び自立活動の全部又は一部について，合わせて授業を行うことができる。

第131条　特別支援学校の小学部，中学部又は高等部において，複数の種類の障害を併せ有する児童若しくは生徒を教育する場合又は教員を派遣して教育を行う場合において，特に必要があるときは，第126条から第129条までの規定にかかわらず，特別の教育課程によることができる。

2　前項の規定により特別の教育課程による場合において，文部科学大臣の検定を経た教科用図書又は文部科学省が著作の名義を有する教科用図書を使用することが適当でないときは，当該学校の設置者の定めるところにより，他の適切な教科用図書を使用することができる。

3　第56条の5の規定は，学校教育法附則第9条第2項において準用する同法第34条第2項又は第3項の規定により前項の他の適切な教科用図書に代えて使用する教材について準用する。

第134条の2　校長は，特別支援学校に在学する児童等について個別の教育支援計画（学校と医療，保健，福祉，労働等に関する業務を行う関係機関及び民間団体（次項において「関係機関等」という。）との連携の下に行う当該児童等に対する長期的な支援に関する計画をいう。）を作成しなければならない。

2　校長は，前項の規定により個別の教育支援計画を作成するに当たつては，当該児童等又はその保護者の意向を踏まえつつ，あらかじめ，関係機関等と当該児童等の支援に関する必要な情報の共有を図らなければならない。

第139条　前条の規定により特別の教育課程による特別支援学級においては，文部科学大臣の検定を経た教科用図書を使用することが適当でない場合には，当該特別支援学級を置く学校の設置者の定めるところにより，他の適切な教科用図書を使用することができる。

2　第56条の5の規定は，学校教育法附則第9条第2項において準用する同法第34条第2項又は第3項の規定により前項の他の適切な教科用図書に代えて使用する教材について準用する。

第140条　小学校，中学校，義務教育学校，高等学校又は中等教育学校において，次の各号のいずれかに該当する児童又は生徒（特別支援学級の児童及び生徒を除く。）のうち当該障害に応じた特別の指導を行う必要があるものを教育する場合には，文部科学大臣が別に定めるところにより，第50条第1項（第79条の6第1項において準用する場合を含む。），第51条，第52条（第79条の6第1項において準用する場合を含む。），第52条の3，第72条（第79条の6第2項及び第108条第1項において準用する場合を含む。），第73条，第74条（第79条の6第2項及び第108条第1項において準用する場合を含む。），第74条の3，第76条，第79条の5（第79条の12において準用する場合を含む。），第83条及び第84条（第108条第2項において準用する場合を含む。）並びに第107条（第117条において準用する場合を含む。）の規定にかかわらず，特別の教育課程によることができる。

（1）言語障害者
（2）自閉症者
（3）情緒障害者
（4）弱視者
（5）難聴者
（6）学習障害者
（7）注意欠陥多動性障害者
（8）その他障害のある者で，この条の規定により特別の教育課程による教育を行うことが適当なもの

別表第1（第51条関係）
＊本書第1章表1-2を参照
備考
1　この表の授業時数の1単位時間は，45分とする。
2　特別活動の授業時数は，小学校学習指導要領で定める学級活動（学校給食に係るものを除く。）に充てるものとする。
3　第50条第2項の場合において，特別の教科である道徳のほかに宗教を加えるときは，宗教の授業時数をもつてこの表の特別の教科である道徳の授業時数の一部に代えることができる。（別表第2から別表第2の3まで及び別表第4の場合においても同様とする。）

別表第2（第73条関係）
＊本書第1章表1-3を参照
備考
1　この表の授業時数の1単位時間は，50分とする。
2　特別活動の授業時数は，中学校学習指導要領で定める学級活動（学校給食に係るものを除く。）に充てるものとする。

教科書の発行に関する臨時措置法（抄）

（昭和23年法律第132号）
最終改正：平成28年5月20日法律第47号

第2条　この法律において「教科書」とは，小学校，中学校，義務教育学校，高等学校，中等教育学校及びこれらに準ずる学校において，教育課程の構成に応じて組織排列された教科の主たる教材として，教授の用に供せられる

児童又は生徒用図書であつて，文部科学大臣の検定を経たもの又は文部科学省が著作の名義を有するものをいう。

著作権法（抄）

（昭和45年法律第48号）

最終改正：令和3年6月2日法律第52号

第2章　著作者の権利

第1節　著作物

（著作物の例示）

第10条　この法律にいう著作物を例示すると，おおむね次のとおりである。

（1）小説，脚本，論文，講演その他の言語の著作物

（2）音楽の著作物

（3）舞踊又は無言劇の著作物

（4）絵画，版画，彫刻その他の美術の著作物

（5）建築の著作物

（6）地図又は学術的な性質を有する図面，図表，模型その他の図形の著作物

（7）映画の著作物

（8）写真の著作物

（9）プログラムの著作物

第3節　権利の内容

第5款　著作権の制限

（学校その他の教育機関における複製等）

第35条　学校その他の教育機関（営利を目的として設置されているものを除く。）において教育を担任する者及び授業を受ける者は，その授業の過程における利用に供することを目的とする場合には，その必要と認められる限度において，公表された著作物を複製し，若しくは公衆送信（自動公衆送信の場合にあつては，送信可能化を含む。以下この条において同じ。）を行い，又は公表された著作物であつて公衆送信されるものを受信装置を用いて公に伝達することができる。ただし，当該著作物の種類及び用途並びに当該複製の部数及び当該複製，公衆送信又は伝達の態様に照らし著作権者の利益を不当に害することとな

る場合は，この限りでない。

2　前項の規定により公衆送信を行う場合には，同項の教育機関を設置する者は，相当な額の補償金を著作権者に支払わなければならない。

3　前項の規定は，公表された著作物について，第1項の教育機関における授業の過程において，当該授業を直接受ける者に対して当該著作物をその原作品若しくは複製物を提供し，若しくは提示して利用する場合又は当該著作物を第38条第1項の規定により上演し，演奏し，上映し，若しくは口述して利用する場合において，当該授業が行われる場所以外の場所において当該授業を同時に受ける者に対して公衆送信を行うときには，適用しない。

（試験問題としての複製等）

第36条　公表された著作物については，入学試験その他人の学識技能に関する試験又は検定の目的上必要と認められる限度において，当該試験又は検定の問題として複製し，又は公衆送信（放送又は有線放送を除き，自動公衆送信の場合にあつては送信可能化を含む。次項において同じ。）を行うことができる。ただし，当該著作物の種類及び用途並びに当該公衆送信の態様に照らし著作権者の利益を不当に害することとなる場合は，この限りでない。

2　営利を目的として前項の複製又は公衆送信を行う者は，通常の使用料の額に相当する額の補償金を著作権者に支払わなければならない。

小学校学習指導要領（平成29年告示）（抜粋）

（平成29年3月告示）

●目次

◎教育基本法

◎学校教育法（抄）

◎学校教育法施行規則（抄）

◉小学校学習指導要領

○前文

○第1章　総則

中学校学習指導要領（平成29年告示）（抜粋）

（平成29年3月告示）

高等学校学習指導要領（平成30年告示）（抜粋）

（平成30年3月告示）

特別支援学校小学部・中学部学習指導要領
（抜粋）

（平成29年4月告示）

特別支援学校高等部学習指導要領（抜粋）

（平成31年2月告示）

索　引

228

《監修者紹介》

広岡義之　神戸親和女子大学教育学部児童教育学科・同大学院教授

林　泰成　上越教育大学学長

貝塚茂樹　武蔵野大学教育学部・同大学院教授

《執筆者紹介》所属，執筆分担，執筆順，＊は編者

＊古田　薫　編著者紹介参照：第1章，第2章，第3章，第8章

奥村好美　京都人学大学院教育学研究科准教授：第4章，第5章，補章（オランダ）

＊木村　裕　編著者紹介参照：第6章，第10章，第11章，補章（オーストラリア）

大下卓司　神戸松蔭女子学院大学教育学部准教授：第7章，補章（イギリス）

BEH SIEWKEE　大阪大谷大学教育学部准教授：第9章，補章（シンガポール）

羽山裕子　滋賀大学教育学部准教授：第12章，補章（アメリカ）

隼瀬悠里　福井大学教育・人文社会系部門准教授：補章（フィンランド）

楠山　研　武庫川女子大学教育学部准教授：補章（シンガポール）

《編著者紹介》

木村　裕（きむら・ゆたか）

花園大学文学部教授。京都大学大学院教育学研究科博士後期課程研究指導認定退学。博士（教育学）。主著に『オーストラリアのグローバル教育の理論と実践——開発教育研究の継承と新たな展開』東信堂，2014年。『子どもの幸せを実現する学力と学校——オーストラリア・ニュージーランド・カナダ・韓国・中国の「新たな学力」への対応から考える』（共編著）学事出版，2019年。『中学校 全教科・教科外で取り組む SDGs——ESD の実践づくりの要点とアイディア』（編著）学事出版，2022年など。

古田　薫（ふるた・かおり）

兵庫大学教育学部教授。京都大学大学院教育学研究科博士後期課程単位取得満期退学。主著に『法規で学ぶ教育制度（よくわかる！教職エクササイズ⑦）』（共編著）ミネルヴァ書房，2020年。『教育法規スタートアップ・ネクスト——Crossmedia Edition』（共著）昭和堂，2018年。『考えを深めるための教育原理』（共著）ミネルヴァ書房，2020年など。

ミネルヴァ教職専門シリーズ⑥
教育課程論・教育評価論

2022年4月1日　初版第1刷発行　　　　　　（検印省略）
2024年1月20日　初版第2刷発行

定価はカバーに
表示しています

編著者	木村　裕
	古田　薫
発行者	杉田啓三
印刷者	坂本喜杏

発行所　株式会社　ミネルヴァ書房
607-8494　京都市山科区日ノ岡堤谷町1
電話代表（075）581-5191
振替口座　01020-0-8076

ISBN 978-4-623-09286-4

Printed in Japan

ミネルヴァ教職専門シリーズ

広岡義之・林　泰成・貝塚茂樹 監修

全12巻

Ａ５判／美装カバー／200〜260頁／本体予価2400〜2600円／＊は既刊

──────── ミネルヴァ書房 ────────

https://www.minervashobo.co.jp/